現代プラグマティズム叢書

AMERICAN PHILOSOPHY
The Basics

Nancy Stanlick

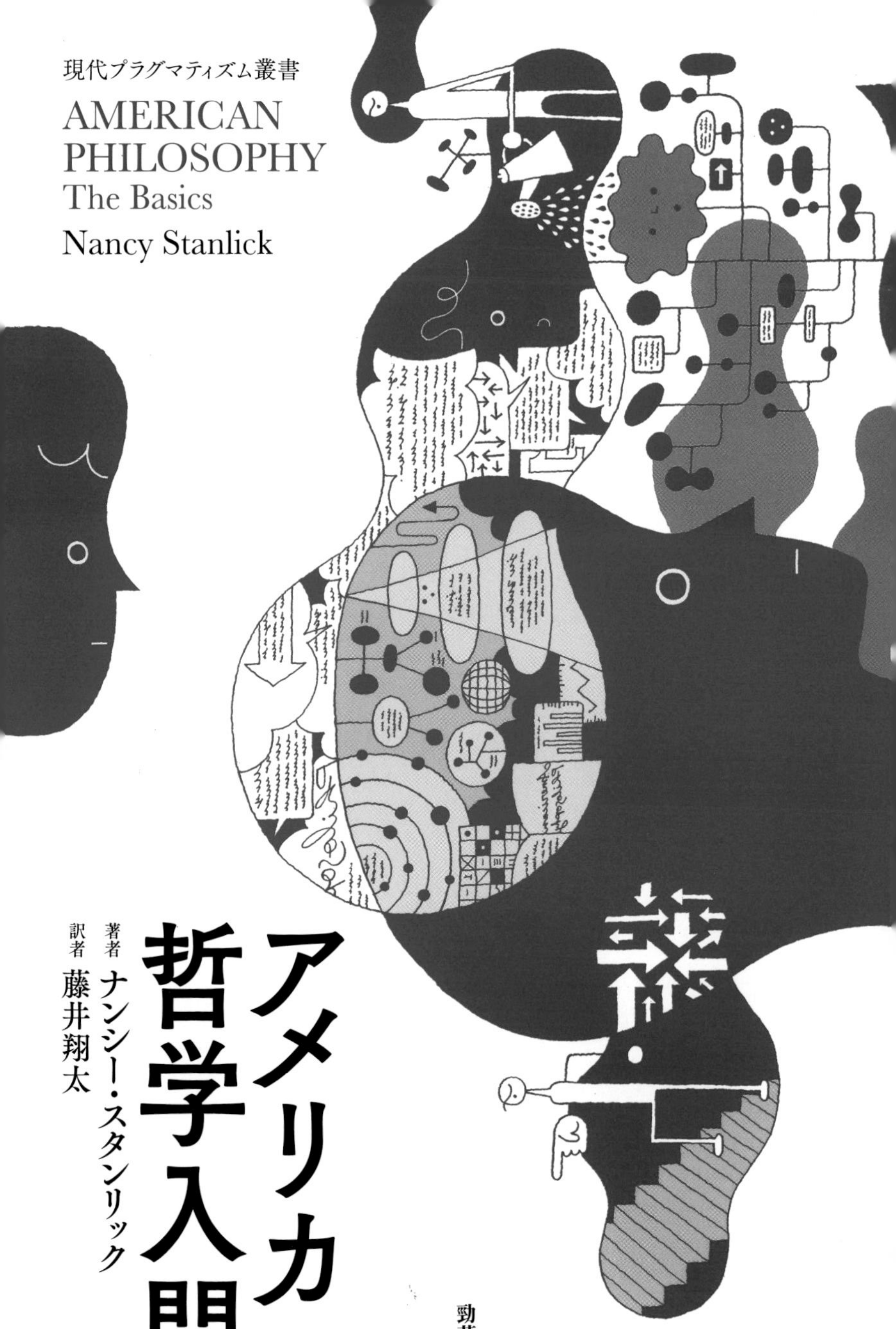

アメリカ哲学入門

著者 ナンシー・スタンリック
訳者 藤井翔太

勁草書房

AMERICAN PHILOSOPHY: The Basics 1st edition
by Nancy Stanlick

Authorized translation from English language edition published by Routledge,
a member of the Taylor & Francis Group
Japanese translation published by arrangement with Taylor & Francis Group
through The English Agency (Japan) Ltd.

日本語版への序文

私が『アメリカ哲学入門』〔の原著〕を執筆した二〇一三年のアメリカ社会を振り返ってみると、現在の、あるいは二〇一六年以降のアメリカ社会とは、かなり異なったものだったように〔私には〕思われる。二〇一六年以前の数年間、「希望〔hope〕」という言葉は単なる流行語《バズワード》ではなく、アメリカやアメリカ国民が目指すべき理想を表現するものだった。もしかしたら、〔このように感じられるのは〕私の認識でしかなく、現実はそうではなかった、という可能性もあるだろう。自分の視点や物事の理解が他の人と一致しないことがある——こうわきまえているという意味で、私はこの見解について、他の多くの事柄についてと同様に、非常に謙虚だと自負している。哲学の訓練・教育を受けた者の特徴とは、先入観、議論を構築する際の前提、そして到達した結論について、知的謙虚さを保った上で〔決定的なものではなく〕暫定的な言明をなすにとどめる——そして、それに従って行為する、という態度である。それに従って行為するということは、次のようなことを意味する。進んで他者と協力すること、他者の考えに耳を傾けること、他者の立場を理解しようと努めること、時には考えを改め、自らの可謬性〔過ちを犯しうる性質〕を認識すること、そして妥協を厭わないこと。妥協とは、自分とは異なる考えや行為を選ぶ他者と共通の基盤を見つけることである。そしてそれは、本書のいたるところに登場する、最も尊敬されるべき哲学者・思想家たちによって表現された偉大なアメリカの実験を自ら生き続けることを意味する。アメリカのプラグマティストたちは、慎重に練られた観念や議論の力を示す優れた例である。それによって彼らは、現実の理解、知識の獲得、そして善き生を送らんとする企図において、人間性の向上を導いたのだ。そしてその営みは多くの場合、価値のある目標を達成するために、観念と議論を修正することを意識したものだった。

例えば、一七八七年に開催された〔フィラデルフィア〕憲法制定会議で交わされた、合衆国憲法批准にまつわる賛否の議論を見てみよう。ベンジャミン・フランクリンはそこで、聴衆に向けて次のように提案した。「私は、次のことを願わずにはいられません――この文書にまだ異論を持っている会議メンバーの誰しもが、今回ばかりは私とともに、自らの無謬性〔過ちを犯すことがないという性質〕を僅かばかりでも疑い、私たちの間の〔見解の〕一致を明白なものにするために、この文書に自らの名前を〔署名という形で〕加えてくれることを」[1]。フランクリンは、憲法制定者の間に意見の相違があるにもかかわらず、彼がこの文書に対して自信を抱いていることを表明し、その場にいた人々に対してこのような要求を呼びかけたのだった。「私はこの憲法に賛成します――たとえそれが欠点を有しているとしても。なぜなら私は、一般〔中央〕政府が私たちにとって必要であると考えており、そしていかなる形態の政府であろうと、うまく運営されれば人民にとって祝福となるはずだと信じているからです。さらに私は、〔私たちの新たな〕政府が何年にもわたってうまく運営されるだろうとも信じています。それでも、これまでに他の形態の政府がそうなったように、私たちの政府が暴政に陥る可能性もあるでしょう。そうなってしまう状況とは、人民が腐敗し、他の政治体制を選ぶだけの能力を失った結果として、暴政を必要とするような場合です」。

フランクリンが懸念としていたアメリカ合衆国の人民の腐敗、そして、〔現代の〕私たち〔の社会〕が自覚的かつ自発的に、ある種の暴政に陥りつつあるということ——私が憂慮しているのは、こうした事態にほかならない。米国には、極端な立場をとった上で、自分とほとんど、あるいは完全に同じ考え方をする人たちとだけ同調している人たちがいるように思われる。そうすることで、彼らは「他者」を理解し尊重する可能性を排除しているのだ。つまり、極端な右派や左派は、他者と対話し、誰もが納得できる妥協点を見出すことができないでいる、いや、そう試みることすらしないのである。彼らは自分たちの考えや生き方こそが端的に正しく、他者もそれと同じように考え生きるべきだと主張し、断固として譲らない（時には、人の自由を拡大するどころか、自由を制限する法律を制定するほどの極端に走る）。そして場合によっては、ミルが「世論の精神的強制」と呼んだ手法さえ用いたりする。しかしながら、これはアメリカ〔合衆国〕が理想としてきた国家のあり方ではない。だからといって、生き方、あり方〔being〕、振る舞い方に関して、これまで常に合衆国の政党の間で平和的・協力的な関係が続いていた、というわけではない。私たち〔アメリカ国民〕の間では、常に意見の対立が存在していた。〔実際、〕一八六一年から一八六五年にかけての南北戦争は、アメリカの連合〔union〕を引き裂いたのであって、それを元に戻す作業は今日まで続いている。南北戦争の大義や理由については、アメリカ国内でも意見が分かれている。ある者は州の権利のため〔の戦い〕だったと主張し、またある者は奴隷制度を終わらせるのが目的だったと述べる。私たちの意見の相違は、時に根深く、着実に、そして長く続くものなのである。

しかし、二〇一六年頃に何かが起こったように思われる。不和と憎悪が日常を規定するようになった、とでも言おうか。個人崇拝に起因する政治的な分断が定着し、長い間アメリカの思想と行為を特徴づけてきた観念や理想を支持する人々よりも目立つようになっていった。その結果、数々の相違点を克服するという、私たち〔アメリカ人〕がいつも持ち合わせていた能力は阻害されるようになった。この点についても再び、ベンジャミン・フランクリンの知恵ある言葉が、今日のアメリカ社会が抱える問題の一端を捉えているように私には思われる。彼は憲法制定会議で次のような発言もしている。「私は長く生きてきた中で、自分が一度は正しいと考えた重要な事柄について、後によりよい情報を得たり、より周到に考察したりすることによって、あとで自分が間違っていたことに気づき、見解を改めざるをえなくなった、という経験をたくさんしてきました。ですから、年をとればとるほど、私は自分の判断を疑い、他人の判断に敬意を払うように変わっていった、ということです。多くの人は、たいていの宗教の宗派と同様に、自分が真理を完全に握っていると考え、他人が自分と異なるところはすべて誤りであると考えるものです」。さらに、彼はユーモアをたっぷり交えて次のように続けた。「ですが、多くの人は自分自身の正しさを、自らの所属する宗派の無謬性と同じくらい高く評価しているにもかかわらず、そのことを自然に表現する能力ということに関しては、とあるフランス人女性に勝る人はほとんどいません。その女性は、自身の姉にこう言ったのでした――『お姉様、どうしてなのか分からないのですが、正しい見解を持っているのはいつも私の方で、他に正しいことを言っている人を見かけたことは一度もないのです』、と」。簡単にいえば、フランクリンは賢明にも、自分自身の可謬性を認識していたということだ。それに加え、〔第一に〕自分が正しい・真であると信じている事柄や、自分が「正しい」と考える生き方に人々が夢中になっていること、〔第二に〕意見や生き方は真理や虚偽の問題ではなくてむしろ選好〔preference〕の問題だという事情を人々が捉え損なっていること、そして〔第三に〕ある人や宗派が持つ選好は、もしそれが他者の選好の邪魔になったり害を与えたりしないのであれば、それを法律や社会的・個人的な制御の対象とするのは不適切であること——これらについても、彼はよく理解していたのである。

アメリカの建国者の一人であるトマス・ジェファソンは、『ヴァージニア覚え書』において、支配者や政府が個々の人間の問題に干渉する権限について次のように述べている。「支配者の権限は、われわれ人民が彼等に委託した自然権についてのみ、及びうるものなのである。良心の権利を、われわれは決して彼等の手に委ねはしなかったし、また委ねることもできない。良心の権利については、われわれは神に対して責任を持つのである。政府の合法的な権限というものは、他人を害するような行為に対してのみ及ぶものである。しかし、たとえば私の隣人が神は二十もあるといっても、あるいは神は存在しないのだといっても、私には少しも害を及ぼすことはない。それは、私の財布を奪うこともないし、私の脚を折るようなこともない」[2]。この点でジェファソンは、イギリスの〔哲学者〕ジョン・スチュアート・ミルの『自由論』を先取りしていたといえる。ミルが同書で表明していたのは、「危害原理〔harm principle〕」の範囲を超えては、他者の行為を制限することはできない、という主張だった。危害原理については、次のように簡潔に説明されている。「文明社会のどの成員に対してであれ、本人の意向に反して権力を行使しても正当でありうるのは、他の人々への危害を防止するという目的の場合だけである」。そしてミルは、「個人は、自分自身の身体と精神に対しては、主権者である」と結論づけている[3]。別の言い方をすれば、ある人の行為がその行為者当人に害をもたらすものであるとき、そのようなことをするべきではない、とその人を説得することや、ある宗教の信者に対して、そのような教えや教義を信じるのは誤っている、と説き伏せること——私たちは当然ながら、これらを試みる権利を持っている。一方で私たちには、他人が自分の思うように生きることを止めるような権利があるわけでは全くない。ニューイングランドのトランセンデンタリストであるヘンリー・デイヴィッド・ソローは、著書『ウォールデン』において、個人主義というアメリカ人にとっての健全な精神を表現するものとして、おそらく最良といえる言葉を残している。「ある男の歩調が仲間たちの歩調とあわないとすれば、それは彼がほかの鼓手《ドラマー》のリズムを聞いているからであろう。めいめいが自分の耳に聞こえてくる音楽にあわせて歩を進めようではないか。それがどんな旋律であろうと、またどれほど遠くから聞こえてこようと[4]」。

私たちは、〔アメリカという国家の〕建国者や、リベラルな伝統に属する哲学者たちの知恵を失い、それを騒音《ノイズ》に置き換えてしまったのではないか——そして、新たに招き入れられた不協和音のような喧噪が、音程・音量を高めていき、自身に同意しない者〔の声〕をかき消そうとしているのではないか。建国者たちの知恵に取って代わったもの、それは「五分で読める」Facebook の投稿、TikTok の動画、そして、あまりにも多くのアメリカ人が書籍や〔宗教の〕教説に書かれている言葉を信じていると言いながら、それを読んだことすらなかったり、そうした文献を誰かに解釈してもらうことを求めたりするという、驚くべき傾向である。私が愛するアメリカの考え方においては、このような有様は、アメリカがいかなるものであるか、あるいはアメリカはどのように経験されるべきか〔という理念〕からは、かけ離れたものだ。私たちの歴史、そして私たちの観念の歴史は、これよりもずっと豊かである。私たちの未来が有する価値は、政治的ハッカーや自己愛に満ちた権力闘争、独善的な活動家《アクティヴィスト》、あるいは人種差別主義者や性差別主義者、同性愛嫌悪者、外国人嫌悪者などに任せられるほど、小さなものではない。こうした輩たちは、過剰なまでの確信とともに発言・行動し、そのせいで彼らと意見をともにしない人々を沈黙させて、私たちを千々に分断するのである。

私は、穏健な精神と冷静な頭脳が最終的には勝利を収めることを望んでやまない。

ナンシー・A・スタンリック
フロリダ州オーランドにて
二〇二三年六月一三日

訳注

［1］ Benjamin Franklin, "Closing Speech at the Constitutional Convention," (1787). https://constitutioncenter.org/the-constitution/historic-documentlibrary/detail/benjamin-franklin-closing-speech-at-the-constitutional-convention (accessed 6/13/2023).〔続くフランクリンの言葉も同文書から引かれている。なお、次の文献でフランクリンの発言が一部引用されている。阿川尚之『憲法で読むアメリカ史（全）』（筑摩書房、二〇一三年）、三一〜三二頁。〕

[2] Thomas Jefferson, *Notes on the State of Virginia*, Query XVII "Religion"（1782）excerpt, https://tjrs.monticello.org/letter/2260（accessed 6/13/2023).〔中屋健一訳『ヴァジニア覚え書』（岩波書店、一九七二年）、二八五～二八六頁。〕

[3] John Stuart Mill, *On Liberty*（1859), https://www.gutenberg.org/files/34901/34901-h/34901-h.htm（accessed 6/13/2023).〔関口正司訳『自由論』（岩波書店、二〇二〇年）、二七～二八頁。〕

[4] Henry David Thoreau, *Walden*（1854), https://www.gutenberg.org/files/205/205-h/205-h.htm（accessed 6/13/2023).〔飯田実訳『森の生活：ウォールデン〔下〕』（岩波書店、一九九五年）、二八〇頁。ルビは引用者。〕

この作品を書き上げることを可能にしてくれた先生方へ、そして本書を価値あるものにしてくれた学生たちへ、本書を捧げる。

アメリカ哲学入門　目次

凡例

一　本書はNancy Stanlick, *American Philosophy*: The Basics (London: Routledge, 2013) の全訳である。

一　カッコの使用規則は次の通り。
「　」引用符、論文名。
『　』書籍名、引用符内引用符。
〔　〕訳者による補足、原語の表記。
（　）原著で用いられている（　）。
〈　〉訳者による強調。

一　本書で言及される文献のうち、本書刊行時点で邦訳が確認できなかったものについては、邦題を暫定的に記した上で〔　〕の中に原タイトルを記した。

一　強調を表す原文中のイタリック体は、本文右側に傍点（「、」）を付した。

一　重要な概念の一部は初出時に太字で強調され、巻末の「用語解説」で簡単な説明がなされる。ただし原著に従い、初出ではない箇所で太字になっているものもある。

一　原著には脚注がない。すべての注は訳者によるものである。

一　各章末では原著者による「推奨文献」に加え、訳者による推奨文献も記してある。

前書き

次の方々にお礼申し上げる。セントラル・フロリダ大学で私が長年教えている、アメリカ哲学の講義を履修してくれた学生たちへ、質問、コメント、関心を寄せてくれてありがとう。我が友にしてメンターのブルース・シルヴァーへ、本書のいくつかの節や章を読み、コメントをくれたこと、そして長年にわたり様々な形で助言や励ましを与えてくれたことに感謝したい。受講生のうち、優秀な学部生二名、スティーヴン・オルダムとドミニク・グリーン゠サンダースは、ありがたいことに本書の第七章と第八章の情報をまとめるのを手伝ってくれた。彼らは私のアメリカ哲学の授業を履修し、二〇一一年の夏の一部を使って、ネイティヴ・アメリカン、アフリカン・アメリカン、そしてアメリカのフェミニスト哲学について、〔本書の論述の〕下地となる知識についての研究を行ってくれた。アン・マウコネンは、私の元教え子にして現在の同僚だが、彼女は索引の大半を作成し、用語集の準備も手伝ってくれた。彼女にどれだけ感謝しているか、十分に伝えることはできないほどである。カレン・ジャガーは、第五章と第六章の索引と用語集の作成を手伝ってくれた。彼女の支援にも心からの感謝を捧げる。サウス・フロリダ大学とセントラル・フロリダ大学の哲学科へ、私に教育を与えてくれたこと、そして他の人々を教育する機会を与えてくれたことを、ありがたく思っている。そして最後に家族へ、この二年間、このぼんやりとした大学教員に付き合い、「もうすぐ出来上がるさ」という励ましの言葉をくれてありがとう。

ナンシー・スタンリック
二〇一二年　フロリダ州オーランドにて
Email：Nancy.Stanlick@ucf.edu
ウェブサイト：https://stanlick.wordpress.com/

第一章　序　論

本書のテーマはアメリカ哲学である。だが、人によっては哲学の要素が少し足りないと感じるかもしれない。それに、本書で取り上げる思想家の多くは本物の哲学者ではなく、彼らの思想は十分に哲学的だとはいえない、と主張する人もいるだろう。〔だが、〕こうした見解の持ち主の哲学観、特にアメリカ哲学についての理解は、あまりに狭く限定されたものだといえるだろう。

西洋哲学の歴史を振り返ると分かることだが、誰が哲学者で、何が哲学なのかについての基準は、様々な時代・場所において変化している。〔例えば、〕ヘシオドスは古代ギリシャの詩人だが、ギリシャ哲学についての書籍ではしばしば、彼の作品『神統記』が参照される。プラトンからしてみれば、デカルトの業績における一部の要素は哲学的だとは認められないかもしれないし、ベンジャミン・フランクリンは二〇世紀の分析哲学者から見れば非哲学的だとされるだろう。[1]ある人物が何らかのグループや伝統において一般的に哲学者だとは認められていないという事態は、当該人物の観念が〔他者の〕思想や行為に影響を与えていない、ということをただちに意味するわけではない。あるいは、哲学者たちがしばしば問う「大問題」へとつながる思考の体系に件の人物の観念が属していない、というわけでもない。

ベンジャミン・フランクリンは、**悪の問題**や神の存在について論じていた。トマス・ジェファソンは、ロックの**社会契約論**を参照してアメリカ独立宣言を執筆した。エマ・ゴールドマンは、**アナーキスト・マルクス主義**を掲げて、**ピューリタニズム**や愛国主義を批判した。トマス・ペインの議論に弱いところがあるからといって哲学者としての資質に欠けるというのであれば、デカルトもまた、その主張の一部は説得力を欠いた怪しい議論であるという理由で、哲学者としての資質を割り引かねばならないだろう。私たちはマルクスを哲学者として認めるが、その理由は、経済状況とそれが人間や政治に与える影響についての彼の議論の形式・内容のためであり、ロバート・ノージックを哲学者だと判断するのも同様の根拠からである。哲学的観念が、現実、知識、そして善き生についての人間の理解や行為を駆動する知的原動力なのだとすれば、本書で扱われるアメリカの思想家・著述家たちは、プラトンやアリストテレス、ルネ・デカルトやジョン・ロックがそうであるように、十分に哲学者なのだといえるだろう。

大覚醒のジョナサン・エドワーズから**啓蒙時代**のトマス・ペイン、**トランセンデンタリスト**のエマソンからフレデリック・ダグラスの**奴隷制度廃止運動**、エマ・ゴールドマンの**アナーキズム**からマーティン・ルーサー・キング・ジュニアによる**愛の哲学**、さらにはネイティヴ・アメリカンにおける自然とのつながりからアメリカのフェミニストによる**ケアの倫理**まで、本書に登場する思想家たちは様々な形でアメリカ思想のランドスケープを変革してきた。人間の理解や行為に対して観念が影響を与えることこそが哲学の特徴であるならば、アメリカの哲学者や思想家たちは、プラトンやデカルトと同じように哲学とともにあり、まさに哲学者と呼ばれるにふさわしい人々なのである。

アメリカ哲学とは何なのか？ この問いに答えるためには、哲学一般について理解し、その上で、アメリカ哲学の特徴、固有性、そしてその重要性について考察していくことが必要である。哲学には多くの分野があり、哲学的な探求の種類も様々である。アメリカ哲学は、それらすべてを扱っている。

「哲学」は様々に説明されうるが、ひとまずは「驚き疑問を持つこと」だと考えられる。もしこの性格づけが曖昧であれば、哲学を定義するために、哲学者が書いたり話したりする主題のいくつかを記述してみてもよいだろう。哲学者の研究対象には次のようなものがある。**認識論**、**論理学**、**形而上学**、**倫理学**、**宗教哲学**、**社会哲学**、**政治哲学**。哲学的探求のいくつかの分野を概観することで、哲学者が何をしているのか、そして哲学とは一体何なのか、把握する助けになるだろう。

西洋の伝統では、哲学とは諸々の観念について考える方法の一つであり、形而上学、認識論、倫理学における諸問題に関して、その**論証・結論**の性質や価値について理性的に探求する点に特徴がある。他には、神の存在、科学の目的、政治システムの正当性といった議論も、問いかけや分析の対象となる。哲学とは、これらの問題群についての議論・立場を創造し、分析するためのシステムや過程である、と定義することもできるだろう。哲学者は物事の本性を理解するために、観念、概念、原理、問題を分析する。この作業は、議論を通じて行われる。どのような立場や観念であれ、哲学的な探求を行うということは、議論を通じて、ある主張が真であるという信念を支持する理由・正当性を示すことなのであって、単にその主張が「真である」、あるいは端的な事実である、と述べることなのではない。

人間の探求が対象とする分野はすべて、何らかの形で議論を伴う。なので重要なことは、哲学は科学や技術といった領域と共通する部分があったとしても、それらとは明らかに異なるものだという点である。物理学者はしばしば実在の本性についての問いを扱うが、それに対する答え方は哲学で通常行われているような答え方とは大きく異なる。物理学者が科学的手法を用いてデータを定量化するのに対し、哲学者は多くの場合、観念や議論を定性的に分析し、あること〔being〕そのものの理由や存在の意味についての問いに対して答えを導き出そうと試みる。〔別の例を出せば、〕法律家は被告が罪を犯しているかどうか判断するための根拠を確立しようとするのに対して、哲学者は道徳的・法的責任の条件、すなわち、そもそも人は自由に行為できるのかどうか、あるいは自由と責任について語ることの意味や含意とは何かについて関心を持つ。

哲学の分野

認識論は知識の理論である。本書では**科学哲学**が認識論と合わせて論じられるが、その理由は科学とその諸方法が、知識についての主張の種類、応用可能性、信頼性、そして質にまつわる問いに関連しているからだ。認識論における主な問題としては、次のようなものがある。知識と信念の区別、探求の目的、**生得観念**があるのか、それともすべての観念は経験を通じて生じるのか、**懐疑主義**は正当化されるか、絶対確実なものとして知られる真理はあるのか、知識獲得の方法のうち、どれが最も効率的で信頼できるものか。アメリカの哲学者には、認識論的概念によって私たちに何ができるのか、そして真理を知ることでいかにして生産的な結果が得られるのか、という問いを抱く傾向がある。

形而上学が扱うのは、実在の本性についての問題や、何が現実に存在するのかといった根本的な問いである。アメリカの**プラグマティスト**たちは、探求の主題として何が有意義かつ適切であるかを判断するためには、こうした事柄について思考し理論化することが実際にどのような差異をもたらすかに注目する必要があるとした。全体的に、アメリカの哲学者たちには、観念の「具体的な価値」や有用性を見出そうとする傾向が見られる。言い換えれば、実在の本性についての特定の立場が真であった場合に、それが具体的にどのような違いをもたらすのかを彼らは考えるのである。

宗教哲学は、形而上学、あるいは倫理学の一部であると考えられやすい。本書ではそれぞれの章の焦点と内容に応じて、宗教哲学が形而上学と組み合わされて論じられる章もあれば、倫理学と一緒に論じられる章もある。宗教哲学の投げかける問題は、アメリカ思想において広く見られるものであり、そこから得られる含意は神や宗教に関する問いを超えて、倫理的・社会的・政治的な生にまで至るものである。したがって、神や宗教、そして神学に関する信念や主張がアメリカ思想の展開に与えたインパクトや影響を考察することは、アメリカ哲学の様々な側面を理解する上で有益かつ生産的である。宗教哲学において登場する問題は、神の存在に関する議論から悪の問題を解決しようとする試みにまで、あるいは宗教的信念の本性に関する問題から宗教的実践における儀式の役割にまで、多岐にわたっている。アメリカ哲学では、宗教に関する問題は信仰が個人やコミュニティに対して与える影響に焦点を当てることが多い。アメリカの哲学者たちには、宗教を様々な実践的目的のために用い、他の哲学的目標・目的の達成に資するものだとする傾向がある。あるいは彼らは、宗教的信仰あるいは無信仰が人々の生や幸福にどのような影響を与えるかに特に注意を払いつつ、宗教を正当化あるいは批判する議論を行う。

倫理学は哲学の一部門として、善、正しさ、幸福、義務、人間性を扱うものであり、他のすべての哲学分野とも密接に関連している。アメリカ思想のうち本書で注目する道徳観には、次の諸概念が含まれる。人間本性、奴隷制度・抑圧に反対する道徳的根拠、人間の幸福と人生の目的についての構想、倫理学説の種類と、それらが実際の行為に対する影響の与え方における仕方。

社会哲学と政治哲学は二つの異なる分野であるが、本書ではこれらが扱われる章の小項目の中で一緒に論じられる。その理由は、アメリカの社会思想と政治思想が簡単には切り離せないからである。アメリカの革命家から現代のプラグマティストまで、ネイティヴ・アメリカンからアフリカン・アメリカンの哲学者まで、中心に位置するのは権利、正義、平等に関する問題である。こうした問題が主題的に論じられる仕方がいつも全く同じ仕方であるとか、同じ推論がなされるとか、同じ結論が導かれるということはないが、それでも、アメリカ哲学には常に社会思想のための場が存在した。政府の価値、正当化、権力、正当性についての論争や議論に、アメリカの哲学者・理論家たちは没頭してきた。アメリカ政治思想の課題が何であれ、アメリカの哲学者が焦点を当ててきたのは、実践的なるもの、有用なるもの、そして政治的問題に対する答えが人間の生き方にどのような影響を与えるかについての考察、これらに対してであった。

アメリカの哲学

裕福な白人男性、貧しい南部の元奴隷、キリスト教徒の女性、追放されたイギリスのパンフレット作家、**カルヴァン主義者**の牧師、大学教員、マルクス主義者、アナーキスト、**エゴイスト**、コミュニタリアン――これらすべての人々がアメリカの思想史を彩っている。彼らの思想こそが、アメリカ的経験を生き生きとしたものにしているのである。アメリカの哲学、そしてアメリカの哲学者たちが際立っているのは、アメリカという舞台で繰り広げられる生に、哲学を応用しようと追求している点においてなのだ。

アメリカの哲学者のほとんどは、私たちの思考、議論そして観念が、個々の人間や集団の生にどのような具体的な変化をもたらすかという主題を集中的に扱っている。だからといって、アメリカの哲学者が知的満足のために概念を理解するばかりで任意のテーマを探求したりすることを軽視したり、そうすることができないでいる、というわけではない。しかし、アメリカの哲学者はやはり実践的なもの、有用なもの、そして具体的なものに対する志向を持つ。アメリカの哲学者は、理論、原理、そして議論によって、何ができるのかを問う傾向にあるということだ。

結論と本書の構成

本書の意図は、哲学的観念の実践性、革命と発展〔アメリカ思想の変化と改革〕、そして正義、権利、平等に関する問題への批判的・建設的な眼差しといったテーマに重点を置いて、アメリカ哲学史を概観することである。〔本書のように〕広範なテーマに関する入門書として書かれた著作では、一部の問題や哲学者、議論や思想家が省略されることは避けられない。また、人によっては省くべきだったと考えるような観念や思想家が取り上げられていることもあるだろう。私が取り上げることを選んだのは、アメリカ哲学の発展における主要な人物・概念のうち、本書のテーマに特に関連しているものである。紙幅の都合やテーマ同士の関係の制約があるため、すべての概念や人を含めるのは不可能である。それでも、アメリカ哲学の歴史に対する一貫した視座を提示できるように私は尽力したつもりだ。この本の目的の一つは、アメリカ哲学が一つの国民的な、あるいは文化的な哲学的伝統であることを説明することである。

それぞれの章の観念や理論をカテゴリー別に整理し特徴づけて説明することで、読者は各章間の観念を容易に相互参照することができるだろう。例えば、ジョナサン・エドワーズの認識論はプラグマティストの認識論と比較することができるし、第三章の革命的な建国者たちの自由と正義の構想は第八章における現代のコミュニタリアニズムにおける社会・政治思想と比較することができる。場合によっては、哲学者たちとその作品が登場する順番が複数の章の間で時系列的に交差・重複することがあるが、それは個性的かつ他とは異なる関心を持つ哲学者たちの人生が実際に、他の哲学者の人生と交差しているからである。例えば、リチャード・ローティは二〇世紀後半に活躍した哲学者であり、第七章や第八章で取り上げられている多くの哲学者と同時期に活躍しているにもかかわらず、〔議論の〕連続性を担保するという観点から、彼が扱われるのは〔それらの章ではなく〕初期アメリカのプラグマティストを取り上げている第六章においてである。巻末には用語解説を用意してあり、用語や概念の意味を明確にしている。用語解説に掲載されている語が本文で最初に、あるいは主題的に登場するときには、太字になっている。

各章は、西洋哲学史やアメリカ的経験、あるいはその両方に大きな影響を与えたアメリカ思想の発展を中心に構成されている。それぞれの章は、アメリカ哲学の特定の側面やテーマに関する何人かの人物に焦点を当て、そのテーマ内の主要な発展に注目して書かれている。以下は、次章以降の全体像を示したものである。

第二章は、ジョナサン・エドワーズの哲学に見られる諸テーマと問題を取り上げる。彼はカルヴァン主義の伝統とアメリカの第一次大覚醒を代表する人物である。ここではエドワーズの思想をより大きな西洋哲学の歴史に位置づけ、そこから彼の観念の多くが派生し、また一部の考えがそこから分化してきたことを示す。第三章では、トマス・ペイン、ベンジャミン・フランクリン、ジョン・アダムズ、**連邦主義者**など、啓蒙主義に基づくアメリカの革命的な思想が中心的に取り上げられる。

第四章は、アメリカ革命を超えた先の展開、すなわちアメリカ革命でなされた約束では軽視あるいは無視されてきた人々の経験と、それに影響されて登場した観念を見ていく。アメリカの女性、奴隷、そして奴隷制度廃止論者たちがそこでの主役である。ウィリアム・ロイド・ギャリソン、フレデリック・ダグラス、アンジェリーナ・グリムケとサラ・グリムケ、エリザベス・キャディ・スタントン――これらの人物が心を砕いたのは、新たなアメリカの共和国の創設者たちが示したある観念をさらに拡張することについてだった。つまり、人間として十全な仕方で尊厳、自由、そしてアメリカ的経験に完全に参加することとは何を意味するのかについて、さらに思索を深めたのである。彼らはアメリカ革命の理論的基盤をさらに押し広げ、特権や伝統的な権力を持つ人々だけではなく、すべてのアメリカ人がより善い生と未来を築けるように後押ししたのだ。

第五章は、第四章のテーマを引き継ぎつつ、トランセンデンタリストの中でも最も有名かつ多産な作家であるラルフ・ウォルドー・エマソンとヘンリー・デイヴィッド・ソローを取り上げる。エマソンとソローは、たくましいほどの個人主義的観念、道徳・政治領域における革命的思考、アメリカ的経験に対する独自の観点、そして、アメリカ人は際立ってユニークなアメリカらしい方法によって自らを再構築する責務があるという主張、これらでよく知られている。トランセンデンタリストたちは、独立、自由、公正について理論化したが、この仕事が向けられた対象は、極めて平凡でほとんど哀れともいうべき人々の傾向について、つまり、ユニークなアメリカ的経験を創造するために成長することを目的とし、そのための自らの道具を作成するわけではなく、むしろ群衆に従いがちであるという性向についてだった。

第六章で扱うのは、アメリカのプラグマティズムと、その主要な提唱者四名（チャールズ・サンダース・パース、ウィリアム・ジェイムズ、ジョン・デューイ、リチャード・ローティ）である。プラグマティストは認識論、形而上学、宗教、道徳、社会、政治の別を問わず、すべての事柄において「実践的」であることを重要視する。プラグマティストにとっては世界を変革することこそが問題だった。つまり、行為の領域における意義を抜きにして、それを漠然と分析的な仕方で「理解」しようなどとは考えなかったのである。一八世紀の革命的アメリカ人たちと同様に、アメリカのプラグマティストたちが主張したのは、理解、存在、行動の方法において、実際的で有意義な、かつ革命的で実質的な変化についてであった。

第七章は、アメリカ哲学の最近の展開第一部であり、アメリカの認識論と科学哲学におけるいくつかの主要な動向と、ネイティヴ・アメリカン哲学の統一性（ユニティ）に関する導入的内容を扱っている。第八章は、アメリカ哲学の最近の展開第二部であり、本書の締めくくりとして現代の社会・政治思想、**フェミニスト倫理学**、アフリカン・アメリカン哲学を扱う。

倫理学、社会哲学、政治哲学は、アメリカ哲学や、本書のそこかしこで登場する観念を提起した思想家たちの著作の中で、大々的に取り上げられる傾向にある。アメリカ哲学にとって、何が存在するのか、私たちは何を知っているのか、神あるいは神々がもし存在するとしたら、そのような存在と私たちの関係の如何といった問題について理解することの要点とは何か？　それはおそらく、進歩的かつ平和的、そして正義にかなった生産的な社会に生きることを求める私たちの行為を形作る上で重要な意味を持つ、ということなのである。

第一章の推奨文献

西洋哲学について概観するためには、Nigel Warburton の *Philosophy: The Basics*, 4th ed.（London: Routledge, 2004）〔ナイジェル・ウォーバートン『哲学の基礎』（栗原泉訳、講談社、二〇一〇）〕が非常に有用である。哲学の主要な分野についての論文集には次がある。Nicholas Bunnin and E. P. Tsui-James (eds.), *The Blackwell Companion to Philosophy*, 2nd ed.（Malden, MA: Blackwell, 2003）。Arthur Danto の *Connections to the World*（New York: Harper & Row, 1989）は、西洋思想史についての魅力的な概説である。

アメリカ哲学に関する有用なアンソロジーには次がある。L. Harris, S. Pratt, and A. Waters, *American Philosophies*（Oxford: Blackwell, 2002）。同書にはネイティヴ・アメリカン哲学者の作品も収録されている。Nancy Stanlick and Bruce Silver, *Philosophy in America: Selected Readings, Volume I*（Upper Saddle River, NJ: Pearson Prentice Hall, 2004）は、オプティミズム、個人主義、改革〔主義〕を中心としたアメリカ哲学の原典集である。John Stuhr の *Classical American Philosophy*（New York: Oxford University Press, 1987）と *Pragmatism and Classical American Philosophy*（New York: Oxford, 2000）は、アメリカのプラグマティズムを中心として扱っており、重要である。

アメリカ哲学に関するインターネット上のリソースは、特定のアメリカ哲学者やアメリカ思想の動きに特化した多くのサイトで公開されているが、まずは *Stanford Encyclopedia of Philosophy*（http://

plato.stanford.edu）を手がかりにするのがよいだろう。

訳者による推奨文献

アメリカ哲学の通史としては、ブルース・ククリック『アメリカ哲学史：一七二〇年から二〇〇〇年まで』（大厩諒、入江哲朗、岩下弘史、岸本智典訳、勁草書房、二〇二〇年）、思想史的なアプローチによる概観としてはジェニファー・ラトナー＝ローゼンハーゲン『アメリカを作った思想：五〇〇年の歴史』（入江哲朗訳、筑摩書房、二〇二一年）がある。経験論と功利主義を軸として英国・米国の哲学の流れを辿ったものとしては、一ノ瀬正樹『英米哲学史講義』（筑摩書房、二〇一六年）。

訳注

［1］明晰な論証による概念の言語的・論理的分析を特徴とする哲学研究スタイルの呼称。英語圏を中心として現在世界的に主流となっているアプローチである。二〇世紀初頭に活躍した英国の哲学者G・E・ムーアやバートランド・ラッセル、またドイツの数理哲学者ゴットロープ・フレーゲといった先駆者の業績に、議論の内容・形式両面において多くを負っている。次を参照。飯田隆『分析哲学　これからとこれまで』（勁草書房、二〇二〇年）。

第二章　ヨーロッパ系アメリカ哲学の誕生

ジョナサン・エドワーズ（一七〇三―一七五八）は、ヨーロッパ系アメリカ人として体系的な哲学を打ち立てた最初の人物である。エドワーズの認識論と科学哲学、宗教哲学、形而上学に関する業績を論じることが本章の主要な関心だ。ジョナサン・エドワーズの思想は、アメリカの大覚醒に由来するとともに、その動きへ〔理論的に〕貢献するものだった。大覚醒とは、イギリス人入植者の独立精神に影響を受けた運動で、形式化された宗教的知識に代わり、宗教的・情動的な「感覚」へと人々を向かわせ、宗教的真理や実践についての疎遠で狭義に縛られた理解ではなく、神との個人的な関係を受け入れるよう方向づけたものである。

認識論、科学的知識、宗教的真理

エドワーズは**宗教的熱狂主義者**ではあったが、イギリスの**経験主義者**であるジョン・ロックの認識論やジョージ・バークリーの形而上学に影響を受けていた。エドワーズの主張によれば、すべての観念は経験を通じて生じるのだが、経験に由来する観念を超越して、事物それ自体についての知識を獲得することはできない。彼はロックの哲学の限界を超えて、「**選ばれた者**」には**心の感覚**という「第六感」が備わっており、これによって神の真の本性を把握できると主張した。

観念の起源と知識の性格の区分は、ロックとエドワーズのどちらにとっても重要である。ロックは『人間知性論』（一六九〇）において、観念は感覚経験を通じて生じるとしている。しかし知識は、経験を超え出て、観念間の一致・不一致を心が認識したものである。つまり知識とは、諸観念の間の／中の関係なのである。知識の対象は、「事物」ではない。エドワーズは〔ロックの〕この見解に同意した。しかし興味深いことに、ロックの主張では、物質的な対象が存在することを私たちは蓋然的に知りうる一方で、外的対象についての厳密な知識を得ることは全くできない、とされていた。エドワーズは、この立場の問題を認識し、代わりにジョージ・バークリーの**観念論**に似た考え方を採用した。

ジョージ・バークリーによれば、物質的な対象は存在せず、究極的には実在のすべては神の心の中に存在している。エドワーズは、ロックとバークリーの要素を組み合わせて、真理は私たちの観念と神の観念の一貫性である、と論じた。別の言い方をすれば、真理とは、観念と事物の実際の有り様との一致である。そして私たちが物質的事物と呼ぶものは、心的に（つまり、究極的には神の心の中に）のみ存在している。これらから導かれる帰結は、「神こそが真理そのものである」ということである。神の心の中にあるものが実在であり、科学とは実在であるものを探求する営為である。これが正しければ、科学と神学は互いに対立するものではありえない――エドワーズはバークリーにならって、このように結論づける。

自然を研究し、科学的な観察を行うことが宗教的真理と一致する――エドワーズにとっては、こうした観察によって実際に神に関する知識が生み出されることになる――という見解を彼は抱いていたわけだが、このことを示す初期の兆候は、彼が書いた短い論考「クモ書簡〔The Spider Letter〕」(一七二三)に見て取れる。クモのライフサイクルや活動をエドワーズは注意深く観察し、緻密なメモを取った上で、次のように結論づけた。すなわち、クモに備わっている巣を紡ぐ能力や、クモが喜びの経験を得られるように与えられた〔餌などの〕ものに至るそのすべてに、神の善性がありありと示されている、と。これが意味するのは、自然を観察することで、神の善性と栄光を見出すことができるということである。

自然に見られる神の働き〔に注目する点〕は、神の存在についての**目的論的証明**の一部をなしている。エドワーズは、神が存在することを議論によって示す必要性を全く感じていなかったが、彼の行った自然観察とそこから得られた結論は、その種の証明と完全に一致している。目的論的議論は、非常に敬虔なエドワーズの業績と一貫しているだけではなく、第三章で見ていくように、全く敬虔とは言いがたいトマス・ペインの主張とも共通している。神の存在を示そうとするこの論法は、神は個人の生に宿る能動的な力であると主張する人々の信念とも、一八世紀後半の**理神論者**のように、神を超然とした時計職人とみなす人々の信念とも、通じるところがある[1]。目的論的議論を採用する人々は総じて、自然界において偶然的出来事が存在する余地を否定し、**普遍的因果原理**を認めるなど、基本的な発想のいくつかを〔共通して〕受け入れている。

この議論は、単純明快な構造をしている。〔まず、〕世界の事物や存在の中には、特定の目的に適合したものがあることを、私たちは見て取る。これらの事物・存在には、知性を備えていないものもある。知性を欠くこうしたものたちが、目標・目的に向かって自らを動かすことはありえない。〔ということは、〕これらを動かしている、何か他のものが存在するはずである。なぜなら、偶然の産物として規則性が生じていると想定することは、理にかなわないからである。したがって、非知性的な事物に目標・目的を与える、知性的な設計者がいるはずである。この知性的設計者こそが、神にほかならない。

この論の運び方は、クモの単なる活動や生にも秩序と明白な計画があるという、エドワーズが「クモ書簡」で行っていた主張によく当てはまる。この計画こそが、神の善性と栄光の証拠なのである。〔だが、〕自然を観察することで、神が存在するという結論が得られる――あるいは、すでに得られていたこのような結論をさらに強化することができる――としても、神による特別な創造物であるところの人間が獲得できる〔はずの〕究極の知識を得るには、〔まだ〕十分ではない。人間が、自らの単なる観念や推論を基礎として、しかしそれらをも超えて、「選ばれた者」のみが到達できるとされる、直観的かつ啓示的な宗教的知識という高みに至るためには、「心の感覚」が必要である。エドワーズはこの概念の意味と含意について、「神的・超自然的光」（一七三四）と『宗教的情動に関する論考』（一七四六）にて論じている。

心の感覚は、通常の感覚器官のように受動的なものではない。〔感覚器官による〕通常の経験によって、人は神が存在するという確信を得ることができるかもしれないが、心の感覚は、神の美と聖性の知覚を通じて、神の存在についての完全な知識の獲得を可能にする。神が存在するという見解を聞いたり抱いたりすることと、この真理の意味を完全に把握することとは、全く別の経験なのである。変容した人間は聖者となる。すなわち、神を静かに観照するのではなく、能動的に神との合一を意志する、選ばれた者の一人になるのである。神の恩寵という賜物により、回心した聖者は超自然的な情動〈感情、それ自体で経験でもあるもの〉を得る。そしてこの情動は、その受け手が選ばれた者の一人であることの証明である。回心していない者は、汚染されたこの世界という存在と切り離しがたく結びついているが、選ばれた者は、そのような存在からは救われた者なのである。

形而上学：実在、意志、宗教

罪人にとっては不運なことだろうが、超常的な知識を得る可能性を有するのは、回心した聖者のみである。〔とはいえ、〕回心していない罪人が、罪の帰結について可能な限りの知識をつけ、自らの究極的な窮状の重大さを理解することは、〔それでも〕宇宙における美と正義の一部であり続ける。エドワーズの最も有名な説教「怒れる神の御手の中にある罪人」（一七四一）は、回心していない者のうち、手の施しようがない者は〔可能な限り〕教育し、望みがある者たちについては回心を促すことを目的としている。そこで議論の中心となっているのは、神の絶対的至高性と、それが実在と創造における人間の場所に関する私たちの理解について何を意味するかについてである。

「怒れる神の御手の中にある罪人」からは、四つの主要な結論が得られる。第一に、あらゆる人間は罪人であり、神の慈悲を期待すべき理由は何一つないこと。第二に、救いを得るために人ができることは、まったくもって何もないこと。第三に、創造のすべては、絶対的かつ全面的に神に依存していること。そして第四に、すべての事物が依存しているということが、神の究極的至高性の証《あかし》であること、これらである。

一つ目の結論は、カルヴァン主義神学〔的〕言明であることは明白かつ否定しようがない。しかし他の三つの結論は、次の事柄を理解するために重要になる。つまり、神の至高性がいかに確立されるか、そして私たちは自由意志を持たないが、それでも最終的には自分自身の行為に責任があるのはなぜか、という二点である。

宇宙に見られるデザインは、万物が神に依存していることを示唆している。もし、事物が存在する理由と、被造物が生き、成長するために必要とするもののすべてを神が提供しているのであれば、あらゆるものは神に完全に依存していることになる。したがって、宇宙には**自律的**なものなど何もないことになる。神ただ一人だけが自律的な存在であり、彼が自ら創造した掟に基づいて宇宙を支配している。被造物は神の法と命令に従属しており、神が意図した通りに起こる事物に被造物が手を加え、変化させたりすることはありえない。

「怒れる神の御手の中にある罪人」が発する明示的なメッセージは、高揚感を与えるようなものではない。エドワーズによれば、人間は徹頭徹尾、完全に罪深く、堕落し、下劣で、忌まわしく、嫌悪感を催し、憎らしく、腐敗したものである。人間は〔善きものであるはずの〕創造にとって負担でしかない。私たちが神に期待できる――そして〔神から〕受ける資格を持つ――ものは絶対的に、何一つない。今、この瞬間に私たちが地獄の業火に投げ込まれていない理由はたった一つ、私たちがそこに落ちないでいるよう、神が私たちを支えてくれているからである。天国に入るという喜びを得られるのは、回心して人間存在の醜さを克服した、少数の人たちのみである。したがって、自ら獲得したわけではない、全く与えられるに値しないはずの恩寵によって救われた幸運な者たちは、究極的かつ絶対的に神に依存している。救いにつながるような善い行いなどありえないので、私たちは救いの有無について結果を左右する力を全く持っていない。実際、エドワーズにとって、事態はこれとは全くの逆である。選ばれた者は、その高貴な地位に見合った仕方で行為し生きる。〔つまり〕救いは天罰と同様に、神の至高かつ恣意的な意志によって決定される。その意味とは、神は私たちに何も負うところがないが、私たちは神にあらゆることを負っているということである。

　人間の依存性に関するエドワーズの立場には、二つの重要な含意がある。〔一つは、〕神の視点からすれば私たちはみな等しいこと、〔そしてもう一つは、〕私たちは自由意志を持ってはいないが、それにもかかわらず、自らの行為には責任を負っているということである。神から見たときに人々が平等であるということは、特に注目に値する点ではないだろう。しかし、平等性を備えているということが何を意味するかについては、全く別の問題である。すなわち、私たちはみな、罪深さと堕落において互いに等しいのである。

　もし、神の視点から見るとすべての人間が等しいのだとすれば、回心した聖者についてはどう理解すればよいのだろうか？　答えは単純明快である。回心を経た後には、選ばれた者はもはや単なる人間ではない。彼らは、むしろ、聖性において超自然的な人間になったのだ。普通の、回心していない男女とは、もはや等しいものではないのである。

事物があるがままに、意図されたようにある、という理解から導かれるのは、エドワーズの自由観という、とりわけ論争的な主題である。下劣な罪人についてのエドワーズの説教では、人間は根源的に依存的存在だとされている。『自由意志論』（一七五四）によれば、私たちは出来事の流れを変える力を持たない。しかし、私たちは、自らが行うすべての選択について、〔ある意味で〕自由かつ責任を負っている。

『自由意志論』でのエドワーズの目論見は、私たちは根源的に自由であり、根源的に依存的なわけではないとする、アルミニウス主義的見解に応答することであった。**アルミニウス主義的な根源的自由論**（オランダのカルヴァン主義神学者のヤーコブス・アルミニウスの信奉者が展開したもの）は、意志の決定論と**予定説**を否定する。意志の決定論と予定説はどちらも、エドワーズの理解する神の至高性の本質的な部分をなしている。つまり、エドワーズの考えでは、もし人間が自由意志を持ち、世界の出来事の流れを変えることができるのであれば、神が究極的には至高性を持つわけではないことになる（すなわち、神は全能でも全知でもないし、全能性・全知性の両性質は神の本性と矛盾することになる）。

仮に、実際に起こる出来事が、まさにそのようであらねばならなかったし、それらの出来事が実際の有様とは異なる仕方で起こる可能性は全くなかった、というのが事実だとしよう。そうだとすれば、〔人の〕意志とは何なのか、そして私たちが自分の行為に責任を持ちうるのはいかにしてなのか、という問いが残る。意志の本性に関するエドワーズの答えは複雑だが、私たちの行う選択に対する道徳的責任についての彼の答えは、驚くほど常識に沿ったものである。

エドワーズにとって、意志するとは、選択するという行為にほかならない。したがって、意志とは、身体、脳、あるいは精神の中にある神秘的な器官ではない。意志とはある種の力能であり、最も強力な動機に基づいて意志は選択を行う。想定された選択肢群の中から、行為者にとって善い、あるいは最も善いとみなされたものに基づき、人は行為する。そしてそこで善い、あるいは最も善いとみなされたものこそが、行為の動機と呼ばれるものなのである。このようなわけだから、意志は決定されている。しかしそれは、行為者が自由であることはできない、ということを意味するわけではない。

行為者がある事物を他の事物より選好する理由に関わらず、エドワーズにとって自由の本質とは、人が選択した行為を行う能力にある。言い換えると、意志は他のすべての事物と同様に、神の予知によって決定されているのだから、意志の自由について語ることは意味をなさない一方で、人が自らしたいと欲することを行うことができるときには、その人は自由だ〔といえる〕、ということである。あるいは、人が自分で意志する通りに行為をすることが妨げられないときに、その人は自由である。この立場は、〔現代哲学における意志の自由をめぐる議論では〕**両立論**と呼ばれており、自由と**決定論**は互いに矛盾しない（つまり、両立する）と主張するものである。

両立論者による説明は単純である。確かに、あらゆる出来事には原因があらねばならず、出来事の因果連鎖は無限に辿れる。それにもかかわらず、人が自ら行為しようと意志することを妨げられていないときに、その人は自由である、と理解することで、人の自由の問題について答えたことになる、というものだ。なので、例えば、ある人が鍵のかかった部屋にいるが、鍵がかかっているため出ることができないことを知らず、しかもその人が部屋を出たいとも欲さず、出ようと意志することもない場合、この人が出たいと欲さないときに部屋を出る自由を持たない、などと述べる理由は何もない。

部屋を出たいと思う、あるいは出ようと意志し、しかもそうすることができないときに、はじめてその人は制約されている、となるわけだ。しかし、人が自ら望むこと、あるいは意志することを実行できている限り、その人は自由なのである。人間は、動機や習慣に基づいて行為するとき、それらの動機・習慣が自らのものであるという端的な理由で、自由なのである。

ここで浮上してくる問題は、自由の本性と神の事前決定・予定説についてのこの説明が、果たして道徳的責任と相容れるかどうかである。エドワーズにとって、事前決定・予定説は、行為に対する各自の責任を取り除くものではない。人々が自ら選択した行為に対して責任を持つことの理由は、常識的かつ直截なものである。通常のケースでは、人々がこれこれをしようという自分の意志によって行った行為について、より遠く離れた諸原因の導きによって行為者がその行為を別の行為よりも選好するように仕向けられていたのだとしても、行為者は当該の行為について責任があると私たちは考える。人が自分の望むように行為することを妨げられていない場合、私たちはその人が行った行為について責任を持つものとみなし、また、行為者の選択の結果が有益だったかどうかに応じて、賞賛や非難を与える。もし人が望むような行為をすることを妨げられていたとしたら、その人は〔行為の〕結果について責任を負うものとはみなされない。話はこれほど単純なのである。

批判

エドワーズのカルヴァン主義的神学・哲学は、ある種の**神義論**を構成している。そこでは、どのような出来事であれ、起こったことはまさにそのような仕方で起こらねばならなかったのであり、神の善性と恩寵のおかげで、あらゆることは最も善い仕方で起こるとされる。しかし、このハードな決定論的かつ陰鬱な人間観の内には、ある問題が残る。すなわち、全宇宙の実在についての説明を提供する哲学と、私たちを究極の存在の恣意的な意志で操られる人形にすぎないとする知識や人間行為についての発想には、何かひどく間違ったところがないだろうか？　このような世界観において、そもそも人が生きることの意味は何なのか、と問いたくもなるだろう。

私たちが存在する理由についての問いには、実は答えがある。私たちは、たとえ下劣で、腐敗した、卑劣な罪人であったとしても、神の十全性、完全性、そして栄光の一部なのである。エドワーズの説明は、私たちの実存、私たちに与えられる賞賛と非難、そして救いと呪いについての物語を語ることができているという点で、この立場が真理であると確信している人々にとっては、知的満足感をいくらか与えるものになっているのかもしれない。

しかし、自分は神の性質や宗教的知識についての真理を有していると非常に強く感じられるのだから自分の見解は正しい、という確信は、信仰者以外の人には全く説得力がない。ジョン・ロックとデイヴィッド・ヒュームは、このような宗教的熱狂を痛烈に批判した。ロックが端的に述べているように、啓示が神から与えられたものであり、それゆえに疑いの余地がない［ように思われた］としても、啓示であるゆえに真理であると信じる内容が本当に神の啓示であるのかどうか、私たちは注意深く判断しなければならない。回心したと思われる人々の主張が強い感情に支えられた単なる希望的観測の結果ではないと、どうやって確認できるというのだろうか？　宗教的熱狂者にとって、ある「真理」

が啓示であるのは、それが啓示であると説得されているからであり、それが啓示であると信じるのは、そうであると非常に強く信じているからである。言い換えれば、宗教的熱狂者の議論は循環的なのだ。

エドワーズによる自然の存在から神の存在・属性を導出する推論は、とりわけ〔論証として〕弱いものである。ある結果に備わる特性や、それが存在するということから、その結果を起こした原因の本性を示唆するものは何もない。プラグマティストをはじめ、アメリカ哲学史で登場する後の多くの思想家たちは、**進化論**の方が多くの事柄をより効果的に説明できるとして、目的論的な議論に訴えることを問題視している。二一世紀になっても、進化論を否定する人々はたくさんいる。しかし、仮に自分がこれこれと確信しており、それとは異なる内容を考えることは信念に反するように感じられる、という理由によってその確信を保持し続けている、という事実があったとしても、それは**インテリジェント・デザイン**説が真であると受け入れる妥当で合理的な理由では全くない。実際、知られている諸々の事実はインテリジェント・デザイン説を支持しておらず、この説は検証可能性を備えていない。そして、この説は自らの内から自身を支持するエビデンスを調達しているため、実質的に〔理論の外からの〕批判から隔離されている。それは、啓示を信じることと同じ状態にある。

エドワーズによる人間本性の概念、そして神の本性の中には、聖者以外の人間には、未来への希望を与えてくれるものが何もない。もし人間が下劣で、罪深く、腐敗しており、卑劣なのであれば、おそらく人は獲得・保持することになる〔惨めな境遇という〕もの以上の何事をも得る資格を持っていないだろう。一方で、アメリカの市民、いわんやアメリカの革命的哲学者や思想家たちであれば、虐げられ、希望を奪われ、踏みにじられ、貧しく、現状より善きものを得る資格がない状態に甘んじてじっとしている人はほとんどいないであろう。

また、回心した者に与えられる神の分不相応な恩寵と、回心していない者に対する相応の天罰についてのエドワーズ自身の主張は、全体的に矛盾しているともいえそうである。回心した者は神に選ばれた者ではあるが、救いを保証するようなことを何もしていないのだから、彼らは救いを受けるに値しないはずだ。だとすれば、罪人もまた選ばれた者の運命と同じようにその運命を神によって決定されているのに、なぜ彼らは罰を受けてしかるべきとされるのか？　自由な行為と道徳的責任の関係の本性についてのエドワーズの立場を鑑みれば、彼がこの問題に対する答えを持っていることは明らかである。〔つまり、〕行うべきことを行い、回心した人々は神の報いを受け、行うべきことを行わないで回心していないままでいる人々は、当然のごとく神から罰を受ける。また、この世で自分のすべきことをした人は他の人々から賞賛を受けるが、それはその行為が行為者の性格と整合的であり、かつ制約なしに行われたからである。そして、自分のすべきことを行わない、あるいはすべきでないことを行う人々は他者から非難を受けるが、その理由は〔同様に〕、その行為が行為者の性格と整合的であり、かつ制約なしに行われたからである。

カルヴァン主義者が提供する責任についての〔こうした〕説明は、知的には完全に意味をなす。しかし残念ながら、自分の行為の動機が〔根源的には〕自分で決定されていないときに、自分が望み、意志するように行為する、ということに果たして重要な意味はあるのか？――このように問いすすめる人を、カルヴァン主義的説明は全く納得させることができない。エドワーズの理由づけと結論からは、人間、さらには宇宙全体が究極的かつ根源的に神の意志に依存しているというテーゼが導かれるのだが、そこには人間の自律性が完全に欠如しているのである。

結論

アメリカの哲学者、活動家、思想家の大半が、もしもエドワーズのカルヴァン主義的立場を継承あるいは受容していたとしたら、アメリカ哲学の流れはたいした歴史を描くことはなかったことだろう。もしその哲学を受け入れていたとしたら、彼らはほぼ間違いなく活動家にはならなかったはずだ。〔だが実際には、〕私たち全員にとって幸運なことに、〔宗教的・超越的な世界ではなく、〕この世界におけるオプティミズムと改革の精神こそが、エドワーズ的な〔神への〕依存を基調とした秩序ある世界を乗り越えることになる。

エドワーズ以降のアメリカの哲学者・思想家のほとんどは、エドワーズ流のカルヴァン主義という悲観的な見方と、それが含意するすべてを拒否した。しかし、人々の態度が変わって、単なる現状維持・受容から、革命的行為の志向へと世界に対するアプローチが移行したとしても、人間の平等性に関するエドワーズの見解には変化を好むというアメリカ的な傾向が見て取れる、と考えることもできる。悔い改めた罪人が、神の慈悲と恩寵によって変化・変容したように、後世の思想家、特に第三章と第四章で取り上げる革命家たちや第五章で扱うニューイングランドのトランセンデンタリストたちは、平等という概念を新たな高みにまで引き上げ、アメリカの道徳的・社会的・政治的文脈における急進的かつ進歩的な変化の可能性をそこに見出している。アメリカのプラグマティストたち（第六章）は、進化論と民主主義についての進歩的概念を用いて、西洋思想史における**絶対主義**と**二元論**という傾向を分析することで、エドワーズとは大きく異なる結論を導き出している。

エドワーズの作品は絶対主義的かつ抽象的な哲学を表現しているが、これは後のアメリカ哲学史における哲学者や思想家たちには拒絶された。彼らは代わりに、革命的思想、哲学的観念の実践的応用、そして自由、権利、正義といった社会的に重要な事柄への関心を抱いたのである。本書の残りの部分では、これらの思想家たちを中心として、哲学的概念や推論の革命的、進化〔論〕的、実践的応用という彼らの貢献を主に紹介していく。

第二章の推奨文献

エドワーズの哲学全般については次を参照。Sang Hyun Lee, *The Philosophical Theology of Jonathan Edwards* (Princeton, NJ: Princeton University Press, 2000)。彼の神学については次を参照。Michael J. McClymond and Gerald R. McDermott, *The Theology of Jonathan Edwards* (New York: Oxford University Press, 2012) と、Michael J. McClymond, *Encounters with God: An Approach to the Theology of Jonathan Edwards* (New York: Oxford University Press, 1998)。エドワーズの作品の歴史的・文化的文脈については、次が素晴らしい情報源である。Thomas S. Kidd, *The Great Awakening: The Roots of Evangelical Christianity in Colonial America* (New Haven: Yale University Press, 2007)。

訳者による推奨文献

エドワーズの生涯と思想をバランスよく概観した入門書に、J・P・バード『はじめてのジョナサン・エドワーズ』（森本あんり訳、教文館、二〇一一年）がある。同訳者の森本あんりが運営するウェブサイト「ジョナサン・エドワーズ見聞録」（https://je.morimotoanri.com/）では、エドワーズに関する研究文献のリストなどを含む有益な情報が公開されている。また、米国のキリスト教史としては、森本あんり『キリスト教でたどるアメリカ史』（KADOKAWA、二〇一九年）が要を得た概説となっている。高崎将平『そうしないことはありえたか？：自由論入門』（青土社、二〇二二年）は、エドワーズを直接のトピックとはしていないが、行為の自由についての現代哲学における議論を周到かつ手際よくまとめた作品である。

訳注

［1］神の創造行為の精妙性を示すものとして時計職人のアナロジーを最初に用いたのは、一八世紀イギリスのキリスト教弁証家ウィリアム・ペイリーだとされる。なお、この論証を批判する趣旨の書籍のタイトルにこの例を用いたものとして次がある。リチャード・ドーキンス『盲目の時計職人（*The Blind Watchmaker*）』（日高敏隆監修、中島康裕ほか訳、早川書房、二〇〇四年）。

第三章　啓蒙主義的革命家

革命的思考

エドワーズの悲観的なカルヴァン主義的思想に代わって、トマス・ペイン（一七三七―一八〇九）、トマス・ジェファソン（一七四三―一八二六）、ベンジャミン・フランクリン（一七〇六―一七九〇）、ジョン・アダムズ（一七三五―一八二六）、ジェイムズ・マディソン（一七五一―一八三六）らの革命的な啓蒙思想が登場するのに、大した時間はかからなかった。カルヴァン派の大覚醒にみられた**権威主義**に代わり、啓蒙の精神が浸透していったのである。エドワーズは、近代の新たな科学〔new science〕に敬意を払い、それを自らの哲学体系に取り入れていたが、科学や理性の働きを究極的には宗教的信仰や伝統を正当化するためのものとして格下げしてしまっていた。エドワーズは人間の理性（知性）が自由意志や決定論に関連する問題を理解する能力を賞賛してはいたが、世界における私たちの立場を理解するという目的において理性は二の次であり、宗教的熱狂に主役の座を譲っていた。

エドワーズが罪や腐敗した人間性を見た同じ場所に、啓蒙主義的革命家たちは希望と尊厳を見出したのである。

近代科学の台頭と啓蒙主義の精神がアメリカの革命思想家たちにもたらした理解とは、権威や真理についての疑わしい、あるいは疑わしくないものを含めたあらゆる主張によって、自律した人間は外的な権力から不当に貶められているということだった。自律した人間を永久に子どものような状態に置こうとする政治システム、つまり人々にとって何が善きもので何をすべきでないかを、当人よりもよく知っていると主張する強力な政府のもとで、人々が息の詰まるような要請と予期によって抑圧されるのは間違っている。アメリカの啓蒙主義的革命家たちが不満を抱いたのは、距離的にも哲学的気質的にも自分たちとはかけ離れた政府に服従し、己の理念とは一致しない宗教的信念、道徳体系、統治形態に従わされることだった。

ヨーロッパとアメリカの啓蒙思想は、科学から宗教、倫理から政治まで、人間の探求と関心についてのすべての領域に影響を与えた。啓蒙的理性がもたらした影響は低く見積もられるべきではない。啓蒙なしに、アメリカは存在しえなかっただろう。

啓蒙とは何か

一八世紀のドイツの哲学者であるイマヌエル・カントは、啓蒙的理性の主唱者の一人であり、「**理性の時代**」とも呼ばれるこの思潮について、短い論考「啓蒙とはなにか」(一七八四)で説明している。カントによれば、啓蒙とは人類が無知、過誤、そして知的未熟さから解放されることである。その特徴は、人間の理性に対する自信、人間の自律性への信頼、そして人間の尊厳に対する信頼である。

近代科学の台頭により、人々は合理的な手段によって問題を解決できる能力を獲得し、それによって世界がそれまで考えていたものとは大きく異なっていることを知ることができた。コペルニクスが**天動説**を否定し、それによってアリストテレス的科学[1]をひっくり返したことで、科学に革命が起こったのである。伝統的な考えでは、地球こそが宇宙の中心であり、人間はそこでの究極の被造物である、とされていた。宇宙の中心に位置する〔地球という〕惑星において「選ばれた」被造物である人間が教会という権威から教わっていたのは、あらゆるものは神の手で人間のために創造されており、そのすべての意味は、人間、神、そして救済に帰着する、ということだった。〔だが、〕**地動説**がこの世界観に根本的な疑問を投げかけた。

様々な科学的発見が西洋社会に大きな衝撃を与えた。真理や過去の権威に対する盲信〔faith〕は、それまでヨーロッパ人たちに知られていなかった土地の探索や、そこで暮らす人々との接触により、弱まっていったのである。ヨーロッパ人たちは、自分たちのやり方が唯一の方法ではないこと、そして世界中に自分たちとは異なる外見、行為、考え方をする人々がいることに気づき始めていた。思想、人々、宗教、習慣、政府、社会における差異と多様性に触れる機会が増えると、それまでの事物のあり方が疑問視されるようになり、科学、宗教、倫理、政治等の領域において、人々は現状に反旗を翻すようになった。

これらに加えて、絶対君主や不公正な**異端審問官**が、自らの政治的・宗教的教義をあらゆる人に強制し、それに反するものは命を落とすことになるという体制があり、多くの人々がそのひどい仕打ちを受けていたが、それももはや〔忍耐の〕限界にまで達していた。一七世紀というこの時節は、社会や政府に前向きで生産的な変化をもたらすために、何かがなされるべき時だったのである。科学は教会という権威の鎖から解き放たれ、合理的な人間も国家の権威という鎖から自由になるべきだ〔という機運が高まっていた〕。

啓蒙思想によって、理性が宗教的信念や絶対主義的で抑圧的な政府に取って代わり、その位置づけに対する正当性を与える根拠とみなされ始めた。理性は、文化と社会を変革し、人間の自由と自律を促進し始めたのである。宗教はしばしば無知を助長し、政府は絶対主義に陥ったりしたのは事実だが、だからといって、啓蒙思想家たちは宗教や政府に完全に反対したわけではなかった。しかし、抑圧、無知、権力、そして権威が人間の尊厳、価値、知性を脅かすすべての領域においては、革命的思考と行為が用いられなければならない〔と彼らは認識していた〕。だからといって、理性の時代がアナーキズムや「なんでもあり」的な態度をもたらすことを意味するわけではない。啓蒙主義が要求したのは、理性に反した〔社会〕構造を、理性に合致したものに置き換えることだった。アメリカの啓蒙では、宗教、倫理、社会思想、政治の分野における表現と影響力が、最も顕著かつ重要だった。これらの領域における革命思想は、初期近代から一八世紀の啓蒙思想家たちによって発展を遂げた。彼らこそが、農民と政治家、狩猟者と職人、知識人と企業経営者の寄せ集めでできた集団を、世界史上最大かつ最も成功した民主主義の実験〔の当事者〕へと変貌させたのである。

革命的認識論、形而上学、方法

アリストテレス的な科学に依拠する権威主義や、教育機会に恵まれた人々に教会が提供した堅苦しい教育〔内容〕に代わって、科学が西ヨーロッパ人を導き、権威、伝統、抑圧的な支配からの独立を宣言させるまでに至った。デカルトは「**分解と合成の方法**」を用いて、科学の基礎を確かなものにした。ホッブズもこの方法によって、政府の正統性と権力についての契約主義的構想を正当化しようと試みた。ロックもまた同じ方法によって、ホッブズが想定するほどには強力ではない政府のあり方を擁護し、アメリカの革命家たちは政治的革命を行う権利を主張するためにロックの議論を用いた。

分解と合成の方法は、シンプルで分かりやすい〔方法論である〕。問題〔複雑なもの〕は可能な限り小さな構成要素にまで分解された上で、全体の内的構造を理解するために、その諸部分が分析されるのである。例えば解剖学者は、人体の外的形態だけをざっと見て、これこれのような仕組みになっている、と想定することはせず、身体を解剖してすべての器官や部位を調べるのが有益だと考えるだろう。

分解と合成の方法を理解するためには、デカルトとペインの作品においてこの方法がどのように使用されているか説明するのがよかろう。デカルトは、〔当時〕「知識」と呼ばれていたものが、その名にふさわしいものなのかどうかは疑わしいと考えた。彼の時代に知識とされていたのは、**アリストテレス論理学**における論証を暗唱し、教会や国家への信仰や権威にお墨付きを与えるために、これこれの命題、理論、あるいは原理は真である、と立証したものであることがほとんどだった。しかし、デカルトはこれに甘んじることはなかった。代わりに、彼は思考実験によって、知識という概念そのものを分析しようとしたのである。彼は知識の究極の構成要素を見つけようとしたが、事物の部分を理解すれば、全体についてのよりよい理解が得られるとの考えからである。

デカルトは、**誇張的懐疑**〔方法的懐疑〕を用いることで、知識についての疑わしい主張を引き剝がし、知識の増大のための、まっさらで整然とした出発点を導き出した。その新たな出発点とは、「私はある：私は存在する」が真だという認識だった。デカルトのこの出発点は、来たるべきすべての個人主義者・**合理主義者**たちにとってのスローガンである。真理の究極の基準、つまり**明晰・判明性の基準**を肯定することで、デカルトは真に革命的な帰結に至った。すなわち、知識を担う個々人こそが、知識の保証人であるということである。知識を保証するのは、教会でも、国家でも、伝統でも、権威でもない。合理的能力を行使する、個々の人間こそがその保証者なのである。この洞察は、決して小さな成果ではない。一七世紀のデカルトやホッブズの時代までは、個々の人間は、知識や権力の創造者でもなければ保証者でもなかった。むしろ、個人は知識と権力の対象であって、制度や社会という個人を包み込む存在よりも重要性が低い立場にあった。ここで念頭に置いておくべきは、『政治学』や『形而上学』といった著作に見られるアリストテレスの見解である。すなわち、政治という文脈では、国家が個人に本質的には優先し、形而上学的観点からすれば、全体が部分に優先する、という説である。

ここでの「優先する」という言葉の意味は、国家が文字通り人間よりも先に存在するとか、複雑な全体が部分から独立して存在する、ということではない。その眼目は、個人の目標、野望、欲望、夢に至るまで、国家〔の利害関心が〕が個人に優先する、ということである。個人は国家というメカニズムに飲み込まれ、自律した人間〔として存在するの〕ではなく、機械の中の一つの歯車になる。国家の正当性は、その臣民である人民から与えられたりすることはない。そうではなく、国家は個人より上位の存在であるという推定を自然の理として、正当性を獲得しているのだ。知識についても似たような考察が当てはまる。個々の知識が正当性を持つのは、知識〔全体〕という体系があってこそであり、その逆ではない。なので、ある情報が、支配的な世界観とうまく適合しない、あるいは全く馴染まないものだった場合、それは冒瀆的で明らかに偽なるものとして、即座に拒絶される。すでに確立された思想の体系は、代替的な見解を原理的に拒否するのであって、それは個々の主張がどのように導き出され、検証されたかに関わらない。例えば、ガリレオが木星の周りに衛星があることを発見したことは、多くの人にとって、無宗教的な思弁の最たるものだと捉えられた。冒瀆的で邪悪、そして偽な主張だとされたのである。他方で、分解と合成の方法を適用することによって、新しい観念や真理の捉え方を提案し、それを受容することが可能になる。近代の世界においては、新しい観念はまず試されるべきであって、頭ごなしに否定されるべきではないものとされる。

ペインをはじめとする当時の政治理論家たちは、社会や政治の領域で新しい科学の方法を用いて、個人と国家の関係を把握する新たな方法を創造した。ペインは、政府の起源、正当性、機能、目的、権力を分析するために、科学的方法によって政府という概念を考察したらどのような結論が得られるか、思考したのである。「**自然状態**」という仮説を用いることで判明したのは、政府の基本的な要素には、王、女王、公爵、将軍などは含まれないということである。〔そうではなく、〕国家を構成するすべての人々が国家の基礎なのだ。もしこの説明が正しければ、人民の内において人民によって形成される政府が正当なものになるのは、それが人民によって承認され、人民の欲望、利害関心、懸念を考慮に入れるようなものであるときであろう。政府を構成し正当化する際に中心となるのは、「全体」や指導者のではなく、個々の市民の利害関心なのである。これこそが、代議制政府や、自らの生を規定する政府を人民が選択し、確立する権利についての、知的（理論的）正当化なのである。

社会的領域における考え方の変革は、権威や伝統に挑戦するものだった。すなわち、人民は政府に従うものである〔subject *to* a government〕という観念に疑問が投げかけられ、人民は人民同士が互いに同意して形成した政府の主体である〔subjects *of* a government〕、という観念への転換が起こった。政府とは、人間が本来持っている力、尊厳、合理性について人々が認識し、尊重することの結果として作り出されるものなのである。科学の新しい方法を適用することで、科学、道徳、宗教、政治の領域において、思考や行為のあり方が変容する。それこそが、アメリカの啓蒙主義的革命家たちにとって記念碑的な影響を与えたのである。

革命的宗教哲学

啓蒙主義的理性を宗教的主張に適用することは、理性と方法を科学に適用することに劣らず、革命的〔な出来事〕である。ペイン、ジェファソン、そしてフランクリンの三人とも、**理神論**こそが妥当かつ受容可能な教説だと考えていた。理神論者にとって、神は祈禱を命じることもなければ、儀式のような宗教行為を求める存在でもない。それは教会なき宗教であり、世界創造と世界における私たち〔人間〕への一つの態度として、教義や儀式の代わりになるものである。〔ここで、〕アメリカの革命的啓蒙思想が宗教的教義にいかに適用されているかを考察することで、他の領域でのさらなる展開に光を当てる助けとなる。

アメリカ初期の思想家の中でも、宗教全体に対して最も激しく批判的だったのは、おそらくペインだろう。『理性の時代』（一七九四）の第一部においてペインは、宗教的教説と人間の生に対する整合性、影響、そして正当性を評価している。彼が最初にターゲットにしたのは、宗教側からの理性に対する批判である。

ペインの指摘によれば、キリスト教徒は理性を「人間的理性」と呼び、それに対して不信と軽蔑の念を持つ傾向にあるという。キリスト教徒が理性を疑う理由は、理性が人々を神や宗教に向かわせるのではなく、むしろそれらから遠ざけると考えるからである。その一方でペインは、キリスト教徒が理性を「人間的なもの」と呼ぶことを皮肉っている。〔なんとなれば、〕人間は自分自身に理性を与えない〔からである〕。理性は、神から授けられたものである。もし理性が神から与えられたものであるならば、それは神的理性なのであって、私たちはそれを宗教という対象についても適切に用いるべきである、というのがペインの議論だ。

ペインは祈り〔という行為〕を問題にし、それが神に事物の有り様を変更してもらうよう求める、ばかばかしいものだと主張した。もし信仰者が、すべてが神の望み通りになっていると信じているのであれば、事物がいかにあるかを変更するために祈るのは馬鹿げている。ペインによれば、キリスト教徒の立場は、神こそが世界について最もよく知っており、それが最善となるように采配を振るっているというものなので、出来事が変化するように祈るキリスト教徒は、本質的に、何が起こるべきかについて自分の方が神よりもよく知っている、と言っている〔も同然である〕。

　同じくらい馬鹿げているのは、キリスト教徒による科学の拒否である。ペインにとって、科学は人間が発明したものではない。科学は自然界に関するものであり、神は自然界の創造主なのだから、科学は神に由来するものである。なので、自然界について研究、記述し、そこで生きるための方法が、神についての真理と矛盾することはありえない。科学は神的なものであり、宗教よりも神についての真理を与えてくれる可能性の高い営みのはずなのである。季節が移り変わり、太陽の光が植物を育て、空気が呼吸に適している――これらすべてのことは、私たちを気にかけている神が存在することを示している。〔ここから得られる〕究極の結論とは、自然〔を作った存在として〕の神が私たちに親切にしてくれるのと同じように、私たち自身も互いに親切にしなければならない、ということである。私たちが神のように生きるためには、科学に敬意を払わなければならない。

　キリスト教の教義は〔実のところ〕、互いに親切にすべし、という神からの究極の教えとは一致しない。〔というのも、〕キリスト教の究極の教えとは、（イエスに対する）殺人だからである。[2] **金銭的正義**（イエスが全人類の罪を贖うこと）は、罪人のために罪なき人の命を奪う。私たちは、罪なき人が罪人のために刑罰を受けるという事態を、意図することもなければ、正しいものとして許容することも決してない。また、悪人が生きられるようにするために罪なき人の死を言祝ぐことも、あってはならない。

ペインの考えでは、既存宗教の主張の多くは理性によって擁護できるものではなく、端的にいって真ではない。彼は**三位一体**を否定し、一つの存在の中に三つの人格が備わりうると信じることは明らかに矛盾していると指摘した。また、イエスが自発的に自らを救い主として差し出したということも否定した。なぜなら、裏切りの物語の中では、イエスは身を隠しており、見つかりたくなかっただろうことは明らかだからだ[3]。ペインはエドワーズを名指しこそしていないものの、カルヴァン主義の教義が人間を下劣で、腐敗した、罪深く、そして神の恵みを受けるに値しないものと表現している限り、エドワーズのような信念は、神に対する感謝の欠如の一種である――このようにペインは主張した。彼にとって、人間が神の創造物であり、神が善なのであれば、人間がこのような卑しい性質を持っていることはいかにしてありえるのか、不明である。要するに、キリスト教徒は調停不可能な矛盾に満ちた生を送っており、**キリスト教**は信ずるに値しない、というのがペインの見解である。ペインは、奇跡、啓示、預言といった観念はすべて非合理的であるとして、その真実性や信憑性を認めず、それらが慈悲深く、善であり、全能かつ全知の神〔という性格〕と矛盾している、と考えた。ペインは、ヨナとクジラの奇跡[4]とされるものに言及し、そこでの描写とは逆に、ヨナの方がクジラを飲み込んだとしたら、そちらの方こそが本当に奇跡的だったことだろう、とユーモアを交えて語っている。ペインの立場を簡潔に述べれば、神は合理的であり、怒りや癇癪を起こすような者ではない、ということである。

しかし、キリスト教がペインにとって信じるに値しないものだからといって、神への信仰が正当化されない、という結論が必ずしも導かれるわけではない。確かにペインは無神論者であるとして非難された。〔そこで、〕無信仰と**無神論**の容疑をかけられた彼が自身を弁護するために用いた議論とは、神を全く信じないことこそが無神論なのだ、というものである。彼は神の存在を信じていたのだから、無神論者であるはずがない。神の本性に関するペインの立場がキリスト教徒のそれと異なることは、〔確かに〕疑いの余地がない。〔しかし、〕彼が神を信じていなかったというのは端的に誤りである。

ベンジャミン・フランクリンは一時的に理神論に惹かれていたが、後にキリスト教へと回帰した。キリスト教の方が、彼が検討していた他の宗教的教義よりもより多くの利点を備えていたからである。ジェファソンもまた理神論に接近していた。彼は理神論とキリスト教を組み合わせたが、それはイエスという人物とキリスト教という教義が、受容可能かつ実践的な道徳的指針を提供していると考えたからである。だが、人はそもそも何らかの宗教的教義を厳守すべきなのかという問題についてのジェファソンの考えは、伝統的なキリスト教よりも理神論に近かった。もし私たち人間が、真理を発見するために合理的能力を働かせることができるのであれば、そして、もし理性によって人々がある宗教に接近したり離れたりするのであれば、それはその人の個人的な問題だといえる。人が選び取ったり拒絶した信仰や信条が、他人に害を与えない限り、私たちには自分たちが適切だと考える仕方で信じたり信じなかったりする自由を与えられるべきである。

フランクリンは、キリスト教やその他の宗教的教義を敵視しているわけではない。だが宗教に関する彼の立場には、ペインのそれと似た要素、つまり理性に対する畏敬の念に由来するという共通点がある。宗教の有用性、神の存在証明、死後の世界の可能性についてのフランクリンの考えは、『フランクリン自伝』やいくつかの論考・手紙の中に、様々な形で表明されている。キリスト教における美徳は全体的に有用であるが、それは現世での利益があるからである。怠惰を避けることは、放縦と苦痛から距離を取ることにつながる。怠惰を避けることは、勤勉と利益につながる。神の十戒で命じられた内容が善であり、禁じられた事柄が悪なのは、それがまさに十戒として神から与えられたものだからではない。[5]〔逆に、〕神が命令したり禁止したりするのは、その事物がすでに善いものであったり悪いものであったりするからである。また、イエスが神であるということは、彼の生と言葉が提供する道徳的な教えの質に、何の違いももたらさない。このような考え方は、一八世紀のプラグマティストたちの姿勢に通じるところがある。彼らは、答えられない問いや、答えられたとしても実践的・具体的な違いをもたらさないような問いがあったとき、それに答えようとすることは、時間と知的エネルギーの無駄であると考えた。イエスやキリスト教の道徳的な教えは、それが有用であるからこそ価値があるのであれば、その出どころは無関係である。教義は、私たち自身と私たちのニーズに相対的なものとして真であり、理性によって正当化されるのである。

フランクリンとペインは、啓蒙主義的理性の要請については同意していたけれども、あらゆる事柄について意見を同じくしていたわけではない。自由かつ束縛から解き放たれた探求の時代の申し子の特徴の一つは、〔自分とは〕異なる立場に対してもそれを支持する理由を見出すという態度である。意志の決定論という問題は、このことを示す〔よい例である〕。フランクリンが、私たち〔の運命〕は決定されており、宇宙に悪は全く存在しないとしたのに対し、ペインは決定論、特に予定説という教義には反論しつつも、悪の地位についてはフランクリンに同意していた。

フランクリンは予定説を信じ、それは神義論を含意すると考えた。フランクリンにとって、神は宇宙の第一動者〔原因〕であり創造主である。また、神は**全知**、**全善**、そして**全能**である。つまり、神はすべてを知り、完全に善であり、そして完全な能力を有しているので、神が知っていることは善であり、神の同意なしには何も起こらず、世界には悪など存在しない、ということだ。神の行うことよりもより善なるものなど存在しないので、悪がより善なるものを導くという主張は意味をなさない。もし、あらゆる事物はまさに今そうであるようにあらざるをえず、神によってそのように創造されたのであれば、神の視点から見れば、すべての存在は平等でなければならない。フランクリンは、祈ることの理由を全く認めず、すべての存在は神によって平等に価値あるものとされていると信じていた。にもかかわらず、彼は死後の世界に希望を抱いていたが、それは彼が現世において大いなる幸運にあずかっていたからだった。この幸運が次の生でも続いていくだろう――それが不相応なものであっても――と、彼は信じたのである。

一方のペインは、死後の生があるかもしれないという見解においてはフランクリンに同意していたが、予定説の教義をナンセンスだと考えていた。しかしペインは、死後の生は功徳を積まねば得られないものだと考えていた。ペインによると、〔死後の生について〕もしも理にかなった説明があるとすれば、神は純粋かつ善なる人生を送った者たちを来世での幸福にあずかるものとして選ぶはずである。そうであれば、予定説の教義は偽だということになる。

〔後世の〕一部の人々は、革命家であるアメリカの建国者たちが一度も口にしたことのない主張を彼らに帰属させている。〔例えば、〕政治評論家やいいかげんなエンタメ系ニュース番組の出演者は、次のようなこと〔出鱈目〕を口にしたりする。すなわち、トマス・ジェファソンは政教分離を支持したことなどない敬虔なキリスト教徒だったとか、トマス・ペインは国民皆保険の是非についてはリバタリアン的立場を採っていたとか、建国者たちは全員キリスト教徒で、アメリカがキリスト教国家として始まり、その状態が維持されることを使命としていた、等々。しかし、事物についてのこのような評価が当てはまるかどうかは、「キリスト教（徒）」という言葉でどのようなことを意味しているのか、そして評価を下す者がアメリカ共和国の歴史を読み、理解する手間をかけるかどうかにかかっている。ジェファソンがかつてアダムズに語ったところによると、ジェファソンは「真の」キリスト教徒だが、それはイエスが人間の卓越性のすべてを備えていると彼自身が信じているからである。この言明には、礼拝、教会に行くこと、あるいは「キリスト教」を基盤とした政府の樹立に関する要素などは、何も含まれていない。

ジェファソンは人間の自律性と合理性について、啓蒙主義的理念に深く肩入れしており、何人も自分の信念を他者に押しつける権利を持たないと主張した。そして、人間は自分の選んだ宗教を実践する自由だけでなく、何の宗教も実践しない自由も権利として有しているとも実際に論じていた。ヴァージニアで公布された「信教自由確立法〔Bill for Establishing Religious Freedom〕」（一七七七）でジェファソンが主張したのは、国家が市民に宗教を強制するのは**市民権**の侵害であって、それは究極的には国家の利害関心に反するものだ、ということである。ある信念・信仰を人々に無理やり受け入れさせること、あるいはそれを受け入れていると無理やり言わせることは、偽善と卑劣を産み出すことになる。**合衆国憲法**第一修正の基礎となっている〔ジェファソンによる〕この法案が具体的に規定しているのは、何人も礼拝の場や慣行への出席や参加を強制されないこと、そして参加しないことを選んだ人が、その人の自由と権利に関するいかなる罰則も受けないこと、これらである。アメリカはキリスト教国になるべきだなどと、トマス・ジェファソンが主張していなかったことは、これ以上ないほど明白ではないか？　アメリカは道徳的な国家になるべきであり、その基礎として啓蒙主義の理念を置き、人間の権利と尊厳に合致したものとなるべきこと、こうした意図があったことは明らかである。建国者たちが、啓蒙主義的理性を神のようなものと考えていたことは、さらに明らかである。しかし、啓蒙主義的理性は、個人の良心を尊重するのであって、自分が適切だと考える仕方で〔神を〕崇拝する（あるいはしない）かどうかの判断は、各人に任せられるべきである。

ジェファソンは、宗教を奉ずる、あるいはそこから離れる自由を支持する文書を書いただけでなく、そこから得られる結論の通りの生き方を選んだ。彼は聖書に懐疑的な視線を向けた唯一のアメリカ人ではなかったものの、聖書を実際に自らの手で編集し、彼が考える〔理想の〕キリスト教と完全に矛盾しない仕方でそれが読めるようにした、数少ない人物の一人なのである。ジェファソンは、聖書の章句の中でも、真であり、矛盾せず、信仰に適していると彼が判断した部分を取り出し、真のキリスト教を示すと彼が考えた記述だけを含んだ一冊の本（『ジェファソン聖書〔*The Jefferson Bible*〕』）にまとめたのである。

革命的倫理学、社会・政治哲学

倫理に関するフランクリンの立場は単純明快である。自己を創造して、ありうる可能性の中でも最も善い人物になれるかどうかは、個人〔の努力〕次第だ、というものだ。彼は「典型的にアメリカ的」な仕方で、それがどうしたら実現可能なのかを示そうと試みた。フランクリンは、「セルフ・メイド・マン」という、際立ってユニークなアメリカ的存在になるための探求に乗り出したのである。フランクリンは「どこにでもいる人〔every man〕」などではなく、ほかならぬ彼自身という一つの人格なのであって、これこそが、啓蒙主義が要求していたものだった。フランクリンは自己を創造するために、徹底的に近代的な方法を用いて、道徳的な性格と行為の完成というアリストテレス的・**徳倫理学的**な目的を達成しようとしたのである。

ここで重要なのは、人格〔character〕の卓越という伝統的な理念を達成するために、フランクリンは近代的・個人主義的な方法を用いたという点である。アメリカの思想史で見られる一般的な傾向として、人々がイデオロギー的な陣営によって分断され、倫理や政治の機能や本性に関して一部が保守主義的なアプローチをとる一方で、その他がよりリベラルな見解を持つ、ということがある。リベラルな立場では、私たちは自己の利害関心を重んじる、孤立した、原子論的な個人であると理解される。一方、保守的な立場では、私たちは「**負荷ありき**」**自己**として、徹底的に社会的な存在であるとされる。リベラルな見解によると、人々がコミュニティ的な生に十全に参加するにはそのように強いられる必要があるのであって、もとから自然本性的にコミュニティの参加者であると考えられるべきものではないとされる。例えば、ホッブズやロックによる秩序だった社会の形成に関する物語は、仮想的な個人が自然状態において結束するというものだが、そこで人々を動機づけているのは、互いに対する愛や同胞を思う気持ちといった自然な感情ではなく、社会を形成する方がそうしないよりも便利かつより安全である、という理由からである。

一方で、徳倫理学的あるいは**コミュニタリアン**的な立場では、次のような発想をする傾向にある。すなわち、私たちが互いに協力しあい、コミュニティの中で生きるのは、私たちが自然本性的に社会的存在であり、生産的なコミュニティにおいて生きる責務を互いに負っているからだ、と。コミュニタリアンであれリベラルであれ、社会的関係は、生産性と、その生産性が育まれうるコミュニティを中心として回っている。コミュニティを志向する者にとって、生産的かつ平和なコミュニティを構築し維持するのは、人間的卓越性（徳）というコミュニティにとって有益な特性を身につけた個人の活動にほかならない。

ごりごりの個人主義とコミュニティのどちらを選好していようと、倫理に対するフランクリンのアプローチは、多くの人にとって魅力的に映るはずだ。善き道徳的性格の育成に対する彼のコミットメントは、コミュニティのニーズと要求、そして個人に焦点を当てた合理性という啓蒙主義の要請の、どちらともよく馴染むものである。フランクリンは、〔いわば、〕両刀使いなのである。

フランクリンによる自己創造のプロジェクトは複雑なものである。彼にとっての義務とは、彼が理解したキリスト教道徳に従って望み通りの道徳的存在へと自身を創造することである。そしてそうする理由とは、市民は自らが能う限り最も善くかつ最も生産的な人間になる責務を負うというものだった。自己完成を目指す合理的探究では一三の徳のリストが用いられ、そこには節制、沈黙、清潔、貞節、勤勉、謙虚等が含まれている。ここでより重要なのは、何が徳とされたかということではなく、それらをフランクリンが自分自身の中に植えつけるために試みた方法と、このプロジェクトに挑戦したこと自体の哲学的意味なのである。

フランクリンによる自己創造と道徳的完成のプロジェクトは、有徳な行為のリスト〔の作成〕に留まらない。このプロジェクトには、徳が達成可能であることを保証する方法も含まれている。フランクリンは、それぞれの徳を習慣化するためには、つまり自らの性格の一部にするには、一つの徳につき一週間もあれば十分であると判断した。フランクリンのプロジェクトは、**徳倫理学**から発したものである。そして彼の方法は同時に、近代啓蒙思想にも由来している。

徳倫理学の考えでは、人々はコミュニティから切り離すことはできない。コミュニティの機能とは、市民の徳を促進することで人間の幸福を促進することであり、同時に市民の徳が他者の徳とコミュニティの幸福を促進する助けとなる。これは、原因、結果、影響からなる円環なのである。そして、徹底的に社会的なプロセスでもある。徳倫理学にとって、個人の幸福と成長は、コミュニティの影響と指針なしには不可能だが、それは私たちが本質的に社会的あるいは政治的動物だからである。

徳倫理学においては通常、徳の発達のためにはコミュニティが要請されるということを考慮するならば、「ドゥー・イット・ユアセルフ〔DIY〕」方式の徳倫理学ともいうべきフランクリンの自己啓発プロジェクトは、伝統的な徳倫理学の形式や内容と完全に一致するわけではない。しかし、フランクリンの徳へのアプローチにて意図された帰結は、その他の徳倫理学者のものと本質的には同じである。フランクリンは、個人主義的かつ方法論的なアプローチを用いて、有徳かつ生産的で倫理的に尊敬すべき個人を創造するというコミュニティの目標を達成しようとした。このように彼のプロジェクトは、伝統的であると同時に近代的であり、また保守主義的であると同時にリベラルでもある。さらにいえば、フランクリンの自己完成のプロジェクトは**功利主義**的でもあり、何よりもプラグマティックである。セルフ・メイドな道徳的人物としてフランクリンを捉えようが、起業家・発明家・政治家と捉えようが、問うべき問題は常に変わらない。すなわち、私には何ができるのか？

コミュニティに頼りきって、自分がどうなるべきか、何をすべきか、どのように行為すべきか、そして何者になるべきかを尋ねる代わりに、フランクリンは啓蒙主義的・個人主義的な理性に訴え、自身とコミュニティの利益のために、このプロジェクトに着手した。彼は自分一人で目標を設定し、手順を決めるという方法を用いたが、これが示すのは、彼が啓蒙主義的理性に対して、並々ならぬ敬意を持っていたということである。

革命的思考〔思想〕は、科学、宗教、倫理の全領域を貫いている。そして、それがアメリカ政治において発揮した影響は、世界にも広がっている。本章で紹介しているアメリカの革命思想家たちの思想と行為をより深く理解するには、彼らの〔残した〕知的遺産を理解することが必要である。アメリカの革命思想家たちは、啓蒙主義の原理を用いて、イギリス政府による権力の濫用や権利の侵害に反論した。彼らは、不当な政府権力がいかに非合理的であるかを理性によって示し、専制政治には人間の自律性と尊厳を基礎として立ち向かい、理性の真理を普遍的に適用することを主張した。

ジョン・アダムズの人間本性観は、ホッブズのそれと似ており、人々は利己的で、とりわけ競争状態では意見の相違や口論が発生しやすい、とするものである。ホッブズにとって、絶対的な政府は、人間本性についてのこうした事実から帰結するものである。アダムズの思想では、政府における権力の分立を支持することが〔そこから導かれる〕帰結である。ロックは、人間本性についてより穏やかな見解を持ち、人々は国家の存在がもたらす利益がなくとも概ね協力的であるとして、人々の合意を通じた限定的な政府を支持していた。ペインもロックに同意していた。

アダムズによれば、人は常に道徳的に正しいことをするものだと信頼することなどできないのであって、〔むしろ〕個人の利害関心こそが公的な行為に影響を及ぼしうるという。そのため、一般の幸福を守るためには、政治的構造・過程を慎重に創造する必要がある。アダムズはホッブズとは異なり、絶対的な政府を支持したわけではなかったが、ロック、ジェファソン、ペインのような楽観的見解をとっていたわけでもなかった。

ペインの考えでは、ほとんどの人は協力的かつ理性的だが、そうした一般的には善であるはずの人間本性は「邪悪さ」によって覆されうるし、そうした可能性は常に背後に潜んでいる。ペインは、善き本性が輝き続けることを希望していたが、それと同時に人間の実際の行動を考慮した政治構造の必要性も認識していた。

政府の必要性は、自己の利害関心から生じるものであり、その目的は個人の権利が他者と政府のどちらからも尊重されることを保証することだった。アメリカの革命家たちの政治哲学は、彼らの道徳観と同様に、それが依拠したいくつかの形成的な観念を背景として知ることで、より理解しやすくなる。

ホッブズ、ロック、アダムズ、ペイン、そしてジェファソンにとって、権利こそが、政府の存在と権力の正当化において中心的な位置を占めている。ホッブズとロックの二人が、革命家たちの主張に大きな哲学的内容を提供しているので、権利と自由についての彼らの立場に目を向けてみよう。

ホッブズの立場では、ただ一つの**自然権**が存在する。それは、自己を防衛する権利にほかならない。この権利は、自分の命を守り抜くことを要求する自然の第一にして根本的な法と一致している。ホッブズにとって権利とは自由のことであり、自然それ自体が自己防衛の自由を私たちの生得的な能力を通じて提供している。つまり、私たちはそれぞれ自身が必要だと判断したあらゆる手段を用いて、自己を防衛する自由を持っている。しかし自己防衛の権利は、国家によって施行されていなければ効力を持たない。この問題に対処するためにホッブズが提案したのは、国家の重要な役割を、自己防衛の権利を有効に行使できるよう保護し保証するものとすることだった。

ロックによれば、私たちは神から与えられたものとして、生命、自由、そして財産に対する自然権を有している。政府を設立するのは利便性と便宜性の問題であり、その目的は各人の〔望む人生の〕追求の可能性を保証することである。ペインとジェファソンは両者ともロックにならい、私たちの権利を侵害する政府に対して抵抗する権利を強調した。人の権利を侵害することとは、人間の自律性と尊厳を侵害することと同義である。アダムズはこれに同意した。彼の見解では、代議制政府こそが尊厳の効果的実現と、道徳性と勤勉の適切な実践のために有用である。個人の権利を保護するという政府の責務は、啓蒙的理性にとって有用であり、かつそれが要請するものである。それでもなお、ホッブズを除くこれらの思想家たちはみな、政府という絶対主義的体系の中に抵抗権の萌芽を組み込んでいた。すなわち、政府が個人の権利を侵害してしまう場合には、その政府は有用性あるいは便宜性を備えるべしという条件を満たさなくなり、逆に個人の尊厳を傷つけているわけであるから、よりふさわしくて適切な政府に取って代わられるべきだとされた。

本章で考察したすべての革命家たちにとって、政府が満たさなければならない一つの条件とは、法律を制限し、市民の権利を拡大することである。個人の権利に抵触するのが、別の個人であれ、集団であれ、国家であれ、権利が剝奪される、あるいは侵害されることは常に不正である。

権利に関するトマス・ペインの革命的思考の重要性と影響力は過小評価されるべきではない。『コモン・センス』（一七七六）や『アメリカの危機』（一七七六―一七八三）の著者であるペインは、イギリスの支配とアメリカの従属に反対した。『人間の権利』（一七九一）におけるペインの議論によれば、人々が権利を有するのは人々が人間であるという性質に由来するのであって、限定的な代議制政府のみが正当化されるという。

ペインによれば、社会は政府の形成に先立って存在する。彼の考えでは、自然状態とは協力的な諸個人が力・能力を合わせて人間の欲望を充足している状態である。もしすべての人々が道徳的徳によって支配されていたならば、政府は必要ないだろう。もしそうであれば、人々が継続的に協力して活動することを期待できる〔からだ〕。しかし〔実際のところ、〕人々が常にコミュニティ的な生の理想に忠実であるとは限らない。この問題についてのロックの立場と同様に、ペインの主張によれば、道徳的・社会的な自己コントロールを維持しない人々が存在するのは残念ながら事実である。もしそのような人々がいなければ、誰もが権利を自由に行使し享受できる状態が理にかなった仕方で保証されていただろう。

ペインは個人が道徳的な責務を果たせないことはあるとしつつも、政府こそが問題に関する完璧な解決策であるという立場には立たなかった。政府とは、人々が連合するための「必要悪」であり、彼らの力を合わせた協力活動を促進するために存在するものである。ペインの理解する自然状態では、私たちはすでに権利を有しており、政府の機能とはそれらを保護することである。私たちがこの世に生を受けたときから持っている権利こそが、自然権にほかならない。自然権のうち、私たち自身では有効な仕方で使用したり保護・防衛できないものは、政府によって保証される。政府によって保証される権利は、公民権である。したがって、自然権と公民権は、実質的に異なるものではない。両者が異なるのは、公民権が個人において「正常に機能しない」権利であること、つまり公民権は個人自身によっては有効な仕方で保証したり使用することはできない自然権であるということだ。ここで重要な点は、権利を保証するためには政府が必要だからといって、政府が人に権利を与えていることが含意されているわけではないということである。個人は、政府が形成される前から権利を有しており、そのうちの一部は個人によって有効に行使される。政府が権利を保護するために存在するのであれば、政府が権利を侵害したとき、それはもはや正当なものではない。

　ジェファソンは、個人の権利の防衛〔という考え〕を擁護した。彼が関心を持ったのは、政府の必要性を論ずることよりはむしろ、政府の権力濫用に対する革命を正当化する理由を提供することであった。『アメリカ独立宣言』において、彼はまさにこれを実践したのである。

　アメリカの歴史の中でも最もよく引用され、よく知られている言明は次のものである。

> われわれは、以下の事実を自明のことと信じる。すなわち、すべての人間は生まれながらにして平等であり、その創造主によって、生命、自由、および幸福の追求を含む不可侵の権利を与えら

れているということ。こうした権利を確保するために、人々の間に政府が樹立され、政府は統治される者の合意に基づいて正当な権力を得る。[6]
（『アメリカ独立宣言』、一七七六年七月四日）

この言明は、多くの含意に満ちている。

「創造主によって……不可侵の権利を与えられている」という箇所について、ジェファソンがロックやペインのような権利の概念を参照していたとすればその意味は明白であるし、ジェファソンがそうしていなかったと考える説得的な理由もないだろう。ロックにとっては、自然にして不可侵の権利は、神からの贈り物として与えられたものであり、それ以上の正当化は必要ではないとされる。ペインにおいては、人間の尊厳と自律性に対する敬意から、これと同じ帰結が必然的に導かれる。人民から与えられた権力をその範囲を超えて〔濫用して〕しまった政府は不当であり、取り替えられることもありうる。生命、自由、幸福追求の権利を達成するのに適切だと思われる新しい政府を建てる権利を、人民は有しているのである。

ペインは概して社会を信頼していたが、政府についてはとりわけ不信感を抱いていた。ペインにとって政府は、限定された権力を超える力を備えてはならないものである。一方でアダムズは、ホッブズ的な人間本性観を持っていたために社会を信頼しなかった。個人の自己利益に関する対立する主張を打ち負かすのに十分な構造と力を備えた政府を、彼は支持したのだ。〔ただし、〕政府の存在意義は権利を保護することであるという点で、ペインとアダムズは一致している。

権利を保護するために政府を形成するという営為は、人間や社会の本性についての見解と不可分な仕方で結びついている。政府の形成は、憲法が政府の基盤においてどのように関わるか〔そしてそもそも関わるかどうか〕に影響される。ペインにとっては、憲法こそが政府を形成するのであって、その逆ではない。ペインの『人間の権利』（一七九一）における主張によれば、憲法とは人民が政府を創造する行為そのものにほかならない。その意味するところとは、〔まず〕人民同士で政府を形成することについて同意し、その社会契約の結果として政府は存在することになるが、政府自体は社会契約の一部ではないということだ。ペインとホッブズは、政府が形成される方法や理由についてかなり異なった見解を持っていたにもかかわらず、この点については一致していた。ホッブズにとって、政府は社会契約の一部ではないので、政府が憲法や社会契約によって特定された責務に違反することは、どのような場合であれナンセンスである。つまりは、主権者は人民に対して不正義を行うことはできないということである。ペインとロックの主張によれば、政府は〔社会〕契約の一部であり、〔したがって〕政府が不正義を犯し、その責任を負うことはありうる。なので、新しく形成されたアメリカの共和国における国家憲法創造〔制定〕の問題は、実践的に重要であると同時に、哲学的な意義も有するものだった。

アダムズは『政府論〔*Thoughts on Government*〕』（一七七六）において、直接民主主義には問題があると主張した。アダムズが代わりに支持したのは、権力を分割〔分立〕することで、党派の利害関心と私利私欲の影響という、腐敗して市民の権利を侵害する傾向にある勢力を制御することだった。アダムズの計画、すなわち連邦主義者たちの計画とは、自由を守るために政府の権力を分割することだったのだ。

新たなアメリカの共和国は、人間本性の主要な性質である利己心を考慮した上で、どうすれば最も効率的に機能するのか？――これを私たちは自らに問わねばならない。どのような構造と手続きを導入すれば、新しい共和国が劣化し、独裁的にならないよう保証できるのか？　この問題に対する答えは、人民が単純かつ直接的な仕方で代表されるという形態ではないことは、ペインも述べていたところである。アダムズの『アメリカ諸邦憲法擁護論〔*A Defense of the Constitutions of the United States of America*〕』（一七八七）における主張によれば、選ばれた代表者は人民の自由の保護という観点からは信頼できない。その理由は、もし彼らが立法、行政、司法のすべての権限を持つと、**絶対君主**よりも早く人民の自由を侵害することになるからである。自由な人民は他者の権利を侵害しないと考えるのは、誤りである。なぜなら、アダムズが皮肉めいて述べているように、もし人民が他者の権利を侵害しようなどと決して考えないのであれば、そもそも政府は必要ないからである。

政府の権力を分割することは不可欠であるが、その目的は人間本性についてのある落とし穴を回避することであり、それは個々の人間関係に影響しているものと同じ問題である。つまり、人々は情念に支配されており、互いに意見の相違が発生する可能性があるということだ。これこそが、主権が一つの議会に委託されえない理由である。アダムズにとって、多数派や指導者たちは、自らの利益のために少数派を抑圧し、少数派の自由と安全を脅かすことになる。

アダムズにとって、政府の目標とは人民の幸福である。アメリカの革命家たちが求めたのは、イギリスの独裁政治の代わりに、同程度に抑圧的なアメリカの政治体制を作ることではなかった。そこで利己心を制御する有効な手段として用いられたのは、政府の権力を分離することであり、そこでは法の支配が抑制と均衡のシステムを伴うものとされた。

アダムズは、ジェイムズ・マディソンと同様に、直接民主主義には疑問を持っていた。アダムズが一八一五年に書いたジェファソン宛の手紙で説いたところによると、人民が「チェックされない」ときにはいつも、絶対権力を持つ統治者と同じか、それよりも悪い結果になる、というのが歴史の教訓である。このような場合には、「**多数者の専制**」を打破しなければならない。ジョン・スチュアート・ミルの『自由論』の議論によれば、個人に対する社会の専制は、政治的抑圧よりも悪しきものであるが、その理由はそれが各位の個人的な生にまで深く入り込むからである。したがって、政治的抑圧からだけでなく、集団の意見が個人に及ぼす影響からも〔個人を〕保護することが不可欠である。新しいアメリカの共和国が、イギリスの専制支配の代わりに多数者の専制に悩まされることがないよう、何か手が打たれなければならない。

ジェイムズ・マディソンは、アダムズが残した連邦主義の問題を引き継いだ。**党派**の危険性を指摘したマディソンは、アダムズの見解とは真っ向から対立するように見えるかもしれないが、そのマディソンは『ザ・フェデラリスト』第一〇篇にて、党派がもたらす善について論じた。〔彼いわく、〕ある集団の利益が他の集団の利益にとって危険だったとしても、それは思想や議論の自由が尊ばれる社会に生きることの一部である〔ので、甘受すべきである〕。言論、集会、良心の自由を尊重しつつもマディソンが主張したのは、党派の存在を統制するよりも、党派を制御することの方がはるかにまずいということだ。党派を制御することは個人の自由を制限することになるし、〔そもそも〕すべての人に同じ情念を教え込むことは実際には不可能である。加えて、許容可能なレベルの党派の制御は、より多くの人口と、その人々が暮らしていけるだけのより広い土地があってこそはじめて可能になる。党派は、互いに離れていれば、非常に強くなることも、大多数の人々に圧倒的な影響を与えることもないだろう。

党派が完全に制御されるのは、党派の原因もしくは結果〔影響〕を取り除いたときだけである。党派の原因を除去することは、党派という「病」よりもよくない。なぜなら、そうすることで個人の自由が毀損されるか、すべての人々が同じ意見を押しつけられることになるが、そのどちらも個人の自由〔という理念〕と相容れないからである。党派の結果・効果の方を制御することが、この問題については唯一の受容可能なアプローチである。そしてこれは、立法府、行政府、司法府が区分された代議制の政府によって達成される。この解決策は自由を拡張すると同時に、少数派の意見や利益を保護するのである。

権力分立という仕組みは、党派を適切に制御することによって、人々が人間の価値のヒエラルキーにおいて他者の上に立とうと試みる可能性を低くする。代議制をとる政府ではむしろ、法の支配を原理とするべきであると、人民は認識するようになる。立法、司法、行政の執政権を単一の議会に委ねることは、決して安全ではない。人間本性についてのアダムズの悲観主義に対抗してマディソンが表明したのは、人間の行動を動機づける要因が利己心であったとしても、それは徳によって制御されるだろう、という希望なのである。

アメリカの共和国では、党派は制御された上で、その利点・利益は完全にではないとしても実現されうる――こう認識していた点において、マディソンは正しかったように思われる。党派を制御できない、あるいは制御すべきでない場合に備えてアメリカの革命家たちが憲法に組み込んだのは、憲法の適用対象である社会と政府における進化・成長し続けるニーズに基づいて憲法を改正する能力であった。「たまに起こる小さな反乱は善いものだ」とジェファソンは述べたが、〔この発言に込められた精神を〕平和的に体現し、変化を続ける社会と政府のシステムに起こる変化を成文化することを可能にしたのが、まさに先の仕組みなのである。

批　判

啓蒙思想は完璧ではない。実際に、この思想に由来する**矛盾**や不整合が存在する。啓蒙思想の帰結の一つは、フランス革命における〔理性の〕濫用と残酷さであった。もう一つの重大な問題は、過去の哲学と社会の動きが絶対主義的な思想に向かっていた傾向を、おそらく不用意にではあるものの、啓蒙思想が引き継いでしまったことである。啓蒙思想家の間に残った確信〔信念〕とは、「〔大文字の〕真理」なるものが「どこかに」あり、それを私たちは知ることができ、そして注意深く理性を用い〔て推論す〕ればそれを見つけることができる、というものだった。

トマス・ペインによるキリスト教その他の宗教体系に対する批判は全体的に、宗教体系を実際に実践する人々の信念に関する誤った理解で満ちている。その中には、すべてのキリスト教徒は決定論者であり、キリスト教徒が祈るのは出来事の流れを変えてくれるように神にお願いするためにほかならないという、ペイン自身が抱いていたのであろう信念がある。フランクリンの主張においては、決定論が不可避的に行き着く先には、存在するあらゆるものは善いものだという結論がある。だがペインは、意志の決定〔論〕という観念そのものを疑問視した。そのような観念は神の善性と永遠の報いという希望と相容れないからである。さらに、この世のすべてのものは善であるというフランクリンの立場は、この世には悪、苦難、痛み、苦しみがあるという事実と明らかに矛盾している。苦しみ――そしてとりわけ、人間によって引き起こされた**道徳的悪**――を、神の善性と調停させることは非常に難しいと思われる。ウィリアム・ジェイムズが〔この時代から〕一〇〇年以上後に指摘したように、意志の決定〔論〕を信じることには調停不可能な矛盾があるので、この問題については何らかの新しい考え方が必要とされている。

啓蒙思想家や革命家たちが採用した方法は、形而上学、認識論、宗教、倫理学、社会・政治思想における諸問題について様々な結論を導き出すが、それらは相互に調停不可能、すなわち通約不可能である。アメリカの革命家たちの思想において、両立しがたい主張としてとりわけ顕著なものは、連邦主義者と**反連邦主義者**の差異に表れている。反連邦主義者（ジェファソンなど）の考えでは、アメリカ合衆国憲法によって形成された中央政府は強力すぎるため、公共善はそれと競合する利益によって飲み込まれてしまう。また連邦主義者が過大に重視した考えとは、人間本性の本質〔が完全なる善ではないという事実〕のために、個人の利害関心を制御する必要性があるというものだった。他方でアメリカによる代議制政府という実験が備える最大の強みの一つは、それが様々な視点を受け入れつつ繁栄し続けられているという点である。

代議制政府はアメリカ合衆国で成功したとはいえ、当初から〔その内部には〕複数の原理や指針の差異が存しており、そのせいで意思決定の行き詰まりや時間のかかる手続きが発生してしまい、それによって不正義を許容し続けてしまうような事態がもたらされた。そうした不正義の一つとは奴隷制度であり、それはアメリカ革命期とその前後にも存在し〔続け〕、〔現在に至るまで〕アメリカの社会・政府によって未だ解決されていない忌々しい遺産を残した。

アビゲイル・アダムズは〔配偶者である〕ジョン・アダムズに宛てた手紙において、アメリカ革命の観念・理念と行為の矛盾を指摘し、自由のために戦いながらも同時に奴隷から自由を奪うのは馬鹿げている、彼らも他の誰もと同じ権利を有しているのに、と述べた。彼女はまた、アメリカの新しい政府を打ち立てる際には「女性を忘れるなかれ」と、夫〔ジョン・アダムズ〕に訴えた。彼は、この訴えを聞き入れることはなかった。奴隷制度という問題、そしてアメリカの女性とアフリカン・アメリカンには権利や完全な市民権を認められなかった点については、第四章で考察する。

結　論

一八世紀アメリカの革命思想家たちは、カルヴァン派が抱いていた人間本性についての悲観的見解や人間の向上・成長の不可能性〔という考え〕に代わり、独自のオプティミズムと改革〔主義〕を打ち出した。啓蒙思想には、絶対的真理や絶対的知識を求め続けるという傾向があるとはいえ、その傾向は道徳や政治〔政府・統治〕〔の領域〕には及ばず、場合によるが形而上学、認識論、宗教の領域にも至らなかった。このことはフランクリンが**可謬主義者**だったという例を見れば明らかである。フランクリンは、私たちは自分が取る立場が暫定的なものであると示すべきだ、と明確に述べている。このような姿勢は、科学、宗教における啓蒙主義的見解の全体に通じる〔適用できる〕ものである。その含意とは、究極の真理が宇宙に「ある」のだとしても、私たちはそれを把握する能力を持っていないかもしれないということを、啓蒙主義者たちが認識していたということである。むしろ私たちは、人間の弱さを見据えた上で、知的な謙虚さの感覚を保つべきである。アメリカの革命家とその観念は、完璧からは程遠いものだった。しかしそれによって、アメリカの思想とアメリカの人々が、次のように信じ続けることをやめることはなかった——より善いものが存在し、それを自分たちは達成し行うことができる、と。

第三章の推奨文献

アメリカの革命家と彼らの作品についての著作は無数にある。入門書としては次が有益である。J. J. Ellis, *Founding Brothers: The Revolutionary Generation* (New York: Knopf, 2000)、Morton White, *The Philosophy of the American Revolution* (New York: Oxford University Press, 1981)、Pauline Maier, *American Scripture: Making the Declaration of Independence* (New York: Random House, 1997)、Herbert J. Storing, *What the Anti-Federalists Were For: The Political Thought of the Opponents of the Constitution* (London: University of Chicago Press, 1981)。

アメリカの革命思想のイデオロギー的基盤について、インターネット上で入手可能な資料としては次を参照。*Digital History: Using New Technologies to Enhance Teaching and Research* at http://digitalhistory.uh.edu/database/article_display.cfm?HHID=263。*Documents from the Continental Congress and the Constitutional Convention*, 1774-89 at http://memory.loc.gov/ammem/collections/continental。アメリカ革命に関する文書や関連資料としては次を見よ。www.infidels.org。ここでは、ペインやジェファソンその他の多くの一次資料が読める。

訳者による推奨文献

「建国の父たち」の思想的背景を論じた文献として次が参考になる。モートン・ホワイト『アメリカの科学と情念：アメリカ哲学思想史』（村井実訳、学文社、一九八二年）、石川敬史『アメリカ連邦政府の思想的基礎：ジョン・アダムズの中央政府論』（溪水社、二〇〇八年）、田中秀夫『アメリカ啓蒙の群像：スコットランド啓蒙の影の下で　一七二三～一八〇一』（名古屋大学出版会、二〇一二年）。A・J・エイヤー『トマス・ペイン：社会思想家の生涯』（大熊昭信訳、法政大学出版局、一九九〇年）は、分析哲学者によるペインの評伝。

訳注

［1］万学の祖アリストテレスによる、目的論的世界観を前提とした自然（科）学の体系のこと。これは、世界の究極の根拠や目的に訴えることなく自然界の現象を説明・記述しようと試みる機械論的世界観に取って代わられることになる。

[2] キリスト教においては、イエス・キリストの死によって人類の罪が贖われたと信じられている。

[3] イエスの十二人の弟子（十二使徒）の一人であるユダによる裏切り行為。お金に目がくらんだユダは、イエスのことをローマの役人に売り渡したとされる。

[4] 旧約聖書の『ヨナ書』で描かれる預言者ヨナの物語。嵐の海で船から飛び降りたヨナを救うため、神がクジラをつかわし、その腹の中でヨナを保護したとされる。

[5] 旧約聖書で記述されている、預言者モーセが神から受けた十の戒律。殺人、窃盗、姦淫などを禁じるもので、宗教・宗派によってその内容の理解については異同がある。

[6] アメリカンセンターJAPAN訳「独立宣言（一七七六年）」を参照した。https://americancenterjapan.com/aboutusa/translations/2547/

第四章　啓蒙主義的革命家を超えて

宗教、倫理学、社会・政治哲学

アメリカの革命家たちは自由という希望を勝ち取るために大きく前進したが、それはすべてのアメリカ人にとっての自由の実現からは程遠いものだった。新しいアメリカの共和国が誕生した当初から、自由と平等の理念とアメリカ社会の実際の状況の間には、緊張関係が存在していた。アフリカン・アメリカンの大半は奴隷として扱われ、女性は人種や肌の色に関わらず、完全な市民とはみなされず、アフリカン・アメリカンと同様に、しばしば完全な人間とすらみなされなかった。アメリカ革命から今日に至るまで、建国者たちの実現できなかった理想に向けて、変革のための活動が行われてきた。

抑圧された人々にアメリカ革命思想の理念と原理を適用するためには、宗教が中心的な位置を占めることになる。女性や有色人種がアメリカの自由の恩恵を享受できず、尊厳と価値を持つものとして他者から（時には自分自身から）の承認を得られないでいるのは、社会構造に阻まれていたからであった。これを適切に変化させることを主張するために必要な〔理論的〕基盤の一部を提供するのが、宗教的概念である。本章に登場する改革者たちの哲学的立場には、奴隷と女性たちが置かれた道徳的、社会的、政治的窮状に立ち向かうための宗教的概念が主に用いられている。したがって以下では、宗教的概念と道徳的、社会的、政治的領域での議論が合わせて論じられることになる。

奴隷制度という問題

ジェファソンが『独立宣言』（一七七六）を書いたちょうど一年前、真の革命家と呼ばれるべきペインは、「アメリカにおけるアフリカ人奴隷について〔African Slavery in America〕」（一七七五）〔という論考〕を書いた。奴隷制度の正当性を主張する議論を打ち破るために彼が打ち出した原理は、道徳的力強さを備えた重要かつ興味深いものである。奴隷所有者が、自分は合法的な商取引を通じて奴隷を購入した、と正当性を主張したとしても、何の意味もない。盗まれた物の所有者には、それが何度他者に売られたとしても取り戻す権利があるように、奴隷の自由は盗まれたものなのだから、奴隷は自分自身の自由の正当な所有者なのである。古代ユダヤ人が奴隷を用いていたという事実も、ペインの意見を変えなかった。彼によれば、聖書に記録されている事柄の中には、模倣されるべきではないものが数多くある。奴隷制度もその一つである。ペインの政治的議論がありありと示したのは、自分たちは他者を束縛しておきながら、同時にイギリスが理不尽な法律や税金で自分たちを奴隷化していると訴える、アメリカの入植者たちの信念と行為に存する矛盾である。

唯一ありうる道徳的な行為とは、奴隷を解放することである。イギリスは、奴隷に対して忠誠の見返りに自由を与えることで、彼ら〔奴隷たち〕をアメリカ人入植者にとっての脅威〔として利用〕するかもしれないことを、ペインは認識していた。この問題を回避し、かつ入植者に利益を与える方策としてペインが提案したのは、解放された奴隷に対して西部のフロンティアに定住地を与えることだった。

ジェファソンは奴隷解放を支持していたが、それは極めて醜悪な仕方によってだった。ジェファソンは『ヴァージニア覚え書』（一七八二）において、アフリカン・アメリカンの知性、道徳性、身体的特徴、能力などについて、露骨に人種差別的かつ驚異的なほど非科学的な主張を行っている。〔こうした〕不快な発言をしていたにもかかわらず、ジェファソンは奴隷解放を支持したが、その意図は彼らの〔真の〕解放とアメリカ社会・政府への完全な参加ではなかった。彼の狙いは、〔奴隷の〕解放と国外追放だったのだ。ジェファソンは、自由になった奴隷をアフリカに送還することが必要だと主張し、その理由は白人の元奴隷所有者と解放されたアフリカン・アメリカンが同じ地域に住むことは、後者が前者の手で受けた虐待のために不可能だからだと述べた。言い換えれば、奴隷が受けた不正の問題に対するジェファソンの解決は、さらなる不正をなすことで現状の不正を除くというものだった。

ジェファソンとペインは、奴隷解放への希望を幾分かは示唆しているが、彼らの議論は疑わしいものである。ペインは奴隷制度に反対する道徳的な議論を展開しながらも、白人の利益を考慮せずにはいられなかったようで、〔奴隷を所有する〕白人入植者の擁護もしている。ジェファソンの議論には、道徳的・社会的価値がほとんどない。ジェファソンの議論における知的・道徳的矛盾は、「独立宣言」においてみられた人権についての彼の理想と、彼が二〇〇人以上の人間を所有していると主張していたという事実との間に露骨に表れている。つまり、ジェファソンは原理的にはすべての人間が個人の権利と尊厳を持ちうるものだと言祝いでいた一方で、尊厳と一貫したものとしての権利と原理に対する彼のコミットメントは、〔すべての人々に〕一貫した形で適用されることはなかったのだ。

奴隷制度に関するアメリカの理想と〔実際の〕行為の間の緊張関係は、アメリカ社会における居心地の悪い矛盾を表すものであり、何年にもわたって軽減されることはなかった。それは一九世紀前半までほぼ衰えることなく続き、南北戦争後に奴隷が法的に解放された後でさえも、合衆国政府や北部・南部のほとんどのアメリカ人たちは、アフリカン・アメリカンをせいぜい二級市民としてしか扱わなかった。アフリカン・アメリカンは常に、筆舌に尽くしがたいほどの残酷さと不正義によってあしらわれたのであり、南北戦争後の「ジム・クロウ」〔法が支配する〕南部では、アフリカン・アメリカンが市民権を行使することを事実上の犯罪とする法律が制定された。

初期の奴隷制度反対論に対抗して、リチャード・ファーマン（一七五五―一八二五）とトマス・デュー（一八〇二―一八四六）は、〔キリスト教の〕聖書に基づく議論によって奴隷制度を擁護した。ファーマンは、サウスカロライナ州のバプティスト派の牧師だった。彼は一八二三年にサウスカロライナ州知事に宛てた手紙の中で二つの論点を提示し、奴隷解放に対する反対論と、奴隷制度の「道徳性」を主張した。ペインとは対照的なファーマンの見解とは、神がユダヤ人に奴隷を取るよう命じたというものだった。他方でファーマンは、奴隷を人道的に扱うことは道徳性が要求するものであり、奴隷制度〔それ自体〕は残酷さと結びつけられるべきではないと主張した。

ファーマンが奴隷制度を正当化するために用いた「道徳的」議論は、功利主義的・徳倫理学的な考察に基づいている。ジェファソンと同様にファーマンが信じていたのは、奴隷は無知で「情念」に支配されているということである。情念に支配されていると、人は道徳的自由を発揮できないようになる〔なぜなら、道徳的自由は理性を必要とするから〕、したがって政治的自由も用いることができない〔、という推論である〕。彼の結論とは、〔第一に、〕アフリカン・アメリカンは奴隷にしておくのが最も望ましい、その方が当人にとっても「より幸福」であるから、というものだ。第二に、奴隷を解放することは、コミュニティを傷つけることになるともした。ファーマンは、結果として生じるとされた「傷」については説明していないが、奴隷を解放することによって奴隷とコミュニティの両方が不利益を被るような状況をもたらすことは決して要請されえない、とは述べている。加えてなされた**慈悲**の概念に訴える議論においては、徳倫理学的推論がねじれた形で用いられている。つまり、慈悲深い行為が有徳であるのはそれが自由に行われたときに限るというのであれば、慈悲を要求することで自由が破棄されてしまう、という議論である。この点を強調するため、彼は奇妙なアナロジーを用いている。ある債権者が、債務者を債務から解放してあげることは寛大だとはいえるが、だからといってそのように他者を利することは要請されているわけではない。同様に、たとえ奴隷を解放することが慈悲深い行為だったとしても、もしそうするように奴隷所有者が強制されるとしたら、その行為は本当の意味で慈悲ある行為であるとはいえず、したがって道徳的ではない、と。

リチャード・ファーマンが無視していたのは、たとえ奴隷所有者が物理的〔肉体的〕に残酷な扱いを奴隷に与えていなかったとしても、人間の自由と権利を制限することは確実に残酷だということである。奴隷の無知に対する解決策は教育なのであって、さらなる無知ではない。そして、不利益の問題に対する解決策はそれを実際に解決することであって、問題を奴隷制度という敷物の下に隠した上で、束縛と悲惨な状況に苦しむ人々について、彼らの待遇改善を議論するだけで正義が果たされたかのように振る舞うことではない。奴隷解放こそが正しいという単純な考えを、ファーマンは考慮すらしなかった。また彼は白人の奴隷所有者にとって奴隷解放がどのような道徳的含意を持つかのみに注意を集中しており、奴隷自身にとっての奴隷解放の道徳的含意については無視した。

ファーマンの「慈悲」論が不条理であることは、疑う余地もない。慈悲深い行為が強制されている場合にはそれは本当の意味では慈悲的ではない、と主張すること自体は理にかなっている。だが、アフリカン・アメリカン奴隷の命と、売却可能な土地や分配可能な収益を比較することは、アフリカン・アメリカンが人間とはみなされず、道徳的な地位を全く有さないとするも同然である。ファーマンが用いた財産のアナロジーは、端的にいって成立しない。財産を清算し、その利益を他者のために分配することは、物体としての財産にとっては何ら不正なことではない。〔他方で、〕奴隷は解放されることによって、人間として恩恵を受けることになる。奴隷にとっての自由は、他者に対する慈悲の問題ではなく、当人の権利の問題なのである。

トマス・デューは「奴隷制度擁護論〔The Pro-Slavery Argument〕」（一八五三）において、奴隷制度が共和国の平等のために有益だと主張した。南部の白人市民は自分たちが〔互いに〕平等であると考えるが、それは自らが享受する自由と、アフリカン・アメリカン奴隷の劣等性を認識することによってである、という議論だ。デューの推論は実に卑劣で歪んでおり、奴隷制度の支持者がどれほどの努力をもって奴隷制度の存在の正当化と白人のヨーロッパ系アメリカ人の優越性を肯定しようとしているかを示している。南部の白人たちが自分たちは平等な存在だと考える理由にデューは注目しているが、これは奇妙なことだ。〔デューの〕議論の前提は、南部ではすべての白人が互いに平等だと考えているという点だった。言い換えれば、白人たちは平等という共和的精神のもとに、互いを道徳的・社会的に平等な存在として考えており、奴隷の忌まわしい立場と自分自身を比較することで、その信念は促進される。奴隷の状況は、知らず知らずのうちに白人のアメリカ人にアフリカン・アメリカンに対する優越感を与え、それが白人アメリカ人の間での平等感に変換されているのである。南部の白人の平等感は要するに、アフリカン・アメリカンの犠牲の上に成り立っているのである。

奴隷制度が道徳的に正当化されると主張する試みに対抗して、奴隷制度廃止論者たちは正当な道徳的・政治的議論を様々に展開した。ウィリアム・ロイド・ギャリソン（一八〇五—一八七九）が「アメリカ奴隷制度反対協会所感宣言〔Declaration of Sentiments of the American Anti-Slavery Convention〕」（一八三三）において「独立宣言」に訴えたのは、それが奴隷制度の廃止を正当化すると信じてのことである。彼が主張したのは、奴隷の境遇はアメリカ革命以前のイギリスの臣民時代の〔アメリカ人入植者たちの〕状況よりも、計り知れないほどひどいものであるということだ。入植者はイギリス〔人〕に対して正当な不平感情を抱いていたが、彼らは決して奴隷ではなかった〔からだ〕。

ギャリソンは「独立宣言」を反奴隷制度論の道徳的基礎とする一方で、合衆国憲法については、そこに奴隷を一人の人間の六〇％として数える悪名高い「**五分の三**」条項が含まれていたことから、拒絶した。人間を「数える」この方法は、アフリカン・アメリカンの自由を否定し、尊厳を損ない、さらには完全な人間性を否定するものだった。この憲法が道徳的な力を欠くものとなっているのは、「独立宣言」がすべての人間の権利を肯定しているのに対し、合衆国憲法の方は一部の人民の権利を制限あるいは否定する内容を含んでいるからである。奴隷制度廃止は、〔奴隷として扱われている〕人間に人間性を取り戻すという点で、独立宣言の精神と親和的なのである。〔他方の〕奴隷制度と憲法は、人間の権利を否定するものである。

　フレデリック・ダグラスは「奴隷にとって七月四日とは何か?」（一八五二）において、〔独立記念日である〕七月四日について奴隷が祝うべきことは何もないと主張している。ダグラスがこの祝日を祝うことを拒否した理由とは、イギリスの圧政からアメリカの人民が独立したことを元奴隷である彼が祝うという行為は、この国が建国されるときに基礎となった理念に対する明らかな裏切りを意味するからである。自由という理念と人間の束縛という実践の間に存する矛盾は、奴隷制度は不正であると論ずる必要性を排除する。奴隷制度は正当化されているという主張が偽であることを私たちは知っている。なぜなら、自由こそがアメリカの理念であるという主張は真だからである。この祝日が貴ぶ文書〔独立宣言〕は、それが奴隷制度と隣り合わせに存在しうるときには、適切に用いられていない、あるいは適切に尊重されていないのである。

　ダグラスの立場とは、奴隷は人間であり、それゆえに道徳的存在だというものである。道徳的存在は、知的かつ責任能力のある存在である。あらゆる人間は自らの身体という財産を所有しているが、奴隷制度は奴隷が自らの身体に持つ正当な所有権を否定するものである。誰であれ、自分が奴隷になった状態を想像してみるだけで、それが彼にとってなされた不正であるということが分かるだろう。

それがもし任意の人物にとって不正であるならば、それはすべての人にとって不正なのである。

ギャリソンとダグラスは両者ともに、契約主義的、自然権的アプローチからの議論によって、アフリカン・アメリカンの人間性、そして平等な権利を肯定した。一方、アンジェリーナ・グリムケは『南部の女性キリスト教徒への訴え〔*An Appeal to the Christian Women of the South*〕』（一八三六）において、別の種類の議論を行った。そこで彼女はカント的な議論を用いて、南部アメリカの白人女性には奴隷解放に向けて努力する責務があると主張した。南部の女性の義務とは、奴隷制度に反論することで奴隷制度廃止に向けて尽力すること、所有している奴隷を解放すること、そして奴隷が逃亡するのを援助すること、これらである。女性や奴隷に降りかかるいかなる帰結も、奴隷となった人間を解放するという道徳的行為・道徳的責任とは無関係である。グリムケの議論が依拠しているのは、自身の行為を導く原理の普遍性と「人格の尊重」という、イマヌエル・カントの道徳体系において中心的な位置を占める発想である。この理念において、奴隷の解放に向けて努力することは、端的に正しいことである。善ではなく正しさこそが、アンジェリーナ・グリムケとイマヌエル・カントにとっての究極的関心だった。

アンジェリーナ・グリムケによる奴隷制度に反対する道徳的議論と、南部アメリカ女性の奴隷解放に向けた努力という義務は**義務論的**なものであり、奴隷制度を廃止するという普遍的な要請と、カントの定言命法における「人格の尊重」の側面を強調するためにそれらは定式化されている。人格の尊重とはカントの**義務論**における究極の法則であり、人間を何らかの目的に対する単なる手段としてではなく、常に目的として〔も〕扱う必要があるという思想に表現されている。[1] 理性的な人間であれば、アフリカン・アメリカンが人間であることを否定できる者は誰もいない。グリムケは、奴隷所有者が奴隷のことを「**純粋動産**」という言葉で呼ぶことがしばしばあることを皮肉っている。奴隷所有者はこの言葉を使うことで、奴隷の労働に対して賃金を全く払わないことが正当化されると信じていたのである。牛が畑を耕してもその牛に給料を払わないのと同じように、奴隷を牛と同程度にしか見ていない人は、奴隷の労働を搾取することが正当化されていると感じるだろう。

グリムケは奴隷解放のための議論の一環として、奴隷の教育についても論じた。人を奴隷状態に置いておくには、その人が無知である方がはるかに容易である。自分に権利があることを知らない者はその権利を行使しようとはしないだろうし、他者の権利を奪う者は相手の奴隷をモノの地位にまで貶めることによってのみ、そうした略奪行為を行うことができるようになる。したがって、教育こそが自由への鍵なのである。南部の女性の義務（実際にはすべての人間の義務）とは、奴隷を教育するためにできることを行い、アフリカン・アメリカンが自由になったあとも教育を続けることである。

アンジェリーナ・グリムケの姉のサラが「手紙（八）：アメリカ合衆国の女性の状況について（Letter VIII. On The Condition of Women in the United States）」（一八三七）において、アメリカにおけるある階層の女性たちの窮状を特に嘆いていたことも重要である。最も悲惨、粗暴、そして非人道的な扱いを受けている女性たちのことだ。彼女が指摘したのは、許しがたいほどの不正義が女性奴隷に対して、その所有者とされる人々の手で加えられていることだった。だが、彼女は南部の男性だけに罪を着せるに留まらなかった。女性奴隷が野蛮な扱いを受けていることで、白人女性はそういった扱いのターゲットにはならないで済むという形で〔間接的に〕恩恵を受けている可能性があるからだ。自らの利益のために不正義を黙認することは、不正義を批判することなく黙って見過ごすことの言い訳にはならない。

奴隷制度が最終的に終わったのは一八六三年の**奴隷解放宣言**によってであり、合衆国の奴隷制度が完全に廃止されたのは一八六五年の南北戦争集結によってである。だが残念なことに、アフリカン・アメリカンが完全な形で政治参加できるようになり、人間としての尊厳を受け、市民としての権利を有効に行使できるようになるためには、まだ個人的・社会的な障壁が立ちはだかっていた。南北戦争前、そしてその直後にアフリカン・アメリカンが直面した闘争の多くは、今日に至るまで続いている。

アメリカの女性の権利

アフリカン・アメリカンとアメリカ人女性にとって、道徳的、社会的、法的な平等が認められるまでの道のりは長く険しいものだった——というよりも、今もそうであり続けている。**女性参政権**が認められる以前にも、未婚のアメリカ人女性が財産を所有することはできたが、結婚してからその財産を保持する権利は通常は認められていなかった。彼女らは法律に従うべき存在だったが、法律においても公正に代表されていたわけではなかった。財産を持つアメリカ人女性は課税の対象となってはいたが、一方で投票権については与えられていなかった。[2] 言い換えれば、彼女らは政治過程における代表や完全な参加なしに課税されていたのである。アメリカの女性は、女性であるという理由だけで、白人男性に与えられているような教育の機会からほとんど除外されていた（この点において、ほとんどのアフリカン・アメリカン男性と同様であった）。

南北戦争の前後にかけて、女性の権利や参政権について著述し声を上げた女性はたくさんいたが、中でもサラ・グリムケ（一七九二―一八七三）とエリザベス・キャディ・スタントン（一八一五―一九〇二）の著作は、哲学的に洗練されており、特に価値がある。

サラ・グリムケは、神学的・道徳的根拠から人間の権利と尊厳を主張した。男女間の平等について、彼女は論じたのである。その議論の中心にあるのは、天地創造における神の意図、人間の道徳的責務、そして両性の持つ知的能力である。彼女が念頭に置いていたのは、宗教的、道徳的、知的な領域にまたがる平等だった。

「手紙（一）：女性の原初的平等〔Letter I. The Original Equality of Woman〕」（一八三七）におけるサラ・グリムケの主張は、道徳的に賞賛すべき男女間の平等なのではない。彼女の狙いはむしろ、〔神の〕恩寵からの堕落に関する一般的な解釈を否定することで、男女間の罪の重さが同等だと示すことだった。通俗的な解釈においては、イヴが道徳的な過ちを犯した一方で、アダムはその犠牲者であるとされる。[3] しかしサラ・グリムケは、この伝統的・一般的な解釈の正当性に納得していなかった。彼女の読解においては、恩寵からの堕落においてアダムはイヴと同じ程度に責任がある（つまり、道徳的立場は両者間で等しい）。もしアダムがイヴと罪を共有するのではなく、イヴを止めるために何か行動していたとしたら、男性が女性よりも道徳的に優れているという主張にグリムケも同意した可能性が高かっただろうと、実際に述べてすらいる。なので、アダムはこの恩寵からの堕落の物語において、道徳的な模範としては成り立たないのである。

グリムケが「手紙〔四〕：両性間の社会的交わり〔Letter IV. Social Intercourse of the Sexes〕」においてさらに展開しているのは、社会的慣習が男女の不平等を支えている、という考えである。〔その論旨を〕簡潔に述べれば、男女が交流する場面では、男女両性の道徳的価値・尊厳が無視され、代わりに性行為や性的満足に焦点が当てられる傾向にあるということだ。彼女が望んだのは、男性と女性が互いに道徳における同胞であることを承認するようになることである。

サラ・グリムケが行ったような、女性の権利を主張するために聖書や義務に基礎を置く議論はやがて、エリザベス・キャディ・スタントンによる、より世俗的かつしばしば辛辣な言動に取って代わられることになった。彼女は、アメリカ初期における女性の権利運動を牽引したあの哲学者である。スタントンは一八四八年にニューヨーク州セネカ・フォールズで開催された〔史上初の〕女性の権利に関する大会において、共同主催者を務めている。

スタントンの作品は、「独立宣言」に表れているアメリカ革命の哲学の知識を動員し、それを強調している。彼女の作品はエマソンによる自己信頼についての議論を反復し、かつそれを拡張するもので、一八九二年のスピーチ「自己の孤独〔The Solitude of Self〕」にそれがよく見られる。彼女は〔また〕、女性がいかに抑圧されているかを、画期的な仕事『女性の聖書〔*The Woman's Bible*〕』〔一八九五、一八九八〕において激しい情念とともに表現した。これら三つの作品に本節では注目したい。というのも、これらは宗教哲学、倫理学、政治思想に対する彼女の貢献を代表するものであり、そこでは女性にとってのアメリカ的自由という約束を実現するための継続的な行為〔のあり方〕について論じられているからである。

一八四八年の会議でなされたスタントンの演説は、支持者からさえも革命的で危険なものだと考えられていた。彼女は一七七六年のアメリカの入植者たちの苦情のリストを概観し、それと女性が男性に向けて抱き続けている苦情との類似性を強調した上で、入植者たちと同じように女性も自らの権利を主張すべき理由を説明した。女性の苦情の中には、政府や社会による専制支配があった。女性は自らの財産に課税され、投票権を持たず、結婚すると財産を失い、婚姻と同時に自分自身が夫の財産になる。したがって、女性は市民としては死んでいるも同然になり、女性の利害関心は通常、配偶者の投票・政治活動によって代表されると誤って考えられていた。

こうした女性の道徳的、社会的、政治的状況は、受け入れられないものだった。なぜなら、それは啓蒙主義の理想である自己統治、社会契約の保証、そして人間の能力や女性の経験に反しているからである。啓蒙主義的革命家たちが論じたのは、あらゆる人は自分が生をともにする政府を決定し、法律、規則、手続きの制定において意見を表明できるという自然権を持つということだった。女性の投票権が否定されるということは、男性が法律を制定し、社会慣習を強化し続けることで、女性に対する不正義を創造・維持されることを意味する。

スタントンにとって、女性が完全な市民として――さらには完全な人間として――正当な地位を得ることを阻む主な躓きの石の一つは、聖書だった。彼女の見解では、聖書は女性の尊厳を全く認めておらず、男性が女性を隷属、従属、無知の立場に追い込むための手段を担っていた。『女性の聖書』を執筆したのは、スタントンと彼女の仲間の知識人たち（特に聖書学者たち）の中でも、聖書を編集した上でその内容について何事かを述べる勇気を持つ人々だった。〔このプロジェクトに〕参加することを拒否した友人もいれば、女性なのにこのような大胆不敵な行動をとってしまえば彼女やその仲間は嘲笑されるはずだという漠然とした脅しもあったが、スタントンはめげなかった。教会的権威が設置した改定委員会が聖書を編集し、そうすることで彼らの利害関心が十分に反映されるようにしているのだから、女性が聖書を編集・注解する行為はそれと比べても全くおかしなことではないと、スタントンは考えた。女性が同じことをしているだけで、〔内実は〕全く変わらないのである。

　スタントンと共同編集者は『女性の聖書』において、かなりの数にのぼる聖書の節に言及しているが、その中でも哲学的に最も重要なのは、女性は道徳的に未熟で、自己統治の能力を欠くとする〔聖書の〕記述について、彼女たちが反論している箇所である。スタントンが拒絶した聖書の主張とは、女性は恩寵からの堕落において非があるのだから、女性が男性に服従するのは正しい、というものだ。スタントンは、イヴに責任を負わせるのではなく、むしろ彼女の地位を高めている。一部の注釈者が指摘しているように、イヴは合理的・知性的な存在として知識を得ることに興味を持っていたというのが実態なのであるから、彼女がアダムによる支配と従属に服していたのは正しくなかったことは確かである。彼女は知識を求めていたが、アダムはそうではなかったのである。

　スタントンが指摘するように、〔旧約聖書の〕『出エジプト記』第二章では女性についてほとんど言及されておらず、実際に〔固有名の〕名前が挙げられている人々の数に限るとさらに少ない。スタントンはこの点について議論していないが、人の名前に言及し記憶することは尊敬の証である。しかし聖書では女性はしばしば名前を与えられていなかったし、スタントンの時代にも女性は夫の名前で同定されていたため、男性よりも低い地位に置かれていた。女性のアイデンティティが男性のそれに飲み込まれていることを明白に示すのは、女性をファーストネーム〔日本語では下の名前〕ではなく「ジョン・スミスさんの婦人〔Mrs. John Smith〕」のように呼ぶ習慣である。自分の名前を保持するのは自尊心の表現であり、女性が夫の所有物ではない——そして、文字通り夫の名前の下に組み込まれるものではない——ことを示す方法である。その他にも、ここでは書ききれないほど多くの不正義があるが、それらは女性の地位が、聖書であれ法律であれ、モーセの時代であれ一九世紀後半であれ、男性のそれよりも低かったことを示す十分な証拠である。

スタントンと共同編集者が試みたのは、〔旧約聖書の〕『創世記』に見られるもう一つの**天地創造の説明**を採用することによって、男性と女性が道徳的に対等であることを示すことだった[4]。そこ〔『創世記』〕では、アダムとイヴは別々にではなく、一緒に創造されたとされている。ある説明によれば、男女は同時に創造されたのであるから、二人は互いに平等であるとスタントンは考えた。別の〔二つ目の〕説明では、女性はアダムの肋骨から創られた〔そして彼は女性に名前をつけ自らを彼女の支配者とした、彼が動物に名前をつけて支配したように〕というもので、女性が後に創造されたということが女性を男性に劣るものとした。しかしスタントンの推論では、天地創造の第二の説明〔女性が男性よりも後に創られた〕の方を真かつ正確なものであると信じるのであれば、男性は他の動物よりも後に創られたので、男は他の動物よりも劣るということを認める必要性が出てくる。スタントンにとって、女性の劣等性を「証明」するために用いられた推論は、単にひどい議論であるだけでなく、ひどく間違っているのである。

『女性の聖書』の目的は、少なくとも二つあった。一つ目は、聖書の中で女性を否定的に描いている部分を明らかにするという役割を果たすことだ。二つ目は、スタントンによる明白な革命的行為として、女性の利害関心と権利を考慮にいれることを要求することである。スタントンは「家母長制、あるいは母の時代〔The Matriarchate, or Mother-Age〕」（一八九一）において家母長制の理論を提唱し、初期**フェミニスト**たちの間で人気を博した。**家母長制**の信念によれば、歴史上、女性が社会全体を支配していた時代があり、そのような支配体制に回帰するか、あるいは少なくとも男女の共同統治を採用したならば、社会は大きく改善するだろうとされた（スタントンは後者こそがより好ましく、かつ間近に実現するだろう状態だとして、それを**両性長制**と呼んだ）。公共圏において母が影響力を発揮することで、無知、貧困、犯罪、戦争、社会悪がもはや存在しない社会が創造されるだろう。家父長制のもとではこれらの社会的・政治的問題のすべてが横行しており、家父長制自体によってはこれらを解決できないと思われるため、母という模範と統治こそがみなの利益につながる可能性を持つのである。

「自己の孤独」でスタントンが主張したのは、女性は男性に依存してはならず、成熟した合理的な存在として〔男女間で〕一貫した仕方で扱われねばならないということだ。スタントンが指摘したのは、「自己の孤独」という独り立ちの姿勢として多くの人に当てはまる状態は不可避なものであることを、人々は見過ごす傾向にあるということだ。人間の成熟と尊厳の一部は、「**自己主権**」という権利を承認することにある。スタントンの見解では、人間とはそもそも権利と尊厳を担う孤島であり、それがたまたまコミュニティの一部になったものだという。彼女のこの立場は、アメリカ哲学史、さらには西洋思想史における非常に多くの理論家たちと通じるところがある。彼女が主張したのは、個人は何が真であるかを自ら認識しなければならず、人生の過程で権威や伝統という鎖によって沈黙や無力の中にとどめられてはならないということだ。人間にとって、語り、学び、自ら生きることは義務なのである。この権利を人から奪うものは誰しも、不正義を生み、途方もない道徳的誤りを犯すことになる。

一九世紀の男性は、端的にいって女性には閉ざされていた教育機会を手にすることができた。主流の考え方とは、女性の主な仕事は家事なのだから高等教育は不要である、というものだった。結果的に、女性が教育を受けることは全くないわけではなかったが、それは内容面でも手に入りやすさの面でも男性と同等のものではなかった。女性が十分な教育を受ける必要性とその権利を尊重されることを訴えるためにスタントンが「自己の孤独」で主張したのは、ほとんどの問題を解決する際に、各々の人は究極的には孤独であるということだ。時として立ちはだかる圧倒的な恐怖に直面し、それを克服する能力を持つことは、各人の権利・利害関心と合致する。しかし、十分に教育を受けるための幸運に恵まれなかった女性（または男性）は、孤独感、フラストレーション、そして痺れるほどの恐怖という、無知と孤独がもたらす感情と戦うのに必要な能力を持つことができない。

スタントンによる自己主権についての研究が持つ意味については、いくつかの対立する見解がある。一つは、人々は独りで生き、戦い、そして苦しむ覚悟をせねばならないというものだ。しかし、女性は困難に立ち向かう十分な準備ができていない。というのも、女性には夫や兄弟といった男性の保護者がいて、彼らが問題を共有し解決してくれるという世間一般の通念が広く流布しているからである。しかし、女性が自律的・合理的な道徳的主体として権利を行使し、自らの問題を解決することができるようになるためには、十分な教育が必要であるとスタントンは主張した〔、とする理解である〕。もう一つの解釈とは、「自己主権」とは女性が自らの性生活をコントロールする権利だというものだ。この解釈を「自己の孤独」から得られる一つの含意と捉えるのは、全くありえない話ではないだろう。なぜなら、他者の意見や行為に左右されることなく、人が自らの内面あるいは身体によって何をして何が起こるかを自分で決定できる権利が、自己主権には含まれるはずだからである。「自己主権」の三つ目の見方とは、すべての人が自らの人生の進路を決定するためには自立することが必要だという、普遍的な要請についての包括的な言明として捉えるというものだ。これら〔の三つの解釈〕は、「自己の孤独」のテクストを踏まえた理にかなった推論ではあるが、どれも不完全であるように思われる。

私は、エリザベス・キャディ・スタントンが女性の権利と尊厳を主張するときに依拠したのと同じ立場から、四つ目の見解を提案したい。彼女の議論の基盤は、個々人の自律・合理性についての近代的・啓蒙主義的な理解に由来するもので、それは契約主義的な道徳・社会・政治的枠組みの中でなされたものである。スタントンの主張によれば、道徳的、社会的、政治的領域に完全に参加するためには、個人は自らの生の方向性に責任を持つ必要がある。〔つまり、〕選択を奪われることが抑圧にほかならない。法律に従うことになっているのに、法律の制定・適用に関して発言権を持たないということは、自分で判断し、自らを律することができない子どもと同然の状態に人を置くことになる。スタントンが『女性の聖書』で述べるように、多くの女性は家庭に頼れる強い男性がいることを心地よく感じている。しかし、不幸にも善き夫が死んでしまい、家族の護り手がいなくなることがある。このような緊急事態においては、独立した、強い、教育のある女性こそが生き延びることができる。スタントンは、すべての人に自己主権の達成を要求したが、それは人が自然権と個人の尊厳を主張するための一つの手段なのである。またそれは同時に、すべてのアメリカ市民には教育が必要であるという呼びかけであり、教育を通じてこそ、この生の困難に立ち向かい、アメリカ社会に平等な存在として参与できるようになるのだと伝えるものである。アメリカ市民は個として投票し（一票は一票として、一人は一人として数えられる）、各人は自身の善を追求するのであって、誰であれ〔他者の〕権利を侵害するものは、啓蒙思想の要請を侵害している。すなわち、各人こそが権力の権威づけの中心点であり、道徳的、宗教的、社会的、政治的領域における真理の保証人であるという思想に反している。

二一世紀のアメリカでは、女性と男性は道徳的・政治的に平等な存在であり、過去に起こったことを議論することはもはや個人にも社会にとっても意味がないと考える人々がいる。しかし、この見解は誤っている。今日の世界の多くの地域では、女性は所有物として扱われ、彼女らの個人の利害関心と権利は、集団や他者の利害関心に従属させられており、彼女らは様々な仕方で軽視されている。女性のリプロダクティブ・ライツ〔生殖に関する権利〕に対する政治的な攻撃が示唆するのは、初期アメリカの公民権と女性の権利活動家が一世紀以上も前に注目した不正義の多くが、今日もなお健在であるということだ。[5]

批　判

アフリカン・アメリカンの特徴についてのジェファソンの言明は、端的に偽である。奴隷制度は廃止されるべきだという彼の主張は、表面的には称賛に値するものだが、解放された人民の「問題」に対する解決として国外追放を提案したことについては首を傾げざるをえない。ペインは奴隷制度の廃止を主張し、それはアフリカン・アメリカンが権利を有しており、それは何者からもいかなる理由によっても侵害されないからだとした。他方で、彼は解放された奴隷の利用価値について論じ、白人のアメリカ人のフロンティアと財産を守るのに有用であるとして、解放された人間本人が有する〔人格という内在的な〕価値について主張することはなかった。

デューやファーマンの議論は、端的にいって馬鹿げている。これほど多くの人々が、聖書や社会慣習による彼らの「正当化」を、ほとんど疑うこともなく受け入れたことは憂うべきことである。〔だが〕アメリカ哲学史、アメリカ社会、そして特にアフリカン・アメリカンにとっては幸運なことに、奴隷制度に反対する人々が存在し、そして彼らの声と議論は肯定的な道徳的、社会的、政治的変革を実際に産み出そうとするものであり、その訴えは沈黙させられることはなかった。

アンジェリーナ・グリムケの奴隷制度反対論は、原理としては称賛に値するものであり、そこで採用された倫理学理論とも整合性のあるものではあったが、彼女の議論はいくつかの点で問題含みである。〔すなわち、〕南部の女性は奴隷を解放する義務を負うという彼女の議論は主として神への責務に依拠しており、アフリカン・アメリカンが自由になる権利を有するのは端的に彼らが人間だからであるという論拠によってではない〔という点だ〕。むしろ、人が奴隷を解放し教育しなければならないのは、そうすることが人間が神に負っている責務だからだ、という考えに彼女の議論は基づいている。グリムケの議論は、奴隷制度に対抗する上で確かに有効なものにはなっていたが、アフリカン・アメリカンが人間としての敬意を得るための励ましにはほとんどならなかった。

南北戦争以前のアメリカ市民のほとんどがキリスト教の何らかの宗派に所属していたのは事実だが、アンジェリーナ・グリムケの議論は結局のところ、キリスト教徒にしか適用できない〔という限界を抱えている〕(たとえその議論における義務論的要素が、すべての人間の責務にまで拡張されるとしても、事情は変わらない)。奴隷制度に反対する行為へ呼びかけるという目的に照らしてみても、彼女の議論は他の宗教、あるいは無神論者・不可知論者たちの要請には、うまく適合することはないかもしれない。

両性の平等についてのサラ・グリムケの議論は、ジェンダーの問題に帰着する。彼女によれば、神が私たちに義務として課すのは、〔男女が〕互いを道徳的・合理的な存在として承認することであり、ジェンダーあるいは性的差異を備えた存在としてみなすことではない。人間を「中性化」あるいは「脱ジェンダー化」しようという試みは、彼女の時代であればともかく、私たちが生きる現在においては確実に、道徳的平等や平等な地位を主張する上で何の役にも立たない。男性と女性の個人的、道徳的、社会的、政治的実存は、大体にして、身体的な条件によって形成されているのである。

ギャリソンの立場はかなり弱いものになっているが、その理由は、アフリカン・アメリカンが白人と平等の地位にあることを主張する上で、彼が合衆国憲法における法的地位〔についての記述〕を活用していないからである。まさに憲法の中でアフリカン・アメリカン(そしてすべての人民)の自由と権利が肯定されうるというのに、である。ギャリソンの立場は憲法の法的要請を軽視しており、独立宣言における道徳的権利〔の方〕を肯定するものである。ギャリソンが独立宣言を用いて奴隷制度廃止を主張したからといって、彼の議論が無効あるいは無関係になるわけではないが、道徳的な議論を用いて法的・社会的な条件〔奴隷制度の廃止〕を作り出そうとし、一方でアフリカン・アメリカンの法的・社会的地位の変化を引き起こし始めることを可能にする文書の価値を割り引くことは、ギャリソンの主張の力を弱めることになる。

エリザベス・キャディ・スタントンは、議論の明晰さと、幅広い領域を射程に収めて女性の社会的劣位に異議を唱えた点において抜きん出ている。他方でスタントンの議論の一部は、ぎこちなくかつ誇張されたものになっている。家母長制が社会問題のすべてを解決するという彼女の主張はおそらく重要な可能性を秘めているが、〔歴史上〕平和な、あるいは長く存続した家母長制社会が数多く存在したという証拠はほとんどない。仮にそういった社会がたくさん存在していたとしても、女性と男性の平等を主張するスタントンの立場は、女性が社会全体のリーダーとしてより善い構造とより平和的な社会・政治体制を必然的に提供するという主張と矛盾している。しかし一方で、道徳的・社会的領域における女性の経験は男性のそれとは異なり、彼女／彼らの道徳性と社会の適切な組織についての見解もまた異なるというスタントンの含意は、第八章で見ていく道徳的推論についてのケアの倫理によるアプローチと類似している。彼女の議論の一部には、的外れなもの、誤ったもの、誇張されたものがあったにせよ、彼女の業績は女性の権利と尊厳を適切に承認するための重要な探求として位置づけられる。

結論

アメリカの改革者たちによる奴隷制度廃止と女性の権利を求める活動は、アメリカの哲学の〔一般的〕傾向と軌を一にしており、革命と変化、哲学的立場の実践的応用、そして女性とアフリカン・アメリカンの自由、権利、正義を確保することに焦点を当てている。これは大体にして、アメリカ革命の自由の哲学を引き継いだものである。

新世代の革命家たちによる思想の実践的応用への集中は、彼/彼女らの議論が反映された使用・用途や大義において、具現化されている。アメリカはもはや、アフリカン・アメリカンとアメリカの女性を道徳的・社会的・政治的に低い地位にとどめ続けることはできなかった。なぜなら、そうすることはアメリカの共和国が創設されたときに基礎とした原理と矛盾するからである。次の章では、アメリカ革命の思想と理念が異なる仕方で継承される有り様を、ニューイングランドのトランセンデンタリストたち、W・E・B・デュボイスのアフリカン・アメリカン哲学、そしてエマ・ゴールドマンのアナーキズムにおいて見ていく。

第四章の推奨文献

奴隷制度廃止論者の議論と行為（行動・運動・活動）については次を参照。Mark E. Brandon, *Free*

in the World: American Slavery and Constitutional Failure (Princeton, NJ: Princeton University Press, 1998)、Gerda Lerner's *The Grimké Sisters from South Carolina* (New York: Oxford University Press, 1998)。

アメリカ初期の女性の権利については次を参照。Lois W. Banner, *Elizabeth Cady Stanton: A Radical for Women's Rights* (Boston: Longman, 1997)、Beth Waggenspack, *The Search for Self-Sovereignty* (Westport, CT: Greenwood, 1989)、Kathryn Kish Sklar, *Women's Rights Emerge Within the Anti-Slavery Movement, 1830–1897: A Brief History with Documents* (Boston: St. Martin's, 2000)。

訳者による推奨文献

アメリカの奴隷制度廃止論の展開を詳述した次の文献では、ダグラスについても一章が割かれている。紀平英作『奴隷制廃止のアメリカ史』（岩波書店、二〇二二年）。概説書としては、オックスフォード大学出版会から出ている定評のある入門書シリーズ「A Very Short Introduction」のうち、米国の奴隷制度をトピックとした一冊が日本語訳されている。ヘザー・アンドレア・ウィリアムズ『14歳から考えたい　アメリカの奴隷制度』（月沢李歌子訳、すばる舎、二〇二二年）。ノルウェーのイラストレーターによる、歴史上のフェミニストたちを紹介した次の漫画では、スタントンも登場している。イェニー・ヨルダル、マルタ・ブレーン『ウーマン・イン・バトル：自由・平等・シスターフッド！』（枇谷玲子訳、合同出版、二〇一九年）。

訳注

［1］ここで批判されているのは、人を手段として「のみ」扱うことであって、人を手段として扱うこと全般が不適切だとされているわけではない。つまり、人を人格・目的として「も」同時に尊重する限りにおいて、人を手段として扱うことは許容される。

［2］英国議会での代表なしにアメリカの植民地で課税されていたことを批判する「独立宣言」の文言にかけた表現。

［3］旧約聖書の『創世記』に記されている人間の原罪についてのエピソード。人類最初の女性であるイヴは、神から食べることを禁じられていた善悪を知る木の実を口にした上で、最初の男性であるアダムにもそれを食べるよう促したとされる。

［4］旧約聖書の『創世記』における一つ目の説明では、神が天地を創造するのに費やした七日のうちの六日目に、男女は同時に創られたとされる。二つ目の説明では、神はまず大地から男性のアダムを創り出し、その後でアダムを眠らせてその助骨を抜き出し、それを材料として女性のイヴを創造したとされる。

［5］アメリカにおける妊娠中絶をめぐる論争がよく知られている。すなわち、人工妊娠中絶を妊婦の権利として認める議論（プロ・チョイス＝妊婦の選択権への支持）と、胎児の生命の維持を重視して人工妊娠中絶を批判する議論（プロ・ライフ＝胎児の生命への支持）の対立である。

第五章　ニューイングランドのトランセンデンタリズムと継続する改革の精神

ニューイングランドのトランセンデンタリズム[1]を代表する人物は、ラルフ・ウォルドー・エマソン（一八〇三—一八八二）とヘンリー・デイヴィッド・ソロー（一八一七—一八六二）である。彼らの哲学は部分的にカントの形而上学と認識論から派生したものであり、アメリカ人とアメリカ文化を変化させることを目的としていた。同時代の女性革命家や奴隷制度廃止論者と同様に、ニューイングランドのトランセンデンタリストが思索し著述した主題は、道徳的、社会的、政治的な生に大きな影響を与える問題や出来事だった。「市民の抵抗」（一八二九）においてソローが直接的に訴えたのは、米墨戦争の不正義と、万人に自由、平等、尊厳を与えると皮肉にも自負している〔アメリカという〕国において、逃亡奴隷に対して非道な扱いがなされていることについてである。ソローは不正義と戦うための手段を提示したのだ。より多くの人々が不正義に対抗して発言し行動しさえすれば、それを根底から断ち切ることができると彼は考えた。トランセンデンタリストが期待したのは、アメリカの独立性、自由、公正、独自性、そして力を理論化する人々が、その言葉を実践に移すことだったのだ。

エマソンとソローは、アメリカ人が原理においてだけではなく、事実や行為においても真の意味でアメリカ人たることを奨励した。エマソンは真の意味でアメリカ人になるための剛健な行為の徳を説いた一方で、ソローはウォールデン湖で思索的かつ孤独な生活を送ったが、両者のメッセージは同じである。すなわち、自己の内と社会において独自の自己創造力を実現し、それによって社会的・政治的な生を変革し、人間の尊厳と価値に適合したものとせよ、と。

人は真に自分らしくならねばならず、アメリカ人は真にアメリカ人らしくならねばならないという主張は、エマソンの論文「自己信頼」（一八四一）や「アメリカの学者」（一八三七）において表現されている。さらに、人は意気地なしの臆病者であってはならないという要請は、ソローの『ウォールデン』（一八五四）や「市民の抵抗」（一八四九）に見られる。

エマソンやソローの作品に見られる人間の可能性についての壮大な表現は、人間は常にそれ自体を目的として扱うべきだという道徳的命法を特徴とするカント倫理学と親和性がある。また、理想的な社会を構築するための力と尊厳を持つ人間として「**超人**〔Over-Man, Übermensch〕」を強調する点で、フリードリヒ・ニーチェとも通じている。ニーチェの「超人」の萌芽はエマソンやソローに見られ、ニーチェ自身は『ツァラトゥストラはこう言った』（一八八三）や『道徳の系譜』（一八八七）において、多くの人々がなぜこのレベルの人間的高みに到達できないかについて説得的に論じている。

カントによれば、自分自身に道徳法則を与える能力を持つすべての人間は、合理的存在として尊厳を得る資格を持つ。合理的な人間で、自分の人生をいかに生き、何をすべきか教えてもらう必要があるものは誰もいない。合理的人間は、彼／彼女自身が目的なのである。群衆に従い、世界において自分の道を切り開こうとはしない人々の平々凡々とした哀れな傾向をニーチェは批判したが、それを通じて、目的それ自体は尊厳と名誉をもって扱うべしとするカントの要請に類似した何かを彼は認識していたのである。自身の個性と力〔強度〕を発揮することが、ニーチェ的な**力への意志**である。「力への意志」という言葉をエマソンもソローも使用しているわけではないが、彼らが表現していることは、ニーチェがその数十年後に提唱した事柄と驚異的なほどに酷似している。

エマソンとソローの作品と観念は、アメリカの哲学者の多くに見られる傾向を示す優れた例であり、〔その議論の〕焦点は革命、生き方・あり方〔being〕の変革、そして道徳的進歩を目指した社会問題への注目に当てられている。彼らの作品が中心的に扱うのは、個人の尊厳と価値を承認し、社会変革を実現することがなぜ重要であるのかという問いである。エマソンとソロー二人が目指したのは、トランセンデンタリズムを自己と社会を変革する生き方として人々が受容するようになることだった。〔その〕変革とは、自己と他者への尊敬を伴った真に尊厳ある人間的生活を生きることであり、そのためには強さと真の独立心を重んじる社会において自律的な主体として生き、追従と凡庸さを要求する世界を変えることを意味する。ソローによれば、アメリカ人は古代ギリシャ人やエリザベス朝の人々と比較して知的に劣っているとしばしばいわれている。しかしそのような評価に対して、ソローは次のように応答している。もし誰かが無能な小人だったとして、当人はそのことを嘆くべきではない。彼がなすべきは、自らの天分の範囲で最大の小人になれるように努力することである、と。[2]

トランセンデンタリストの形而上学と認識論

エマソンにとって、知識を獲得するためには合理性と観察よりも感情と直観の方がはるかに重要である。感情と直観は、エマソンが「**理性**」と呼ぶものを構成しており、外的な合理性や観察からなる単なる「**悟性**」とは区別される。感情／理性が、究極的な実在についての知識へと導いてくれる。エマソンの用語はどこかぎこちないものだが、その大部分はカントの形而上学を参照することでトランセンデンタリズムの理念・理想を述べようとした彼の試みに由来している。

アメリカ哲学史研究の多くが、エマソンがカントの形而上学に負っている――そしてそれを誤解している――ことを明らかにしている。ここで、カントの形而上学とそれをエマソンがどう利用しているかについて簡単に述べることで、この世の経験を超越する人間の神性についてエマソンがどのような立場を取っていたかを十分に理解できるだろう。それはまた、エマソンの宗教的、道徳的、社会的、政治的見解を理解するためにも重要かつ有用である。

カントの形而上学と認識論は、彼のデイヴィッド・ヒューム読解に由来している。ヒュームが示したのは、原因と結果の関係と自然の斉一性原理についての確信は知識にはなりえないということである。なぜなら、それらは絶対的な確実性をもっては知られず、人間の経験において検証できないからだ。原因と結果の関係とは、秩序だった〔出来事の〕対《ペア》の観察や、過去に起こったことは未来においても続くだろうという心理的予期から帰結した、心の知性的な習慣にすぎない。「**自然の斉一性原**

理」なるものは、知識としては証明されえない。それが事実であることを証明しようと試みると、循環的推論に陥る。〔例えば、〕私たちは未来が過去に似たものになるだろうことを「知っている」、なぜならこれまでも常にそうだったから、と主張するとする。しかし、「常に」そうだったという想定こそが、まさに争点なのである。

ヒュームは懐疑論者かつ経験論者であり、すべての観念は感覚経験から生じるとして、知識には次の二種類、すなわち合理的知識（「**観念の関係**」）と経験的知識（「**事実**」）があるとした。観念の関係とは、必然的真理のことである。カントは必然的真理を「**ア・プリオリ**」なものと呼んだが、それはそれらが経験に依存していないからである。しかし事実は、否定することが可能な真理のことである。つまりその否定〔命題〕が論理的に矛盾しないということだ。「**ア・ポステリオリ**」なものとは、経験的な真理であり、過去と現在の経験に由来するものである。

ヒュームの認識論の含意は、カントをして新しい知識の構想を構築せしめるに至った。カントによれば、私たちは「悟性のカテゴリー」に従って経験を組織化する能力とともに世界に生まれてくる。経験は生得的な能力、例えば原因と結果の関係に基づいて思考する能力などを通じて組織化される[3]。もし私たちが経験を組織化することを可能にする知性的構造とともに世界に生まれ出るのであれば、私たちは経験を創造しているということになる。その結果、外的事物の「実在的本質」について知ることは不可能になる。カントは、仮象の世界と知覚の外部にある実在を区別し、それぞれを「**現象**」と「**ヌーメノン**」と呼んだ。もし私たちは外的世界の真の本性を知ることができないのであれば、外的世界についての知識を不可能にしているのは何なのかを示すことが必要だ――カントはそう考えた。

ありのままの事物の領域は知識の限界を超越している。ヌーメノンが存在するということを私たちは確信しているが、私たちはそれそのものにアクセスすることはできない。その代わりに、私たちは組織化の原理を経験にもたらすのである。

エマソンは、カントの形而上学と認識論のある変種〔a variation〕を取り入れた。彼がカントの業績を誤解し、そのせいで彼流のカント主義が導出されていたのかどうかという問いは、私たちの〔議論の〕目的には無関係である。重要なことは、エマソンが理性と悟性という区別で何を意図したのか、そしてそれが知識、宗教的信念・実践、そして人間の道徳的・社会的実存とどのように関係しているかである。

エマソンが述べるには、私たちは感情と直観を通じて感覚経験の限界を超越すれば、事物をありのままに理解することができる。これが、エマソンにとっての理性である。私たちは神的〔God-like〕な存在なので、この世における経験を超越し、単なる表れの背後にある実在を知る能力を持っている。表れと経験は「悟性」を与える。悟性（カントにおける現象に概ね対応するもの）があれば、世界で生きていくには十分である。しかし、事物の本性を真に把握するためには、実在についての知識を与えてくれる神秘的経験を通じて単なる表れを超えていくことが要請される。「理性」と「悟性」両者の本性についてのエマソンの見解は、カントの区別と等しいものではないことは明らかだ。カントの場合は、知識の担い手の外部にある実在について経験することは不可能である。なぜなら、それは叡智界〔ヌーメノンの領域〕であり、現象界に閉じ込められた存在である私たちにはアクセスできないものだからである。

理性についてのエマソンの立場は要するに、次のようなものである。すなわち、もし私たちが事物の実在にアクセスできるのであれば、私たちは神的だということであり、この世を超越して神的偉大さを達成すべき知的・道徳的責務を負っている、ということである。トランセンデンタリズムという思想のポイントは、この世を超越して究極の実在へと至ること、そして人間がどのように行動すべきかを示す点にある。

エマソンの「**大霊**」は、ニーチェの「超人」と諸々の特徴を共有している。ニーチェにとって、人間は全体的に、弱さと謙虚さが「善」とされる道徳を何ら厭うことなく受容している。『道徳の系譜』においてニーチェが導入した有名な区別に、主人道徳と奴隷道徳がある。この区別がニーチェにとって重要なのは次の主張をするためであった。初期の人間社会において、人々は強さや力を善とし、弱さを避けていた（それを「悪」としていた）。なぜなら、弱さは生の維持にも人類の尊厳と偉大さにとっても寄与しないからである。ここでニーチェの**主人道徳**の概念をよく示す例を紹介することで、この区別を十分に明確にできるだろう。

〔古代ギリシャの〕アレクサンドロス大王は戦の前には神々に祈りを捧げていたといわれている。しかし彼が祈ったとき、彼は神々に助けを求めたのではない。彼が神々に述べたのはむしろ、アレクサンドロス大王が彼ら神々と同じように偉大かつ強力だということだ。彼は敵を倒すことを誓った。要するにアレクサンドロス大王は、ニーチェ的な超人にして、エマソン的な大霊だったのだ。

超人は力を手に入れ、それを用いて彼が生きているという事実を主張し、彼がその力を拡張・拡大していく意図を持つことを示す。超人はこれを行うために戦いがいのある敵や問題を打ち負かす。進撃する軍隊を整復したり、人間の問題を解決したりすることは、力の表現なのである。

ニーチェの超人と対立するのは、**奴隷道徳**の「羊」である。奴隷道徳が生じるのは、弱者におけるルサンチマン感情の結果である。この感情は強者に向けられているが、それは強者は強力で、弱者たちにとっての脅威だからである。強者に対するルサンチマンから、弱いことは実は善であり、力は悪であるという弱者の主張が生じる。ニーチェにとって、これこそが**価値の転倒**である。従順さ（あるいは弱さ）と謙虚さは、キリスト教的な徳である。ニーチェ（とエマソン）は、キリスト教が創造し維持している道徳体系にはほとんど我慢できなかった。

「神学部講演」（一八三八）はハーバード大学の卒業式で発表されたもので、宗教的教説とは何であり、そしてそれらはどうあるべきかについてのエマソンの見解が含まれている。宗教思想についてのエマソンの立場は、概ねキリスト教の諸形態への反発である。彼が問題としたのは、人間は常に神の期待に応え損ねていると考え、個人〔人間〕と神を切り離そうとするようなキリスト教の傾向である。エマソンは人間と神との関係についての伝統的な理解に挑戦している。「アメリカの学者」と「神学部講演」には、宗教の本性と価値、そして宗教的な態度がいかに表出させられるべきかを理解するのに必要な多くの論点が含まれている。例えばエマソンが言うには、祈りは人間性を萎縮させる。牧師や宗教的活動は、むしろ精神を高揚させるものとして人々が自分自身の価値や力を理解し把握するのを助けるものであるべきであって、人類の罪や神との分離についてひたすら語るだけのものであってはならない。

エマソンの作品における他の要素と同様に、個人主義が彼の宗教についての見解を特徴づけている。

個人は群衆に飲み込まれたりしてはならないし、周囲と歩調を合わせるべきでもない。キリスト教はあまりにも形式的かつ権威主義的である。キリスト教が私たちに要請するのは、〔教会で〕じっと座って誰かが本を読み上げるのを聞き、一斉に立ったりひざまずいたりすること、そしていつも同じ祈りの言葉を唱えて同じ儀式を行うことである。組織化された伝統的な宗教の無気力な形式主義に代わるものとしてエマソンが提案したのは、私たちは他者から指示を受けるのではなく、挑発〔provocation〕を受けるべきだということだ。他者が述べたことを受容するか拒否するかを決めるのは自分自身の心によるべきなのであって、単に他者がそう言ったからという理由をもって受容・拒否するべきではない。

個人が神の一部であるということは、個人が宇宙の中心に位置するということを意味する。したがって私たちは、偉大なものとして存在する。偉大さを達成するためには、私たちは過去、伝統、権威の軛から自由でなくてはならず、それによって創造性と真正性が発揮されるようになる。一人の個人が神性を発揮するには、自身の本心を話す勇気と、自分らしくあるという勇気を持つことが必要になる。

エマソン的な人間は、社会の期待に応えることによっては満足しないだろう（より適切な言い方をすれば、トランセンデンタリストは社会の期待などという低い基準にまで降りてくることはない）。個人は神の一部として、自分自身の期待に応えなければならない。しかし私たちはしばしば、社会的な文脈において他者の期待に順応してしまっていることに気づく。順応することで、人間は目的を達成するための道具と化し、自分自身が目的である状態ではなくなってしまう。

エマソンによれば、社会は私たちを人間として承認・維持するどころか、事物へと変えてしまう。人は自分自身のことを、生きるために何の仕事をしているかによって把握し、自らが人間であるという観点からは考えなくなる。〔例えば〕ジョン・スミスという名の農夫がいたとして、彼が捉える自らのアイデンティティは「農夫であるところのジョン・スミス」となり、人間である以上に農夫として存在するのである。

学者は「考える人〔Man thinking〕」である代わりに、他者がその学者より前にすでに思考したことを考え、反復する人になっている。過去に書かれた書物の価値は私たちにインスピレーションを与えてくれる点にあるのであって、私たちが何をなし何を考えるべきかを指示する点にはない——これこそが、学者が〔本来〕認識すべきことである。過去の知恵とされるものや、書物の内容から導かれる平凡な生き方で満足してしまっている、そんな人があまりにも多い。しかし、私たちは書物が専制君主へと化けることを許すべきではない。人々が書物、過去、そして他者の意見を、自らの思考における導き手となることを許してしまうとき——あるいはひどい場合には、それによって自らを制約してしまうとき——、その人は自らの思考を、それが自らの思考であるというただそれだけの理由で蔑ろにするようになる。そうなると次に起こることとは、自分がすでに考えていたことと全く同じ事柄を別の人があるとき述べたときに、もともと自分のものであったはずのその見解をわざわざ他人から教わるという恥ずかしい事態である。エマソンが指摘しているのは、私たちは恥ずかしさを感じる可能性から自身を防衛しているが、そうすることにはリスクしかなく、何の役にも立たないということだ。私たちは新しいアイデアを話すにせよ黙っているにせよ、どちらにしてもきまりが悪い、あるいは恥ずかしい思いをすることがありうる。

アイデアや願望についての見当違いな謙虚さに対する解決方法は、非順応主義者になることである。大勢に順応してしまっているとき、私たちは自分の心の聖性を否定してしまう。順応主義者は自らの自律〔性〕を群衆や他者の期待に委ね、それによって自分自身を忘却してしまう。他者と異なることを考えたり、今日考えていることが昨日考えていたことと違っているとき、私たちは矛盾していたり問題児だと社会から告げられることを恐れる。だがエマソンが強調したのは、今日は昨日とは違うということ、そして昨日の思考が今日の条件〔状況〕にぴたりと適合するわけではないことはありうるということだ。

自己信頼的な人々は、〔文字通り〕自分のことを信頼している。自己信頼的な学者は、牧師のような義務を負っている——すなわち、〔キリスト教の牧師のように〕人間の経験を罪深く卑劣なものと捉えて嘆くのではなく、私たちが過去やヨーロッパの思考方法には縛られていないということを分からせるような激励を送るという義務である。自己信頼的な存在として私たちが築き上げるもの、それは真にユニークなアメリカの人間と、アメリカ人が住むにふさわしいアメリカ社会である。自己信頼から私たちを遠ざけ、自己信頼的なアメリカ人にふさわしい社会の構築を妨げる障壁を取り除くことこそが、私たちの負う責務なのである。

自己信頼と所有についてのエマソンの見解は、ある意味でマルクス主義者が抱く懸念と響き合っている。つまり、事物の世界が人間性よりも価値あるものとされ、**疎外**をもたらしているという憂慮のことである。マルクス主義的な見解においては、資本主義社会を生きる人々は、労働の世界が目的それ自体ではなく、ある目的にとっての手段と化したときに、人間性を剝奪されることになる。マルクスによれば、疎外には様々な形態がある。その一つは、人間の〔自らの〕労働からの疎外である。私たちは自らの労働を雇用主（資本家）に売っているので、私たちの労働はもはや自身には属していない。労働は生産物を生み出すので、その生産物もまたそれを生み出した人には帰属しないことになる。これこそが人間の労働生産物からの疎外であり、人間の自分自身からの疎外である。加えて、私たちは同じ立場にいる他者からも疎外される。なぜなら、私たちは互いに人間として接するのではなく、希少な雇用をめぐって競争する労働者として対峙し合うからである。

「自己信頼」や「アメリカの学者」におけるエマソンの道徳的生についての立場は、ニーチェの仕事を先取りするものだ。それは、自分自身の中に力と気高さ（人間の偉大さについてのエマソン的誇りと自信）を承認しなければ、私たちは自己と社会の期待に対する支配権を得るのではなく、奴隷道徳を受容した哀れな存在へと堕す、という主張においてである。私たちには自分自身を創造し、ありきたりの期待に挑戦する能力があるという事実は、絶対主義者にとっては忌まわしいことである。「魂が生成変化する」ということは、基礎〔付け〕、静的な存在、順応、凡庸さといった観念とは相容れないものだ――これらはすべて、硬直した社会的期待と抑圧的な政府に属するものである。

ソローはある意味でエマソンの追随者《フォロワー》である。あるいは〔より正確にいえば〕、トランセンデンタリストが他者の導きを「追随《フォロー》」するといえる最小限の意味においての追随者である。ソローは社会から意図的に「身を離し」、ウォールデン湖のほとりに小さな小屋を建て、そこで静かに、孤独に、そして丁寧に暮らすことを望んだ。エマソンが私たちに説いた生の指針を、ソローはこのような形で実践に移したのである。

ソローは『ウォールデン』において、彼が森の中で過ごした二年間の暮らしについて注意深く時系列に沿って記述し、シンプルに生きることの価値について述べている。エマソンがトランセンデンタリズムとは何であるかを私たちに教えたのだとすれば、ソローはそれがどのようなものでありうるかを示したのだ。

エマソンによれば、国家は市民よりも上位にあるわけではない。私たちにはより善い国家を創設する能力があるのだから、国家はたかだか変更可能な便宜上の存在にすぎないのである。私たちには国家を変化させる、あるいは作り直す能力と権利があるという信念は、たまに起こる小さな反乱は善いものだと述べたトマス・ジェファソンの感性とも通じるところがある。同じ感性はソローの作品と生にも見出すことができ、とりわけ彼の市民的不服従論にそれは顕著である。トランセンデンタリストたちは政府に対して個人主義的態度をとっており、その点で人間の「邪悪さ」を和らげるための必要悪として政府は存在するとしたペインとも共通している。ペインによれば、他者がみな道徳的規範に従い、互いに平和的で生産的な関係において共存できると当てにするのは、賢明ではない。エマソンは、社会的存在の本性についてはペインと同じように捉えていたように思われ、それは彼が「政治について」において、力づくで創設された政府に敬意を払うとき、私たちは頽落した状況を生きることになると嘆いていたことに窺える。エマソンはリバタリアンやアナーキストに近い立場をとり、最善の状態は政府がより小さく、法律と権力がより少ないことだと主張した。政府の権力の濫用という問題を解決する方法とは、個人の人格〔character〕を強化し、それによって政府を廃れさせることであった。私たちが国家を必要とするのは、尊厳と高潔〔integrity〕を備えた自律的存在として生きていないときである。エマソンが明確かつ端的に主張しているのは、現在の政府はありうる最良ものというわけではなく、現況における私たちにとっては最もましなものであるにすぎないということだ。現況を鑑みて最もましであるということは、それが善い国家であることを意味しない。なぜならどんな国家であれ、人々が腐敗するときに国家自体も腐敗するからである。

国家に必要とされる変化を、国家自体が実際にもたらすことはない。もし国家に変わってほしければ、私たち自身でそれを変化させる必要がある。エマソンはこの世界を超越し神的な世界へと至ることで、いかにして自身を変革するかを私たちに教えた。〔一方で〕ソローはウォールデン湖の近くで（比較的）孤独かつ丁寧な暮らしを送ることで、いかにして内なる神的なるものと結合するかを私たちに示した。ソローは自身とエマソンの両者が説いたことを、腐敗した政府には税金を払わないことによって実践してみせたのである。

このようなわけで、国家とは私たちの最高の成果ではない。政府を必要とすることが意味するのは個人の成長が不完全だということで、その国家の人々の教養のレベル〔の低さ〕を示している。自己信頼的な個人であれば、思考と行為を制限し、順応と現状肯定をもたらすような政府の法律と手続きを拒絶するだろう。ソローはそのすべてを拒絶した。社会から距離を置いて森の中で暮らし、シンプルに、丁寧に、そしてほんとうの意味で生きるために。シンプルに生きるとは、人工的な欲望・欲求を持たずに生きるということであり、そうすることで社会の騒音や混乱を避けるということだ。社会は飛躍的に成長をし続ける一方で、木々を実際に切り倒してしまったために森〔すなわち生の全体〕

を見失っている。もし人が国家の支配を受けないところで生きれば、その人は税金を払うことはない。税金を払うことがなければ、奴隷制度や米墨戦争といった〔望ましくない〕社会の仕組みを支えることを強制されないで済む。これらはどちらも、ソローが道徳的に不正だと考えていたものである。シンプルに生きることで〔所有する〕物を守る必要がなくなり、政府を創設することも不要になる。それにより行為や思考を制限するものもなく、おかげで課税されることもない。森の中では自分自身になる、〔つまり〕自分自身であることが可能であり、彼の言葉を用いれば別の鼓手《ドラマー》が刻むリズムに合わせて行進することができる。人が社会に戻ったときでも真正なる実存を表現し続けることが可能であるということ、これを学べるのはおそらく森の中においてこそである。あなたが独りでいるとき、「変わり者」というレッテルを貼ってくる人は誰もいないのだ。あなたが自らの光によって生きているとき、「正常なるもの」に順応せよと強制する人は誰もいない。人が社会において独りでいることを学び、自らの個性に従って生きることができるようになったときにこそ、国家はその役目を終えるのである。

継続する改革の精神

W・E・B・デュボイス

W・E・B・デュボイス[4]（一八六八―一九六三）は、「**黒人問題**」を研究し、その問題の解決を模索した人物として知られている。デュボイスは南北戦争後にマサチューセッツ州に生誕しており、奴隷制度の不正義を直接体験したわけではなかった。しかしながら、アメリカ社会に浸透している人種的偏見や緊張関係という根強く悪質な問題について彼はよく分かっていた。彼の生み出した作品や議論は哲学的に重要な、アフリカン・アメリカン哲学の初期の表現である。アフリカン・アメリカン哲学は、奴隷制度、抑圧、差別、そして権利の剝奪といった生きられた経験から出現するのだ。それは同時に、強さと希望の哲学でもある。

アフリカン・アメリカン哲学には二つの主要な伝統、すなわち**同化主義**と**分離主義**がある。ブッカー・T・ワシントンのような同化主義者にとって、アフリカン・アメリカンがなすべきは、白人のアメリカ人から受容されるよう努力すること、そしてその手段としては経済的成功を収めることだとされた。〔他方の〕分離主義者にとっては、同化することは可能でもなければ望ましいことでもないとされた。デュボイスは穏健な分離主義を掲げ、アフリカン・アメリカンのための社会正義を実現することを目指した。

ワシントンによる同化主義的提案とは、アフリカン・アメリカンが高等教育を受けられるようにするための煽動をやめて、代わりに経済的な成功を達成するための能力の獲得に集中すべきだというものだった。彼いわく、経済的成功さえ収めればアフリカン・アメリカンたちは白人のアメリカ人から尊敬されるようになる。デュボイスはワシントンの立場は受け入れがたいと考え、次のように反論した。アフリカン・アメリカンが教育を含むすべての領域において貢献することこそが、アメリカ社会での受容につながるのだ、と。

デュボイスによれば、「黒人問題」には二つの解決方法がある。一つは、アフリカン・アメリカンたちの不道徳性、犯罪、怠惰という奴隷制度の遺産に起因する課題を、アフリカン・アメリカンのコミュニティ内部で解決するということだ。第二のステップは、白人のアメリカ人が経済人・知識人の集まりに参加するメンバーを決定する際に、人々を偏りなく選ぶこと、そして人種に関係なく人々とその自由を尊重する姿勢を育むことである。〔だが〕通常、白人のアメリカ人が〔これらのステップが要請するような〕自らの役割を果たすことはなかったので、彼〔デュボイス〕は大いに落胆していたのである。

デュボイスが訴えたのは、「**才能ある十分の一**」こそが人種的平等と受容の出発点となること、そしてアフリカン・アメリカンの連帯の達成、アフリカン・アメリカンの文化の保護、そして偏見と不正義の克服のためには「**二重意識**」と「**カラー・ライン**」という問題が解決されねばならないこと、これらである。デュボイスは、アフリカン・アメリカンの地位向上に向けたブッカー・T・ワシントンの提案が賢明あるいは実践的であるとは納得しておらず、それら〔ブッカーの提案〕が自尊心と矛盾していることは確かだと考えていた。人種差別・隔離を黙認し、アフリカン・アメリカンの低い立場を受け入れ、労働者や中小企業経営者にとどめておくことは、アフリカン・アメリカンの能力と内在的尊厳を否定することになる。

ワシントンは貧困、犯罪、社会問題の責任をアフリカン・アメリカンに押しつけたが、デュボイスは彼とは異なり、フィラデルフィアの黒人に関する初期の著作[5]において、注意深い実証的研究成果をもとにして次のように結論した。すなわち、アフリカン・アメリカンの社会的状況の直接的な起因となったのは、奴隷制度と白人の間の人種差別的傾向であり、それがアフリカン・アメリカンを低い社会的立場にとどめているのだ、と。デュボイスは、アフリカン・アメリカンの問題を解決してもらおうとして白人のアメリカ人に頼ることはしなかった。むしろ人種的連帯こそが「黒人問題」の解決であり、アフリカン・アメリカンはそれによっては自身のコミュニティを安息地とすることができ、自身の運命を信じ、そして自らの能力と価値を信頼できるのである。

「黒人問題」とその解決策が姿を現すのは、公共圏においてだけではない。デュボイスは、宗教的信念〔信仰〕がアフリカン・アメリカンにとって非常に顕著な影響を持つことにも気づいていた。デュボイスは個人的には「宗教的」ではなかったが、アフリカン・アメリカンの苦境はイエスのそれに似ているという、**黒人解放神学**の中心をなす観念を支持していた。イエスは労働者で、貧しく、軽蔑され、迫害され、そして殺された――アフリカン・アメリカンもまさに同じではないか。

ワシントンが提案している類の腰抜け同化主義こそが、アフリカン・アメリカンの権利の否定、「**ジム・クロウ**」法の制定、そしてアフリカン・アメリカンへの教育へのサポートの欠如を助長する要因である――このことをデュボイスは躊躇せずに指摘した。デュボイスにとって重要だったのは、アフリカン・アメリカンが自分自身と過去から受け継いだ遺産に対する誇りとともに、悲惨な状況から立ち上がることができるかどうかだった。

デュボイスが提案したのは、アフリカン・アメリカンのうち「才能ある十分の一」が、高等教育を十分に受け、社会的活動を行うことでアフリカン・アメリカンの価値と能力の証明として奉仕することだった。ワシントンの提案が全くうまくいかないだろうことは、デュボイスがマルクス主義的な社会的立場から「黒人問題」の別の側面として捉えていた事柄を鑑みても明らかであった。**資本主義**のあらゆる特徴はすべての労働者を苦しめるが、アフリカン・アメリカンは資本主義の問題によって、他の労働者よりもさらに深刻に苦しむ。なぜなら、アフリカン・アメリカンは資本家から搾取されるだけではなく、白人の労働者の偏見によっても迫害されるからだ。

「黒人問題」は総じて、二つの仕方で引き起こされ、悪化させられる。一つは「カラー・ライン」という、領域を横断して存在する境界線であり、それは教会においても世俗社会と同じように存在している。アフリカン・アメリカンは通常、自分たちの教会を設立したが、それは白人が支配する教会では歓迎されなかったからである。

「黒人問題」はまた、「二重意識」によってもその度合を増している。これについてデュボイスは『黒人のたましい』(一九〇三)において早々に説明している。二重意識とは世界が彼〔デュボイス〕に真の自己意識を持つことを許してくれない状態であり、その理由は彼が自身を「二重の存在」として感じるからだ。つまり、アメリカ人であると同時にアフリカ人であり、そこで彼は二つの魂を持っているのだが、彼の努力はそのどちらにおいても承認されない。重要なことは、アフリカン・アメリカンはアフリカ人とアメリカ人のどちらでもありたいのだが、他者に迫害されることなくそうありたいと願っているということだ。二重意識はアフリカン・アメリカンの連帯と分離主義の両方を正当化する。デュボイスが論じたのは、アフリカン・アメリカンはアメリカ文化の一部となり、過去には無碍にされてきた自らの才能と力を活かしたいと願っているということだ。それらは、これ以上無碍にされるべきではない。

エマ・ゴールドマン

エマ・ゴールドマンはロシアからの移民として、一八八五年に合衆国にやってきた——「アメリカン・ドリーム」を生き、経験したいと望んで。〔しかし、〕彼女が目にしたのは、不正義と不平等が男女両性を襲い、社会構造と期待が抑圧、不平等、不正義という問題を悪化させる様子だった。ゴールドマンは多産な作家にして、煽動家・活動家でもあった。この節では、マルクス主義的アナーキズムや愛国主義と女性参政権の問題について論じた彼女の著作に焦点を当てていく。[6]

マルクス主義者の目標は、〔現状の〕国家を完全に廃止することである。誰もが自らの能力に応じて働いて社会に貢献し、各位が善い生を送るために必要なものを社会から受け取れるという理解のもとで、自由な市民が協働すれば、国家は衰弱しやがて消え去っていくだろう。しかし資本主義社会では、人々に支払われる賃金額が生産した物の価値に見合うことはない。資本家は生産手段の所有者であり、労働者に与える賃金の額を可能な限り低く、労働者がかろうじて生存できる程度にまで抑える。

資本家は労働者よりも長く生き延びることができるが、それは労働者が生産した「物」の価値が高まった結果である。資本家は労働に対する対価を支払い、労働から生み出された生産物を所有し、それを販売・取引するが、その値付けは実際の生産者である労働者に対して支払う賃金よりも高く設定する。そのようなわけで、得られた利益は**剰余価値**をコントロールしている資本家の手に渡る。剰余価値とは、資本あるいは「保存された労働」である。マルクスが説明したように、利益を受け取ることで資本家は労働者よりも安全な立場にいることができる。加えて、かろうじて生存できるだけの最低限の賃金を支払われる労働者が、希少な雇用をめぐって互いに競争することで、労働者同士は競争相手になり、これによってますます労働の価値は下がる。労働の価値と賃金が下がれば下がるほど、資本家はさらに多くの利益を蓄積することができる。労働は労働者にとって、端的にいって生存の手段へと化す。

さらに悪いことには、資本主義社会において労働から生じる生産物は、労働者にとって疎遠なものになる。そのため、労働者はより多く働くことで自分自身の価値はますます減じていく。マルクスの考えでは、これは宗教において人が神に身を捧げれば捧げるほど、その人は自分自身を失っていくという現象とよく似た事態である。資本主義システムにおいては、労働は労働者にとって外的なものであり、当人の人間性の一部なのではない。労働それ自体は本当に必要なものではなく、他のニーズを充足するためだけに行われる。労働者は自らの労働を売ることで、事実上、自分自身を売っているのである。資本主義においてはつまるところ、人間が自らの労働から、自分自身から、自分が作る生産物から、そして究極的には他の人間から疎外されることになる。

共産主義は「**否定の否定**」である。人間はもはや自分自身から、自らの労働と生産物から、そして他者から、疎外されることはない。この牧歌的な状況において、労働は人間のエネルギーの解放と生産〔方法〕なのであって、単なる生存のための手段ではない。エマ・ゴールドマンはこのようなマルクス主義的な倫理的立場をとり、それをアナーキズムの支持という形で表現した。アナーキズムは多くの人が抱いている印象とは異なり、ホッブズ的な万人に対する万人の闘争を伴う何でもありの無秩序状態ではない。「アナーキズム：真に無政府主義は何を基礎としているか」[7]における特徴づけでは、アナーキズムは暴力に基づく政府によって策定された人為的な法律には制限されない〔ものとされる〕。

アナーキズムが教えるのは、個人とその社会的存在の統合である。他方で政府は人々を互いに対立させ、人が作った法律、原理、そしてこわばった社会組織へと従属するよう人々に要請する。資本主義は、単なる生存のために労働することを人々に強いるが、アナーキズムは心が躍るからこそ働くという、人間の深い欲求の充足に基づいた完全な人格性を創造することを可能にする。ゴールドマンによれば、アナーキズムは人々を宗教から、所有から、そして政府から解放するのである。ソローの市民的不服従を彷彿とさせる、ゴールドマンのアナーキズムは、あらゆる種類の法律や規制に対する反抗と抵抗なのである。アナーキズムが中心に据えるのは、個人の主権と社会的調和である。この思想は、個人を言祝ぐ点においてソローとエマソンとの明白な親和性をもち、また自己主権〔self-sovereignty〕の必要性を説く点でスタントンとも通じている。

ゴールドマンは政府を廃止するべきだと論じていたので、愛国主義が道徳的に疑わしいものだと彼女が考えたのは驚くべきことではない。「愛国主義：自由への脅威〔Patriotism: A Menace to Liberty〕」（一九一七）でゴールドマンは、愛国主義とは自尊心と尊厳を失わすような迷信で、傲慢さを増強させるものだと述べている。愛国主義は世界を分断し、ゲートに囲まれた「複数の小さな地点〔little spots〕」を生み出す。もし人がある特定の地点に生まれたら、あなたは別の地点に生まれた他人と比較して「より善い」ことになる。その結果としてもたらされるのは、自分の優越性を証明するために他者と戦う義務を果たすという暴力である。なので、非アナーキストがアナーキズムは混沌と暴力〔の思想〕であると考える一方で、ゴールドマンが示したのは、軍国主義と愛国主義こそが暴力的かつ道徳からかけ離れたものだということだ。

「**女性参政権**〔Woman Suffrage〕」（一九一〇）においてゴールドマンは、女性が選挙権を持つことに反対している。男性と女性の間の平等な尊厳と権利を支持する、確固とした信念を彼女が抱いていたことを鑑みると、同じ人物が女性参政権に反対しているというのは一見奇妙に見えるかもしれない。しかしながらこの立場は、愛国主義や統治制度の弊害についての彼女の見解と、完全に一貫している。

選挙権の行使は抑圧と暴力の一形態なのであり、その点では政府の存在と変わらない〔悪しき〕ものである。選挙権を持つということは、多数派の規則に従うよう他者に強制することにほかならない。女性は投票を通じて政府やそのプロセスを何らかの形で改善することがあるだろうと考えることは非合理的である——こうゴールドマンは捉えた。女性は政府を改善する特別な力など持っていない。彼女らは単なる人間なのだ。

抑圧された者たちが選挙権を得たとしても、それでその人々の身分がましになったというわけではない。人間、特に女性の暮らし向きの改善に寄与するのはむしろ次のような事柄である。自身の人格を肯定すること、他の誰にも自分自身の身体についての権利を明け渡さないこと、自分が望まない限りは子どもを持つことを拒絶すること、そして相手が誰であろうとその下僕にはならないこと——たとえ「主人」が神であれ、政府であれ、社会であれ、配偶者・家族であれ、その他の誰であろうと——、これらである。

批　判

トランセンデンタリストたちがどれだけ独自性と革命的思考を主張しようと、また彼らの言葉がどれだけのインスピレーションを喚起しようとしたとしても、トランセンデンタリズムはアメリカにおける運動の手綱を常に握り続けることはできなかった。〔だが確かに、〕トランセンデンタリズムがアメリカ人と世界中の人々の想像力を掻き立て続けていることは議論の余地がないほど明らかである。ニューイングランドのトランセンデンタリストたちが話した言語は、アメリカ人の中でも、自らの革命的遺産を認識し、記憶している者であれば理解できるものだった。どんなときでも改善すべき点は見つかるものだし、変化は好むと好まざるとにかかわらず起こるものだ。そしてそのことの意味とは、私たちに能う限りで最高の世界を築くことである。彼らは勇気と自己信頼を、そして個人主義と人間の精神の力を大いに言祝いでいる。だがそれでもニューイングランドのトランセンデンタリズムには、何かが欠けているように思われる。エマソンとソローは両者ともに、自らの作品は実践的なものだと主張したが、そこに欠けているのは、彼らが提唱した理念を現実に応用することにほかならない。

アメリカ革命、そして南北戦争を経たアメリカが目撃したのは、にぎやかな大都市、（比較的）迅速で安定した移動を可能にする鉄道、そしてかつてアメリカで見られることはなかった、発展し続ける商業と資本主義的活動のシステム、これらを革命的行為が生み出す現場だった。行為と解放されたエネルギーの国、それがアメリカなのである。トランセンデンタリストたちが打ち出そうとした価値観は、それとは明らかに異なっている。『ウォールデン』に代表されるソローは、解放されたエネルギーを持つ人物ではなく、鉄道を敷設したり、工場を経営したり、商売を行ったりすることはなかった。エマソンが製造業に従事している姿も想像しがたいだろう。エマソンとソローが教えたのは、私たちには政府を縮小し、人間の尊厳を拡張する義務があり、そのためには私たち自身の中にある神的な閃きを認識し、それに基づいて行為する必要があるということだ――だがこの教えは、私たちが世界で生きていくためには何をすべきなのかについて、何も語っていない。個人が賢明になれば国家はその役目を終えると言ったところで、エマソンとソローの気まぐれな主張として理解することを超えては、何をすべきかを知るための有用な指針は何も得られない。

トランセンデンタリズムは世界において人が何をすべきか教えてくれないという見解に、ソローが同意しないだろうことは確実である。というのも、彼が森に入った明確な目的は、まさに人がどう生きるべきかを示すことだったのだから。だが、実践を志向するアメリカ人で、ソローのアプローチを真剣に、あるいは長期間にわたって採用する者などいるだろうか？　確かにアメリカ人はキャンプに行って「羽目を外す」が、そうするのはたいてい週末の楽しみのためにであって、「自分自身を見つける」ためだとか、「丁寧に生きる」ためではない。私たちが森に入るのは、終わりのない生存競争《ラットレース》から、都市から、そして他者から逃れるためなのである。

他者からの逃避という側面は、トランセンデンタリズムが抱える問題の一つである。トランセンデンタリズムは基本的に、伝統と権威を捨て去るよう促しているが、エマソンやソローがそうせよと言った意味においてそれを実行することは本当に可能なのだろうか？　森の中で生きることは、十分に健康かつ強靭で、自ら小屋を建てたり食物を育てることができる人々にとっては結構なことだろう。だが、すべての人に同じことができるわけではない。端的な事実として、生活をより快適なものにし、不快なものにしないようにするには、私たちは他者と労働を分業する必要がある。トランセンデンタリストとして生きること、それも大真面目にそうすることは、問題から逃避することを意味し、それを解決しようという試みにはつながらない。森に入って納税することを避けたり、戦争と奴隷制度に反対するために税金を支払うことを拒絶しても、戦争や奴隷制度がエスカレートするのを実際に遅らせたり撤廃する効果は、非常に僅かしかないだろう。すべての人々が納税するのをやめたとしたら、おそらく戦争を継続し逃亡する奴隷を捕まえる手段もなくなるだろう。しかし、すべての人々が森の中に引きこもって真正なる存在を見出したいと思っているわけではない。

トランセンデンタリストにとって、真正な人間であるとは、自らの光によって生きるということである。だが、もし私が私の光によって生きる有様と、あなたがあなたの光によって生きる有様が異なっていたとしたらどうだろうか？

主張が真であることを決定する方法とは、そうであることが正しいと感受することだというのがトランセンデンタリスト的な知識論である。だとすると、二つの競合する主張があったとき、そのどちらが偽であると判断することができるのだろうか？　知識の本性と実在についてのトランセンデンタリストの立場は、イマヌエル・カントの形而上学と認識論に近似している。だが、「私たちは世界における経験を通じて、その〔経験の〕外部にある真理に到達できる」という旨の真摯な確信以上の主張を、トランセンデンタリズムは全く説得的な仕方で示すに至っていない。トランセンデンタリストの宗教哲学は、伝統的なキリスト教の教説と真っ向から対立するものであり、アメリカのキリスト教徒の多数派には受け入れられないだろうし、行動を喚起することもないだろう。

トランセンデンタリストの思考の傾向は、**ストア派**のそれとよく似ているかもしれない。ストア派が確信していたのは、私たちは世界とその中で起こる問題に対して平常心をもって臨むべきであり、私たちが変えられない事物によって動揺させられるままにしてはならないということだ。〔だが、〕ある人がいつか述べていたアイロニカルなコメント[8]によれば、この思想は人が本当にそれを必要とするまでの間だけ、偉大な哲学として通用する〔つまり、本当に必要としているときには通用しない〕。ニューイングランドのトランセンデンタリストの倫理学と社会思想は、確かにインスピレーションに満ちたものであるが、それに対して次のような問いを投げかけたくなるのも当然だろう。すなわち、すべての人間がトランセンデンタリストのような知恵を身につけ、政府を必要としないようになるということは、いかにして可能なのか、と。トランセンデンタリストの主張によれば、私たちが自分自身に道徳法則を与え、それを認識することと、すべての他者がそれを認識することは同一の事柄なのだから、原理的には私たちは〔みな〕そのような知恵に基づいて行為することは可能なはずである。しかし残念ながら、トランセンデンタリズムが要請するレベルの個人的・社会的成熟や知恵に達することができない人々がいることは疑いようがなく、まさにそれだけの理由で、〔彼らが主張するような〕国家の廃止や、極めてミニマルな政治組織の構想にさえ、実践的な用途と価値を見出すことはできそうにない。

他方で、ニューイングランドのトランセンデンタリズムの思考は、第四章で見た奴隷制度廃止運動やスタントンの自己主権に関する議論において表現され、活用もされている。自己主権は自己信頼と同様に、真正性と高潔〔integrity〕を備えた人間的生の手段であると同時に目的なのである。

デュボイスについて、「才能ある十分の一」に関する彼の立場はある種のエリート主義かもしれず、真に抜きんでた人間だけがアフリカン・アメリカンの進歩に重要かつ後世に残る貢献をなすことができる、と示唆してしまっている。また彼は、そのような貢献をなしうる能力を持つアフリカン・アメリカンの割合を過小評価している。さらにデュボイスは、彼の時代のほとんどの男性と同様に、アフリカン・アメリカンの女性の窮状についてはほとんど無視しつつ、男性の関心事についてのみ著述・講演活動を行っていた。

ゴールドマンのマルクス主義的アナーキズムは理想的かつ希望に満ちたものだが、おそらく実践的ではない。自由かつ自律的な行為主体が、政府という軛から解き放たれて生きているような社会についての議論は、多くの人が人間の生にまつわる事実として理解している事柄を軽んじている。すなわち、私たちは互いに競争する個人としてコミュニティの歴史や文脈を背負っており、多くの場合そうした事実が私たちの生をもっぱら規定しているということを。ゴールドマンが理想とするアナーキズムはあまりにも個人主義的である。なぜなら、人々は必ずしもみな創造的な人物なわけではないし、自らに才能があるからといってそれを開花させようと努力するわけでもないという点を、彼女は認識し損なっているからだ。〔また、〕愛国主義についてのゴールドマンの特徴づけは誇張されており、愛国者にとっての「ホーム」がたまたま政治的な場所であったということの意味について、おそらくは公平ではない説明をしてしまっている。愛国主義的なアメリカ人だからといって、他者がたまたまこの〔同じ〕「地点」に生まれていないことをもって、それらの人々の価値が低いと考えるとは限らない。愛国主義は他の形態も取りうるのであって、〔排他主義者になることなくして、〕特定の地理的な領域における自身の貢献や達成に対して誇らしく思うという形もありうる。

アナーキストの生き方を実践する人が自らの思想に悪質な愛着を持ち始め、〔結果として〕他者の創造性を阻害し抑圧するようになることはありうる。これは、多くの資本家が集産主義的なマルクス主義者に対して抱く不満の一つである。つまり、人々が資本主義的な競争的環境を放棄し、ゴールドマンが述べたような牧歌的環境を求めるはずだという期待に支配されると、創造性と自由は制限されてしまうという懸念である。

女性参政権――そしてすべての政治活動――は不道徳だとするゴールドマンの評価には一定の説得力がある。だが、彼女が女性の選挙権に反対したのはおそらく軽率だった。なぜなら、女性が一員として属してきた、そして現在属している政治体制では、選挙権は必ずしも他者の権利を制限する目的で用いられるわけではなく、むしろ多くの場合は権利の拡大の一環として用いられているからである。この点においてゴールドマンの立場は誇張された極端なものになっており、人々が被統治者でありつつも政治参加することでもたらされうる善を無視している。

結論

ニューイングランドのトランセンデンタリストたち、そしてデュボイスやゴールドマンが体現しているのは、アメリカの思想の特徴である変革と社会正義を求めるアクティヴィズムにほかならない。〔後に登場する〕アメリカのプラグマティズムはトランセンデンタリストの遺産を受け継ぐものであり、〔他にも〕ネイティヴ・アメリカン哲学とアフリカン・アメリカン哲学の運動、アメリカのフェミニスト理論、そして個人とコミュニティの間の衝突についての継続された理論化〔の営み〕、これらがアメリカ社会において続いていく。

第五章の推奨文献

ニューイングランドのトランセンデンタリストたちについては次を見よ。Edward H. Madden, *Civil Disobedience and Moral Law in Nineteenth Century American Philosophy* (Seattle: University of Washington Press, 1968)、Stephen Hahn, *On Thoreau* (Belmont, CA: Wadsworth, 2000)、Robert D. Richardson, *Emerson: The Mind on Fire* (Berkeley: University of California Press, 1995)。トランセンデンタリストの全作品を読むことができるウェブサイトは数多くある。

ゴールドマンについてはとりわけ、次の文献に含まれた彼女自身の論考を見よ。*Anarchism and*

Other Essays (Port Washington, NY: Kennikat Press, 1969)。オンラインで無料で読めるものとしては次を参照。http://sunsite.berkeley.edu/goldman/。短くかつ読みやすい伝記としては次がある。Leslie A. Howe, *On Goldman* (Belmont, CA: Wadsworth, 2000)。次も参照のこと。John Chalberg, *Emma Goldman: American Individualist* (New York: Harper Collins, 1991)。デュボイスについては、特に次を参照せよ。Brian Johnson, ed., *Du Bois on Reform* (Lanham: Alta Mira, 2005)、Phil Zuckerman, ed., *Du Bois on Religion* (Walnut Creek: Alta Mira, 2000)、Juguo Zhang, *The Quest for the Abolition of the Color Line* (New York: Routledge, 2001)。

訳者による推奨文献

エマソンとニーチェの関係を扱った研究書としては、ジェニファー・ラトナー＝ローゼンハーゲン『アメリカのニーチェ：ある偶像をめぐる物語』（岸正樹、法政大学出版局、二〇一九年）が詳しい。ソローの著作『ウォールデン』を漫画にしたものとしては、ジョン・ポーセリノ『ソロー『森の生活』を漫画で読む』（金原瑞人訳、いそっぷ社、二〇一八年）。トランセンデンタリズムに触発されつつ、ユニークな視点から議論を展開する現代アメリカの哲学者の一人にスタンリー・カヴェルがおり、日本語で読める著作としては『道徳的完成主義：エマソン・クリプキ・ロールズ』（中川雄一訳、春秋社、二〇一九年）などがある。本書第八章でも登場する黒人哲学者コーネル・ウェストの描くプラグマティズム史では、デュボイスに一章が割かれている。『哲学を回避するアメリカ知識人：プラグマティズムの系譜』（村山淳彦、堀智弘、権田建二訳、未來社、二〇一四年）。

訳注

［1］　原語は英語で「Transcendentalism」。日本語訳として「超越主義」、「超絶主義」、「超越論」などがあてられることがある。ドイツの哲学者イマヌエル・カントによる「超越論的」（ドイツ語はtranszendentalで、経験や思考の可能性の条件を問う議論を特徴づける述語）という語に触発されて命名された運動だが、哲学的主張としてはカントとエマソンらの間で大きな違いがある。

［2］　イギリス・イングランドにおけるエリザベス一世の在位期間を概ね指し、シェイクスピアをはじめとする文学や芸術が花開いた平和な時期として、理想化された形で言及されている。

［3］　カントが著書『純粋理性批判』で展開した概念で、感性に与えられた素材に概念的枠組みを与える原理のこと。量、質、関係、様態の四種類があり、その各々に属する三つのカテゴリーがあるため、合計で十二あるとされる。純粋悟性概念と訳されることもある。

［4］　綴りはDu Boisで、これをフランス語読みした「デュボワ」、「デュボア」などとする日本語文献もあるが、マサチューセッツ大学アマースト校のW. E. B. Du Bois Centerによると、「デュボイス」と読むことを指示する本人による手書きのメモが存在する。次を参照。W. E. B. Du Bois Center［@DuBoisUMass］. (2018, November 13th). *Check out this little gem of an artefact. It's a letter to W. E. B. Du Bois that he has annotated with handwritten instructions on how to pronounce his name. Thanks to our friends at the Du Bois Center in Great Barrington for showing us this! #dubois150 #dewboys #livinghistory*［Tweet; thumbnail link to article］. Twitter. https://twitter.com/duboisumass/status/1062097731529924608

［5］　デュボイスがペンシルベニア大学に委託されて行った社会学的研究をまとめた著書『フィラデルフィアの黒人〔*The Philadelphia Negro*〕』（一八九九年）のこと。日本語では次の文献で検討されている。北田暁大「事実をもって「白人問題としての黒人問題」に迫る：デュボイスの実証主義の倫理」、大賀哲、仁平典宏、山本圭編『共生社会の再構築Ⅱ：デモクラシーと境界線の再定位』（法律文化社、二〇一九年）所収、三～一六頁。

［6］　生まれはリトアニアのカウナスで、当時はロシア帝国の一部だった。

［7］　山下一夫による一九三二年の日本語訳では「い」ではなく歴史的仮名遣「ゐ」が使われている。
［8］　サウス・フロリダ大学で著者を指導していたブルース・シルヴァーが語った言葉。次を参照。
https://www.usf.edu/arts-sciences/departments/philosophy/news/stanlick.aspx

第六章　プラグマティスト

プラグマティズムの本性

アメリカの哲学者にとって根本的に重要な課題とは、哲学とは何なのか、そして哲学者は何をすべきか、という問いに答えることである。アメリカの哲学者の多くは、思弁的探求には実践的な価値があると主張している。フランクリンが実践のための倫理を理解しようとして行った探求においてこの態度が見られることを、私たちはすでに確認している。また、ペインやゴールドマンのような革命家が空想的理論や抽象的原理を紡ぎ出した目的は、単に自由、権利、正義について知るためではなくて、これらについて何かを為すためだったということも、すでに見てきた。

アメリカのプラグマティストたちがさらに練り上げたのは、哲学の目的を決定するために必要な変化とその方法だった。アメリカの他の哲学者が変化のための行為を目的とするのに対して、プラグマティストは、変化それ自体と変化を活用して違いを産み出すことから生まれる哲学的方法の意味と使い方を提供する。プラグマティストは変化が不可避なものであることを認識した上で、固定性、最終性、そして確実性という観念を拒絶し、科学、形而上学、認識論、道徳、そして社会の領域における主張をする際には、可謬主義という態度を採用する。プラグマティストは絶対的真理と目的論を退け、代わりに便利な事柄、あるいは「うまくいくこと〔what "works"〕」こそが真だとみなす。なぜなら、そうした事物こそ、私たちが生を生きる上での差異をもたらすからである。「真理」がこの世における他のすべての事物とまさに同じような〔非特権的な〕ものへと生成変化すること、そして真理と変化は人々のニーズ、欲望、そして利害関心とは無関係であるということ、これらがプラグマティストを満足させる考えである。

アメリカのプラグマティストは**目的論**を拒絶する。にもかかわらず、アメリカの多くの人々は、現実の「実践」において最終的な目標や目的を見据え、**人間本性**（人々が「実際のところどのような存在であるか」）についての考えを持ち、知識を「現実世界」にある何かそれ自体で情報として知覚・保持されるものと考える、という傾向が見られる。プラグマティストは知識が重要であるということを否定するわけではないが、同時に私たちが理解すべきは、知識の価値は私たちの生活に具体的な差異をもたらす点にあるということだ。

過去から現在に至るまで、アメリカでは多くのプラグマティストが登場したが、本章ではアメリカのプラグマティストとして著名な四名に焦点を当てたい。そうすることで、プラグマティズムとは何か、そしてその意味と含意は何なのかを概観することができるだろう。その四人とは、チャールズ・サンダース・パース（一八三九―一九一四）、ウィリアム・ジェイムズ（一八四二―一九一〇）、ジョン・デューイ（一八五九―一九五二）、そしてリチャード・ローティ（一九三一―二〇〇七）である。また、アメリカのプラグマティズムの起源を理解するために、チョーンシー・ライト（一八三〇―一八七五）の業績も見ていくこととする。彼は『種の起源』（一八五九）で展開されたチャールズ・ダーウィン（一八〇九―一八八二）の進化論の熱烈な支持者である。ライトを踏み切り板とすることで、アメリカのプラグマティズムにおける進化論的な思考の位置づけを理解することができるだろう。

プラグマティズムは十分に完成した理論というよりは、哲学をするための一つの方法である。プラグマティストにとって重要なことは世界を変革することであって、分析的・抽象的な仕方で世界をただ理解することではない。プラグマティストは、あらゆるア・プリオリな主張と抽象的思弁を拒絶するが、それは彼らがそうした事柄を興味深いと考えないからではなく、むしろそうした事柄に対する関心によって、哲学を純粋に思弁的な営みから実践的なものへと移行させる方法を彼らは見出したからである。プラグマティストは実在、知識、あるいは善き生についての完成した〔full-fledged〕理論を構築することを避けるが、その理由は、事実と理論は適切な仕方で経験と組み合わされるもので、そのすべては可変的だと彼らが自覚していたからである。デューイは自らの仕事を**哲学の「再構成〔reconstruction〕」**だと捉え、その目的は公共の幸福〔well-being〕[1]を促進することだとしていた。この点において、彼の作品は理想主義的〔理念的〕かつ思弁的であるが、何よりもまずは実践的なものなのである。

プラグマティズムは、近代社会を蝕む諸問題を解決する手段であると考えることもできるし、デューイ自身確かにそう捉えていた。デューイによれば、私たちが伝統的な哲学を用いて問題を解決するために行うこととして述べる事柄と、私たちが実際に行うこととの間には、一貫性が欠けている。私たちが問題を解決するために実際に行うこととは、自然界における経験的手段にただちに目を向けることである。〔だが、〕いわゆる経験的手段と自然界は、全くの別物なのだ。日常的な日々の生きられた経験は、完璧な理論が備えるべき最終性を持つに値しないとよくいわれる。その要点は、ある一つの例を示すことで表現することができる。〔その例として〕**創造論者**は、自然界における固定性と最終性についての教説を奉じており、あらゆるものは一挙に、神によって、今まさにあるそのままの状態で創造されたのであって、〔生物の〕種は決して変化も突然変異もしない、という観念もそこには含まれている。しかし創造論者のほとんどは、実際の経験において、〔例えば〕ある感染症に対して古い抗生物質が効かなくなってしまった場合には、躊躇することなく新しい抗生物質を服用して治療を行うだろう。進化〔という観念〕が示しているのは、細菌感染は抗生物質に対して免疫を持つように成長したということで、その結果として別の抗生物質へと切り替えて感染症を抑え込む必要性が生じるということである。デューイが述べたように、人々が実際に行うことと何を考えるかの間で二重の実存を生きている様子は皮肉である。言い換えれば、絶対主義者は矛盾した生を生きているということだ。

チョーンシー・ライトと進化論

人間の思想の歴史を紐解くと、宇宙の諸目的は自然に展開するという考えが幾度も言及されていることが分かる。私たちがすでに見てきたペイン、ジェファソン、フランクリンの作品にもその例は見て取れる。さらに時間を遡れば、アリストテレスは自然の目的、自然種、そして事物は特定の目的に適合したものとして存在していることについて論じていた。デザインと目的についてのこのような見解は、無邪気かつ単純にすぎるように思われるかもしれない。〔だが、〕こうした考えは今日においてもかなり多くの人が信じているものなのである。ペイン、フランクリン、ジェファソン、そしてエドワーズはみな、世界には目的があり、それは「天上」から与えられたものだと考えていた。だがことの消息は、本当にこれほど単純かつ無邪気なものなのだろうか？

デザイン論証は、推論の誤りや疑わしい主張を伴う議論として今も健在である。この論証は悪しき類推《アナロジー》に基づいたものだといえるが、その理由は端的にいって、私たちの経験においてはこの世界と適切に比較しうる他の世界など存在しないという事実による。類推からの議論が適切なものになるために必要なのは、理にかなった仕方で適度に類似した事物同士が比較されることである。〔しかし〕デザイン論証は、いわゆる「**誕生日の誤謬**」を犯している。つまり、あらゆるものには何らかの原因があるはずであるから、あらゆるものには同一の原因があるはずだというおかしな想定が用いられている。そしてこの議論を用いて神が存在することを証明しようとする者にとってはおそらく最悪なことに、この議論は神に対する崇拝、神の慈悲、あるいは神の知識について、何一つとして主張を行っていない。さらにいえば、デザインと目的〔という考え〕に入れ込んだ一部の人、例えばアリストテレスのような人物が至った結論は、現在の私たちの認識では単に疑わしいという水準以上〔のひどさ〕である。その中には「自然種」[2]や固定種なるものが存在するという考えも含まれる[3]。この思考方法からアリストテレスが導いた結論とは、男性は女性よりも優れており、男性の形相こそが人間の究極的、基本的、かつ完璧な形相であって、女性であることは妊娠における「アクシデント」であり、自然の犯した過ちだとした。[4] この思想に先に述べたデザインについての信念をつけ足せば、絶対主義、**全体主義**、そして**人種〔差別〕主義**が導かれることになる。そうなると、道徳的・社会的文脈において奇妙で明らかに受け入れがたい行為を正当化することを目的とした自然界における出来事に対して神秘的・形而上学的な説明を**アド・ホック**に与えるような信念体系を、私たちは持つことになる。

他方、科学的思考の利点とは、その有用性と生産性にある。要するに、科学は私たちが〔知識を〕構築・創造する助けとなる。科学に基づく説明は、それ自体では神秘主義や無知、そして全体主義や残酷さを導くことはないし、導くべきでもない。科学は世界を説明し、世界で生きる能力を高めるために使われるべきなのである。

科学が宗教的・神秘的な説明よりも優れていることを疑う者は、科学と宗教は決して平和裏に共存できないと思っているのかもしれない。しかしチョーンシー・ライトにとっては、それが事実ではないことは明白である。なぜなら、「実証科学としての自然神学〔Natural Theology as a Positive Science〕」（一八六五）で彼が述べるように、科学における進歩は宗教的真理における進歩と同じだからである。知識は哲学と宗教の両方における誤りを明らかにすることによって、無知や迷信から生じる誤りから私たちを解放し、自由にする。ライトは科学の価値について非常に強い確信を持ち、次のように主張した。すなわち、もし宗教的真理が知識の進歩によって論駁される、あるいは変化したならば、そのような宗教の教えは実際には迷信だったと考えるべきなのであって、科学の方を非宗教的な営みだと断じるべきではない、と。もし科学から悪が生じるとすれば、それは神学者による悪い推論や探求のせいなのであって、科学のせいではない。

ダーウィンの進化論は私たちの時代においても頻繁に攻撃されており、「非宗教的」な教え、信仰の欠如、そして宇宙のデザインを目にしようとしない頑迷なまでの無能力と意志の欠如などが進化論支持者の問題だと批判される。しかしチョーンシー・ライトは進化論を擁護し、それと同時に宗教的信念に反対することも避けた。彼がこれら両方の領域〔進化論と宗教〕における確信を固守することができた理由とは何か？　それは、彼の考えでは宗教的主張は情動的な根拠に基づいて受容される一方で、科学の主張は合理的な根拠に基づいて受容されるものだから、というものである。合理的な科学的探求のプロセスによって見出されるのは、自然選択（進化）は、それ自体には何の目標も目的もないということである。むしろ、進化は精神なきプロセスなのである。変化は起こるが、変化は端的な事実にすぎないのだ。

さらにライトは、人間であることは何も「特別」ではないと論じている（私たちは神の何らかの目的のためにこの世界に生まれてきたのであり、それは究極の計画の一環としてである、と信じる人々とは対照的に）。そして、人が持つ自己意識の力は、動物が持つ同種の力とはただ〔少し〕異なったものであるにすぎないとも論じている。それが意味するのは、人間は天地創造の「最上位」〔の種〕ではないのであって、何も特殊あるいは神的なところはないということだ。

進化論がライトの世界〔観〕においてどのような位置を占めているか、またそれが他のすべてのプラグマティストからどのように捉えられているかを理解するために決定的に重要なのは、重要な用語について明確にすることである。〔まず、〕進化論は科学としての生物学の理論で、種の起源と自然選択のプロセスに関するものである。それ〔進化論〕が対象とするのは、生物が環境に合わせて変化あるいは適応していく様子や、〔生物〕種が生息する環境の中で継続して生き抜くための適応度〔fitness〕は何によって構成されるのかといった事柄である。このような事情であるため、宇宙の最終的、究極的目標・目的、固定性、最終性といった観念に進化論が言及することはない。

進化論に関連する用語として、「**実証主義**」がある。実証主義は科学における方法についての考え方で、道徳的、科学的、その他の用語法とも関連している。実証主義者にとって言明が有意味であるのは、当該の言明が事実もしくは原理において検証可能であるときである。形而上学においては無意味な言明がよく見られる傾向にあり、形而上学の用語は形而上学の体系においては意味を持ちうる一方で、事実についての科学的言明ではない。したがって、私たちはそれらをテストしたり反証することはできず、ただ知的に興味深い面白いフィクションとしかみなすことはできない。

進化主義は、ダーウィン的進化論のある種の「拡張」である（正当なものかどうかはともかく）。それによれば、生物学の理論は社会的プロセスにも適用されうる。例えば経済活動についての資本主義システムでは、より強い資本家が経済的領域においてより弱い相手を「打ち負かす」わけだが、進化主義者であれば、これこそが事物のあるべき姿だと語るだろう。進化主義は道徳的な色合いを帯びており、生物学の理論の記述的・説明的な機能によっては正当化されるものではない。

用語と概念を〔先述のように〕明確にした上で強調すべき点は、進化のプロセスは、経験科学の全体と同じく、原因と結果〔という観念〕に依拠しているということだ。それが意味するのは、〔進化論は〕社会的世界に対する含意を有するわけではないということである。科学における進化論の使用をライトが構想しているからといって、彼が必然的に社会ダーウィニストであることにはならない。なぜなら、進化とは「進歩」ではないからだ。進化は単なる変化なのである。

プラグマティストの認識論と形而上学

知識の本性についてのパースの見解は、知識はせいぜいのところ暫定的なものにすぎないというものであり、彼に続く他のプラグマティストも同様の態度をとっている。これは知識を追求することは重要ではない、という意味ではない。知識、そして知識と非常に緊密に関係する概念である信念はともに、私たちを行為へと駆り立てるものである。パースによれば、信念は行為へとつながる習慣と協力し合う関係にある。しかし疑念は、習慣としての行為を生み出さず、むしろ疑念によって引き起こされた不快感を解消するために行為を引き起こす。パースによれば、例えば、人々が「知識」と呼ぶものに関して、当の人々が実際にどのように振る舞っているかを見てみると、彼らの知りたいという欲望は不快感の結果として生じたものであり、しかもそれは疑念の存在を理由にしているということが分かる。人が何らかの主張や願望を疑い、問題を解決しようとするも、その時点ではどのようにしたら解決できるかが分からないときには、探求が行われることで、状況を「固定」したり、主張、言明、あるいはプロセスをしっかりと確立することが目指される。「固定すること」は、帰結として、その人が問題を解決した、あるいは知識を得た、という確信を抱くという仕方で充足感を生む。充足感は快適であり、人々はめったには、快適で居心地のよい感情から錯乱、動揺、そして不快な感情へと自分を移行したいとは願わないので、彼らは「知識」という呼び方で、自分のなす主張や従事したプロセスにおいて感じる充足感を名指すのである。しかしパースは、私たちがこれらの場合に保持しているものが知識であると確信しているわけではない。それはむしろ、「信念」なのである。

「信念の確定の仕方」(一八七七)においてパースが論じたのは、信念を固定あるいは確立するための方法は四つあり、最初の三つはどれも、経験や実際の人間行動にはうまく適合しない、ということだ。〔つまり、〕それらは経験や行動に適合しないため、うまくいくことはないのである。これらの方法は知識の社会的性質も汲み取ることができていない。〔一つ目の〕**固執の方法**は、隠者により適したもので、社会的な人間にはふさわしくない。この方法によれば、信念は形成されたのち、注意深い保護を受けながら維持される。このようにして信念を保持している人は、その信念と矛盾するような、あるいはそれとは異なる意見に曝されるという危険を冒さないためには、どんな苦労も惜しまない。〔だが、〕何らかの思想が流れ弾のようにその人の精神に入り込むことや、他者がその人の考えていることに同意しないことは、避けられない。もしその人が他者の見解に注意を払う、あるいは自身の思考に誤りがあるという可能性に気づくと、再び疑念という動揺に陥りうる。その動揺に対処するために、その人は〔第二の方法である〕**権威の方法**に目を向けることが有用だと気づくかもしれない。これは、信念を固定する方法としてはとりわけ有害であることが多く、これによって同じ考えを持つ人々の集団は〔絆の〕強さと信念を結合し、みながすでに信じていることを再確認することで、心地よい信念に反対意見が入り込まないようにする。信念を固定するためのこの方法は、しばしば有害かつ残酷な用途に用いられる。例えば異端審問官は、自分とは異なる考えを持つ人々を罰し拷問するためにあらゆる手段を用いたが、彼らが採用したのがこの方法だった。私たちは、**スペインの異端審問**で用いられた権威の方法が、結局は失敗したことを知っている。それに、権威の方法がたとえ「慈悲深く」用いられ、一定の目標（「社会規範の維持」）や、順応を強いる圧力をかけ、他者が期待された振る舞いを行わない場合に恥の感覚を感じさせること）を達成するためだけに使われたとしても、それは失敗するだろう。閉じた社会が外部の影響から切り離された状態を長期間維持することは、どうしても不可能なのである。固執の方法とまさに同じように、人々が自分の「コンフォート・ゾーン」が侵されたことに気づくと、結果として〔既存の〕信念という快適な状態は疑念に取って代わられるのだ。

〔そのような事態が起こると、〕それまで固執もしくは権威の方法によって信念を保持していた人は、第三の方法に逃げ込むかもしれない。それは**ア・プリオリな合理主義**と呼ばれる方法で、私たちが信じる事物が正しく、真であり、善であるということは「純粋な理性」によって決定される、という考えに依拠している。この方法は一見、固執の方法と権威の方法よりも知的に優れているように見えるが、実際はそうではない。この方法が失敗していることを示すものは数多くある。例えば、生得観念は存在するという考えを持つことは、まさに理性的な態度であると信じる人がいる一方で、生得観念など全く存在しないと考えることは同じ程度に合理的だと別の人が信じている、ということはありうる。このとき、どちらが正しいのか？　答えは、どちらが正しいかを決定するのは不可能であり、両者の間の議論は失敗に終わる、というものだ。なぜなら、生得観念に対する信念〔の正しさ〕にある人が固着するのと同じ程度に、もう一方は生得観念の起源は経験であるという考えに固着するからである。彼らの議論は打ち捨てられて無視され、すでに確立された信念の心地よさが優先されることになるのだ。

信念を固定するための方法としては失敗したこれらの立場に代わるものとしてパースが差し出すのは、**科学の方法**である。先の三つの方法のうち二つは、個人（固執の方法とア・プリオリな合理主義）に依拠し、権威の方法は集団の凝集性と権力（あるいは、今日私たちが「集団思考《グループ・シンク》」と呼ぶもの）に依拠する一方で、科学の方法は実験と検証に依拠している。実験と検証の利点は、科学の方法が〔人間の〕経験そのものに似ているということだ。経験は可変的、つまり変化しうるものだが、科学の方法の帰結もそれと同じである。科学の方法を用いるとはすなわち、ある立場がエビデンスによって確証あるいは検証されないときには、私たちは立場を変化させたり棄却したりする準備がある、ということだ。この方法のもう一つの利点は、私たちが保持する信念に関して自由かつ開かれた議論と探求を行うことには、利益が見込めることである。すなわち、私たちの信念が修正あるいは阻却されることで、世界における効果的な行為の数が増加するのだ。例えば、ア・プリオリな合理主義者が、自由意志の存在を肯定する根拠として、それが正しいという強い感情を持ち出し、この感情が信念の合理性を示すものだと主張するとき、パースのようなプラグマティストであれば、それが意味や検証という一定のテストに合格したときにのみ、この信念を肯定（もしくは否定、ないしは、この問い自体が回答不能なものとして棄却）するだろう。

パースの「信念の確定の仕方」での議論によれば、「実在〔reals〕」が存在するのは、そういった事物が私たちの意見とは独立していると主張することによってであり、それらの存在は推論によって確かめられる。科学の方法は、知識への探求を通じて疑念を解消しようとする私たちの性向を反映しており、事物の実在〔reality〕と、私たちがそれらについてなす言明の意味を検証するためには観察と実験が必要であることを考慮に入れるものである。

パースの「我々の観念を明晰にする方法」（一八七八）という論考によれば、「**プラグマティズムの格率**」とは、私たちの観念はどのような種類の実践的効果を持っているかを私たち自身に問うものである。私たちが効果について理解するということは、その対象が何であるかについて理解するということにほかならない。認識論は、パースによる形而上学の否定〔論〕の中心に位置しており、そのことは意味の本性についての彼の見解に如実に現れている。すなわち、ある言明が有意味であるのは、それがテストにかけられうるときである、という主張だ。〔例えば、〕あなたは今、二つの指輪を見ているとしよう。そのどちらもがダイヤモンドを含有しているといわれているが、どちらにも弁別可能な差異はないものとする。それらをさらにテストにかけてみて、本物のダイヤモンドが含まれているのか、まがい物なのかを決定することで、私たちが知る必要がある事柄〔である、どちらが本物かという情報〕が判明する。それ以前には、二つの指輪には何の違いもないのである。

パースにとって、存在や実在の本性についての形而上学的な主張は、検証されえないものである。彼の論文「プラグマティズムとは何か」（一九〇五）によれば、私たちは真理を求めている、と言う代わりに、私たちが求めているのは疑念を免れた信念である、と端的に認めるべきである。私たちは「実在」の本性を知ることはできないが、科学の方法を用いて、それへの近似を得ることはできる。私たちができることはせいぜい、自分たちの信念を、可能な限りのエビデンスと信頼性によって策定することーーそして、そこから進んでいくこと、これしかない。

ジェイムズの認識論と形而上学は、私たちの知識（あるいは信念）についての主張が持つ効果に注目している点で、パースの理論とよく似ている。しかしジェイムズは、次のような考えをさらに明晰に打ち出した。つまり、プラグマティズムとは一つの方法であり、哲学の機能とは、ある理論、信念、あるいは命題が真である（あるいは偽である）と考えるとき、それがどのような差異をもたらすのかを判断することである、という立場である。「事物の有り様〔the way things are〕」を決定的な仕方で定式化することに注意を向けることーーあるいは、それを導き出そうと試みることーーは、有益でもなければ必要でもないのだ。ジェイムズにとって、科学のすべての結論と活動は、近似にすぎない。最も重要なポイントとは、探求の結果によって私たちがどうするかなのである。

だが、そうなると真理はどうなるのか？　真理についての問題については、ジェイムズによる**真理のプラグマティズム説**というユニークな貢献を認識することが重要である。これは、伝統的な対応説と整合説に対抗するものだ。

真理の対応説は、しばしば「常識」〔的な立場〕だと考えられる。この説の信奉者が主張するには、私たちの外部には実在があり、それは感覚によって知覚される諸々の質からできており、それらは観念によって媒介される。ここでの想定は、私たちの観念は事物の実際の有り様を多かれ少なかれ模倣している、あるいは表象している、というものだ。ざっくりといえば、このモデルはあまりにも常識的であり、そのため実際にはあまり意味をなさないかもしれない。

もし観念が事物の実際の有り様の模写あるいは表象であり、一方で外的世界についての知識は観念によって媒介されている（木を知覚しているときに、自分の心が木に「変化する」だとか、心の中に木を「持っている」と実際に考えている人など、誰もいない）、という説明を受け入れるのであれば、事物の有り様とそれらについての私たちの知覚の間には、根源的な連結の欠如があることになるのは明白だ。私たちが見る（あるいは何らかの仕方で知覚している）ものが、思考の外部において実際に存在しているのだということを、私たちは決して確信することはできなくなるのだ。私たちの外部に世界がそもそも存在しているということも、本当に確信することはできない。バークリーはこの問題を取り上げ、次のような結論にまで至った。つまり、物質的対象は全く存在せず、それらが存在すると考えるのは矛盾しており、そして神はそういった対象を創造しようとなどしないだろう、と。ウィリアム・ジェイムズは、真理の対応説と**知覚の因果説**が抱えるこれらすべての問題とその他の難点に気づいていた。もし私たちが探し求めているのが、実在するものと、私たちが実在するものについて知りうることについての有意味な言明なのだとしたら、端的にいって、先の理論は役に立たない——このことを彼は認識していた。

真理の整合説は、対応説よりもひどいかもしれない。なぜなら整合説では、心の中の観念について思考することやそれらを再編成するなどの操作を超えては、世界を全く参照しないからである。整合説において言明が真となるのは、それが観念の体系において「整合的である」ときである。例えば、ユークリッド幾何学の体系は、[5]それ自体の内部においては意味をなすが、他に競合する幾何学（の体系）で、その内部においては整合的だが、他の幾何学とは不整合であるようなものがあるからである。整合説論者にとって、ある理論が適切であり、それが生み出す言明が真であるのは、それらが互いに整合的であり、いかなる矛盾や不条理も生み出さないときである。だがこの見解の問題は、知識が思考の再編成とほとんど変わらないものになり、言明同士が相互矛盾しないことを保証するために、実在と知識についての物語を紡ぎ出すだけになってしまうという点である。いかなるプラグマティストにとっても確かなことは、事物を成し遂げたり、私たちが知っている事柄の価値を見出すための方法としては、整合説を用いることは見込みがないということだ。ジェイムズは、これらに対する代替案を提供している。

真理のプラグマティズム説の本質とは、真理は作られるものであって、発見されるものではないということだ。私たちが真理（と知識）を探し求める理由とは、事物を成し遂げるため、私たちのなすことの価値を見出すため、そして生に意味を与えるためである。私たちが知識を求めるのは、その知識によって私たちができるようになることのため――それが病気を癒すことであれ、ある場所から別の場所に移動するためであれ――にほかならない。私たちが健康を求めるのは、健康それ自体のためではなく、健康であることが有益だからなのである。

真理は、理論や言明の中にあるものではない。むしろ、真理は理論や言明に「生起〔happens〕」するものである。言明が真になるのは、出来事が起こることによって、つまりあるプロセスによってなのだ。ジェイムズが問うたのは、ある観念が人の生において真であることによって、どのような実践的差異がもたらされるのかという点だった。私たちはこの問いに答えるために、経験において使用、確証、そして検証できるような観念を探し求め、そうすることで実践的帰結を見出すのである。ジェイムズは例として、森の中で迷子になり、偶然にも〔牧場に続く〕牛道を見出した人の話を挙げている。森の中で迷う以前には、「森の中には牛道がある」という言明は真だったとしても、そのようなものの存在を全く知る必要のない人にとっては、それは何の差異ももたらさなかっただろう。しかし、人が道に迷うと状況は変化する。牛道が迷える旅人に示すのは、おそらくその近くに農場があるということであり、そして農場が見つかれば他の人々が見つかるということであり、そして他の人が見つかれば自分の居場所が分かるということであり、それによってもう道に迷わなくなる、ということだ。これらすべて〔の知識〕は非常に実践的である。プラグマティストが主張しているのは、迷える旅人がその牛道を目にするまで、森の中にそんなものが全く存在しなかったなどということではない。ここでの端的な事実とは、その道が存在するという事態は、どのような人の生に対しても〔おそらく、牛を除いては〕、何らの具体的な差異ももたらさなかった、ということだ。牛道についての知覚がひとたび受け入れられ、使用されると、「森の中には牛道がある」という主張は、実践的な価値と意味を持つようになる――そして、それは真なのである。この主張は端的にいって、有用な情報なのだ。牛道の存在と、その存在についての知識は、「現金価値」のある実践的帰結をもたらすに至る。すなわち、そうした知識は実践的なのである。これこそが実在なのだ。実在とは、真理が説明・応答せねばならないものである。私たちが説明・応答せねばならないものとは、感覚、保持する観念、そしてすでに知っている、以前の〔過去の〕真理〔牛道は農場や、何らかの役に立つ場所に続いていること等々〕である。「森に牛道がある」が真なのは現在だけなのか、それとも永遠にそうなのか、といった問いを考えて楽しむ理由は、もはや何もない。迷子になったという問題を解決するという目的にとって、牛道は常にそこにあり続けた、これは真なる命題である、と述べることは誰の助けにもならないだろう。ジェイムズによれば、知識の獲得と知識についての主張において重要なこととは、〔それがもたらす〕帰結である。絶対的知識を主張することは、欠点でしかない。問題を解決するためには、行為の理由や事物の説明として適切なものが必要である。ジェイムズにとって、私たちが必要としているのは、彼がまさに提供しているものだ。すなわち、理論はそれ自体では目的ではない、ということに自覚的な哲学的探求の方法である。理論は、それがうまく問題解決の助けとして活用される場合においてこそ、有用な情報となるのだ。

ジェイムズの「プラグマティズムの意味」（一九〇七）という論文によれば、私たちが形而上学的論争を調停しうるのは、それら〔の形而上学的立場〕を真であると受け入れることで生じる実践的帰結によってである。物質の存在に関するロックとバークリーの差異を例に取れば、ここでのポイントを明確することができるだろう。バークリー自身が、おそらくは不用意にも認めているように、こうした〔形而上学的〕問題のすべては言語的〔verbal〕な区別に属するもの〔にすぎないの〕だ。バークリーは『人知原理論』（一七一〇）にて、「哲学者たちは自分でホコリを立たせておいて、視界が奪われたと不平を述べる」と述べていた。ここで彼が認めていたのは、知的に興味深いが無益であるような複雑な理論よりも、問題に対するよりシンプルな解決の方がはるかに善く、好ましく、そして効率的だということだ。私たちが**唯物論者**であろうと観念論者であろうと、科学〔学問〕はこれまで進歩してきたし、これからも発展を続けていく――このことをバークリーは認識していた。何らかの〔形而上学的〕立場を受け入れることは、実践的な観点からすれば、何の差異も生み出さない。そうだとすると、非常に実践的なプラグマティストにとっては、唯物論者と観念論者のどちらが正しいのかを決定しようと試みることの意義とは何なのだろうか？　もし、科学〔学問〕と真理の問題において、それぞれの立場からもたらされる帰結が互いに全く異ならないのであれば、そのどちらが実在の本性についてより正確に把握しているかどうかを考えることに時間とエネルギーを費やすことは、生産的ではないだろう。〔ただし〕このことは、こうした論争がどのような場合においても必然的に無益だということを意味するわけではない。しかし、もし形而上学的な論争が無益であるようなケースがある場合、そこでの差異は、〔実質的な〕差異なき区別なのであって、私たちのエネルギーと探求は、そのようなものとは別の方向に向けた方がよい。この見解においてこそ、プラグマティストの方こそが、バークリーの言うようなホコリの中に留まっている哲学者たちよりも、はるかに合理的な理性の擁護者だといえるのである。

デューイ〔についての議論〕をどこから始めるべきか、正確に判断することは難しい。なぜなら、彼の関心と膨大な著作は、多くのテーマと長い年月にわたっているからである。デューイが他のプラグマティストと同様に主張したのは、固定性と最終性を〔究極的価値として〕目指すような世界は、私たちの知的、社会的、道徳的な関心を向けるには値しないということだ。しかしデューイは他のプラグマティストよりもさらに進んで、プラグマティズムについてのこの事実の道徳的・社会的本性をさらに強調している。デューイによれば、哲学の歴史は、起源、価値、そして知識の性格についての理論で満ち溢れているが、変化を否定するすべての理論は、見当違いで誤っている。デューイの哲学はダーウィンの進化論から多大な影響を受けている。そのため彼の考えにおいては、私たちは自然界における他のすべての生物と同様に、変化や突然変異しうる生物学的存在だとされる。私たちの環境は変化し、私たちもそれに合わせて変化せねばならないのだ。

ダーウィンの理論の趣旨は単純である。進化論が私たちに気づかせることとは、私たちは伝統的な思考法を変化させ、絶対主義から脱却すべきだということだ。デューイにとって、絶対主義からの脱却が意味するのは次のことだ。すなわち、実際的な知的進歩が起こるのは、私たちが伝統的な哲学の問いを捨て去るときだ、ということである。そしてプラグマティズムの教えとは、私たちは伝統的な哲学的問題を解決することはない、というものである。私たちは端的に、それら〔の問題〕を乗り越える――そしてさらに先に進むのである。私たちが生きるこの世界は、乗り越えられるべき問題を突き出してくる。一方で私たちは、それらの問題に、多かれ少なかれ、知的に反応する。より知的な反応をすることで、私たちは世界でなんとかやっていくことができる。問題に対する反応が、それらの問題に対処する役に立っている限り、私たちは行動の**習慣**として、反応に基づいて行為し続ける。〔だからといって、〕私たちは習慣を崇拝すべき絶対的真理として後生大事にしているわけではない。むしろ、問題を解決し続けるために用いられる方法あるいは道具として捉えているのだ――少なくとも、私たちが解決することができない問題に出会うまでは。そのような〔解決できない〕ときには、私たちの感覚と反応は全力で動作し、それによって発生した問題を解決しようとするための新しい可能性が導かれる。私たちの解決に向けた試みが成功した場合、それらは新しい行為の習慣になる。

絶対主義者、伝統的合理主義者、そして経験主義者たちが見損なっていたこと、それは私たちが知識の生産において、単なる受動的な観察者ではなく、能動的な役割を果たすという点だった。〔それとは対照的に、〕デューイの理論は能動的な知識を考慮に入れている。私たちは〔知識の〕建設者にして実行者であり、世界を経験して問題を解決しようと試みる。一方の伝統的な哲学者たちは、固定性と最終性こそを求めていた。彼らの見解が行き着く観念とは、変化は避けられるべきであり、知性とは相容れないもので、完全性に対する侮辱である、というものだった。

古代・中世の哲学者たちの世界〔観〕においては、現代世界において知られている科学的見識を欠いていたこともあり、次のような観念に頼りきることが意味をなしていた。すなわち、世界には目的とデザインがあり、それこそが事物が現にあるようなあり方で存在せしめるものであるということ、加えて、こうした〔事物がそのように存在している〕ことこそが、目的とデザインの創造主を崇拝し、祈る理由である、と。進化論は、しかしながら、〔こうした〕目的論的教説に疑問を投げかけ、デザインに対する信仰〔信念〕に待ったをかけたのだ。

科学者と哲学者のうち、目的論を維持しつつ進化を受容しようと望む者はしばしば、そのどちらをも救えるような議論を展開しようと試みた。彼らがよく用いる主張は次のようなものだ。すなわち、神が事物をデザインしたとき、究極のデザインが時間の経過とともに変化を通じて生起するように設計し、そしてその変化もまたデザインの一部なのだ、と。この主張を論駁するのは容易で、次のように述べればよい。もし〔生物種の〕変異が適合の原因となり、それがより効果的にその種の生存につながるというのが正しければ、この〔ような仕組み〕全体の背後には知性的な計画がある、という命題をつけ加えるのはアド・ホックな仮定であり、当該の事柄についての知識を得たり説明する上で何の価値も持たない〔余計なつけ足しである〕、と。

人々が絶対性、最終性、そして目的性に訴える理由とは、彼らが次のような事実をしっかりと把握していないからである。その事実とは、世界は問題から構成されており、その一部は完全に手に負えないものだということ、そして私たちはしばしば、表れと実在、悪の問題などの問題群をこしらえた、古いスタイルの哲学に退避することで、さらに多くの問題を作り出しさえするということ、これらである。要するに、人々が確実性を求める理由とは、彼らが自分自身に対して不信感を抱いているからなのだ。この点に関してデューイは、「汝自身を信頼せよ〔Trust Thyself〕」というエマソン的な警句を、体系的な哲学の高みへと導いている。私たちには解決できないため残されている哲学的問題群は、端的にいって「やり過ごす」べき事柄である、というのがデューイの立場である。私たちは確実性への探求を諦めるべきだ。なぜなら、私たちが知っていることは暫定的で、改訂されうるものであり、一言でいえば、偶有的だからである。絶対的な真理があると考えてしまうと、私たちは知識の参与者ではないという信念が導かれてしまうが、絶対的真理などないことを認識すれば、新たな観念〔の存在・創出〕を信じるという自由を私たちは得ることができる。その新しい観念とは、さらなるテストにかけ、経験によって修正あるいは放棄することができるものである。

今、〔私たちに〕残されているのは、倫理学と社会的生における問題を、デューイ的なプラグマティズムの構想を用いることでいかに解決するかという課題である。私たちの知識が暫定的で可変的だという事態は、科学にも応用可能であると同時に、私たちの道徳的・社会的生にも当てはめることができるものだ。私たちが形成・採用する観念は、問題解決を試みる中で用いられる道具や手段なのである（デューイの**道具主義**）。『哲学の改造』（一九二〇）[6]においてデューイが主張したのは、知ることは知性的な行為だということだ。言い換えれば、知ること〔の意味〕が、純粋な観想から、〔実際の〕

生の関心事へと移るということである。私たちは社会的存在であるため、知識は知る者たちのコミュニティを必要とする。そこでの知る者とは、仮説の有用性や価値を求める、偏見のない探求者として、現実の生の問題を解決することに充足感を感じる人々である。

科学の知識は科学者のコミュニティを通じて成長するものであり、科学と科学的方法が倫理学と社会問題にも応用可能だとデューイは考えた。したがって彼の見解においては、観念についての自由かつ開かれた議論、〔つまり〕いかなる観念や理論も問題に対する潜在的な解決として考えられる能力が必要とされており、それこそが観念同士の競争において〔それぞれの観念が〕選択肢として検討されるという実験の役目を果たすのである。これもまた、民主主義的な制度が、社会的・政治的領域において進歩するあり方としてデューイが構想していたものである。

宗教、倫理、社会的世界についてのプラグマティストの立場

知識と実在についてのプラグマティストの見解は、宗教、倫理、社会的・政治的事柄における「真理」についての立場と切り離すことはできない。なぜなら、知識における固定性と最終性の拒絶は、すべての領域における見解と行為に影響するからである。ジェイムズ、デューイ、そしてローティは、宗教、倫理、そして私たちの生の社会的側面におけるプラグマティズムの、最も積極的な提唱者である。だからといって、他のプラグマティストがこれらの問題について何も述べていないというわけではない。事実、ジェイムズは宗教について非常に多くのことを語っている。

ウィリアム・ジェイムズの最もよく読まれている著作の一つは、「信じる意志」である。人々はしばしば、この論文〔における議論〕を「**パスカルの賭け**」で示された立場と比較する。パスカルが提案したのは、神が存在するという主張に同意することには利点があるということだ。パスカルの立場によると、神を信じることは常に人の最善の利益にかなう。なぜならば、それに対する代替案とは、この世において〔神が存在するという〕信仰を持つことから得られる利益を失うことだからだ。最悪の場合とは、人は神を信じていないが実際に神が存在するというもので、そのとき不信仰者は耐えがたき永遠の存在〔地獄〕[7]の中で責め苦を受け続けることになる。ジェイムズはパスカルの議論の利点を認識していた。だがパスカルの見解は、信仰の報いと不信仰に対する罰や不幸についての、遠回しの脅迫と冷徹な計算に満ちたものである。ジェイムズが望んだのは、この種の理由〔づけ〕を超えるような、合理的あるいは計算された理由が考慮されていない場合でも信仰を正当化しうるような何かだった。したがって、パスカルにおける神の存在への賭けと、ジェイムズの見解における信仰を持つ者に――さらには信仰を持たざる者にすら――もたらされる決定的な善との間には、重要な違いがある。

私たちが神を信じ、宗教を信仰するかどうかという問題において重要なこととは、そのような存在が実在しているかどうかの合理的証明を得られるかどうかではない。むしろ、そうした決定を行う際には、感情や欲望に基づくべきなのである。私たちには、何らかの抽象的・合理的な仕方で神の存在を証明することはできない。だが私たちは、あたかも神が存在するかのように生を営むことはできる。もし、生が信仰によって意味あるものになる、あるいは善くなるのであれば、私たち自身にとっても、神の存在についての信仰にとっても、それは結構なことではないか。仮に「神」が抽象的な観念であったとしても、その観念が「あなたにとって何らかの善をもたらす」ものである限り、ジェイムズはそれに対して何らの実際的な異論は持たない。それがどのような善をもたらすのかは、信仰と無信仰の間にある――個人にとっての――選択の強度に依存する。パースと同じく、ジェイムズの考えによれば、信仰の快適さが重要だということだ。それは、自己満足や知的怠惰の問題ではない。信仰者にとっての信仰とは、より善い生を送るために重要なのである。

ジェイムズの見解では、私たちに信仰についての**選択**が与えられたときには、その選択の本性を考慮する必要がある。その選択とは、神を信じるか信じないかというものにほかならない。私たちの前に置かれた選択の一部は、とるに足りないもので、回避しうるものかつ、本質的には死んだものである。〔例えば〕二一世紀において、〔北欧神話における雷神〕トールの存在を信じることは、実際には選択ではない。もしトールを信じ、祈りを捧げる人々がいたとしても、それはごく少数である。それ以外の人々にとって、この選択は取るに足りないものである。また、これは回避しうるものでもある。なぜなら、他にも信じることができる神々が潜在的に存在しており、このトールという神を選択せざるをえないと感じることもないという意味で、この選択は死んでいるからである。他方で、愛に満ちた全能全知の神が存在するという可能性を提示されることは、魅力的であり、人生を左右する帰結を持ちうる。もし私がユダヤ教に改宗したいかと問われれば、実際にそうするという可能性を私は生きたもの（このような宗教がある）だと理解し、決定を迫られており（〔つまり、〕私は改宗することを選択するか、改宗しないことを択する必要がある）、かつその決定を行うことを避けることはできない。もし私がユダヤ教に改宗することを選択した場合、その理由は、私がそれに決定的な善を見出すからである。それによって、私が自分の人生を今までとは異なる仕方で生きることができるようになる、あるいはこれまでよりもおそらくはより善い仕方で生きることができるようになる、ということを私は信じうる。これが、人が信仰のために必要とする正当化のすべてである。神の存在についての特定の議論が妥当であることを理解している、あるいはそれを信じているということは、信仰が提供しうる善とは、ほとんど、あるいは全く関係を持たない。宗教的信仰は決定的な善を提供しないと考える人々もいるが、そういう者は信仰を持たないことを選択するだろう。それは、信仰を持つという選択と同じように、個人が決めるべき事柄なのであって、神の存在についての論証の質を吟味したり、パスカルの提示したような賭博ゲームで「勝つ」ために、脅迫や点数計算について考察することを通じて合理的に決定されるようなものではない。

宗教的信仰や形而上学的論争と密接に関連しているもう一つの問題とは、意志が自由なのかそれとも決定されているのかという問いである。この問題に対するジェイムズの答えは、プラグマティストらしく、この問いには実際には答えがない、というものである。しかしだからといって、私たちがこの問題を探求することを妨げる所以はないし、どちらかの立場を信じることの帰結がどのようなものになるかを決定することが止められることもない。

ハードな決定論者、あるいは**運命論者**が主張するのは、宇宙には、過去、現在、未来に関して、固定性と最終性がある、ということである。要するに、決定論者が信じているのは機械論的な世界観であり、それによると事物を解明するような究極の説明が存在している——それが自然界における因果関係による説明であれ、万物を知悉し方向づける神の精神に訴えた説明であれ。どちらの場合にせよ、結果は同じである。すべての事柄はそうあらざるをえない仕方で生起し、私たちには選択の余地はない、ということだ。

他方で、**非決定論者**は運の教説を受け入れている——つまり、事物はときには、ただ生起する、ということである。非決定論者とハードな決定論者のどちらも、それぞれの理論が真であると証明することはできない。この主題について継続的に思考し、行為と世界の関係についてのどちらの立場が正しいのかを見つけ出そうという試みは結局のところ、空回りして何の成果も得られずに終わる。ポイントは、私たちが自由であると考えた場合に、それがどのような差異をもたらすのかを見出すことである。

自由の問題について、私たちは〔自分の立場を〕いかにして決定するべきなのか？　ジェイムズにとっては、意志の決定性（あるいは決定性の不在）に関するどのような立場であれ、それが私たちの生により多くの活力、希望、そして興奮を与えるものこそが、私たちが採用すべきものである。意志が神やその他の何かによって決定されていると信じることには、何の実際的利益もない。私たちの意志が決定されているという信念は、私たちを取り巻く宇宙を、単なる一つの機械のようにしてしまう。そして私たちは、その内部の単なる〔部分〕機械たちとして、何の意味もない生を生きることになる。しかし、論理的な観点から見て、さらに悪いこととは、決定論は、私たちの実際の思考と行為とは不整合だという点である。私たちはしばしば、起こってしまったことについて後悔する。後悔は、そもそも、意志の決定〔という観念〕とは相容れないものである。ジェイムズが説明しているように、私たちは特定の事柄が起こったことについて後悔するが、もしいかなる行為も世界の働きと計画において予め決定されていたものにすぎないのであれば、後悔という判断は、完全に非合理的かつ無益なものである。これが特にあてはまるのは、人が決定論者であるとともに神義論者である場合である。

神義論者の信念によれば、〔この世には〕悪は全く存在せず、私たちは悪が存在すると誤解しているだけであるか、あるいは実際に悪は存在するが、それは常に最善のために有用に働くかのどちらかである。「決定論のジレンマ」（一八九五）という論考でジェイムズが説明するところによると、もし私たちが神義論者の主張を受け入れ、あらゆる事物は究極的には最善のために有用に働くものだとしたら、私たちが悪あるいは不善であると信じる事柄が起こるのを目にしたとき、私たちがなす判断について、いったいどのように考えればよいのだろうか？　もし何か特定の行為や出来事が起こるべきでなかったと私たちが言うのであれば、事物が最善のために有用に働かなかったと私たちは考えている、と表明していることになる。事物が最善のために有用に働かなかったという考えは、最善のために有用に働くような事柄であれば何であれ、そうではない事柄よりも、より受け入れられるものだ、という見解とは不整合を起こす。これが意味することとは、決定論者＝神義論者は、起こったことは何であれ最善だったと言わざるをえないということだ。なので、もし起こったことがたまたま何かおぞましいこと、例えば無実の人が殺害されたという事件だった場合でも、決定論者＝神義論者は結局、無実の人が殺害されたことは善いことだと主張することになる。いずれにせよ、意志の決定論を信じることには何か重大な過ちがある。なぜなら、後悔が善であることを抜きにしては、殺人が悪であることはありえないからである。〔他方で、〕殺人が悪であること抜きには、後悔は善ではありえない。後悔は端的にいって、決定論者にとっては意味をなさないのだ。

後悔の判断と、神義論者の世界観における善との間に引かれたこのシンプルな区分からすれば、決定論者の世界は全く意味をなさないことが分かる。なぜなら、〔事物は現在のあり方とは異なる〕これこれの仕方であるべきだ、という観念は、無意味だからである。事物は端的に、実際にあるがままなのだ。プラグマティスト的な考え方をするジェイムズにとっては、しかしながら、シンプルかつエレガントな解決法が存在する。すなわち、自由意志を選択すればよい、という見解である。なぜなら、後悔の判断、そして道徳的善だと私たちが考える事柄を含む、実際に生きられた行動と、自由意志という観念は、より整合的だからである。決定論を選択することは一見、この世界が完全に理にかなったものであることを保証するかのように思われるが、実践的な応用においては、事態は全くもって逆である。ジェイムズは「決定論のジレンマ」の締めくくり部分で、次の点を自覚することが重要だと示唆している。すなわち、決定論的な世界においては、「熱情〔zest〕」や「興奮」がほとんどない、あるいは皆無である。したがってジェイムズにとっては、この世界における現実の生を営むためには、決定論の道よりも自由意志の道を選ぶ方がよいのである、と。

ウィリアム・ジェイムズのプラグマティズムは、自由意志や神の存在に対する信仰の選択といった神学的観念に応用された場合でも、彼の道徳についての見解と同様に、個人の生と、生を各人にとって有意義にするものという主題を中心的に扱っている。倫理は、生の意義にスポットライトを当てる領域である。ジェイムズにとって、予め出来上がった倫理の体系など存在しない。ひとたび一つの体系を私たちが作り上げると、それは独断的で固定的な倫理学体系となる。もし倫理学において最終的真理が存在しないのであれば、私たちにとっての最高の道徳的目標（もしそのようなものがあるのだとすれば）とは、生の実際の状況における問題を解決する上でもはや有効ではない規則を破ることにある。私たちがなすべきは、可能なものの中で最高の善を創造するために努力することである。これをどのように成し遂げるべきかを少なくとも部分的に示しているのは、ジェイムズによる倫理学についての作品「何が生を有意義にするのか」（一八九一）と、「道徳哲学者と道徳的生」（一八九一）においてである。

ジェイムズが明白にしたのは、倫理学における自分自身の観点の重要性である。社会において〔一般的に〕、私たちは労働者階級の人々の記念碑を立てることはないが、その理由は彼らが何も重要なことを成し遂げておらず、何の**理想**も持っていないと、私たちは考えがちだからである。しかしジェイムズにとっては、理想とはそれを持たない人々にとって新奇なるもののことを指す。そして、不運なことにどん底にはまってしまった人にとっては、単にそこから抜け出すことだけでも十分に理想になりうるのである。他者が理想を持っていないと考えることは、他者について判断することが内在的に孕む危険を招くことになる。〔人についての〕判断とは、他者の理想について独断的に決めつけることであり、ジェイムズにとって、それはほとんどの場合、不正義と残酷さの原因になる。

他人の生について判断したり、他者の目標と夢を滑稽なものあるいは気まぐれな夢想だと考えることとは、不適切である。ある人の理想は、別の人にとっては陳腐なことでありうる。静謐かつ快適な生を送りつつ、自らの社会的地位に安住している人々の生と理想は、超高層ビルの建設のために命や身体を危険にさらしている建設作業員や、ただ十分な食事を得ることを夢見る飢えに苦しむ子どもと比較すると、はるかにつまらなく、重要ではないものかもしれない。

興味深いことに、ジェイムズは次のようなことも述べている。つまり、快適さは物理的〔身体的〕危険よりもいっそう危険であり、私たちはすべての戦争を無くすことを目指しながらも、「**武徳**」を維持するよう務めるときにこそ、社会は大いに改善する、と。「戦争の道徳的等価物」(一九〇六)においてジェイムズは、戦争はいつの日か無法になりうるものだとして痛烈に非難した。そうではあるが、生の熱情を維持し、改善・進歩し続けるためには、私たちは軍事規律としての勇気、頑強さ、力強さ、そして他者に対する配慮という、国家の基礎となるべき素養を保持しなければならないと、彼は論じたのである。省察的な人々が気づくべきこととは、貧しい労働者とは正反対の生を送っている人々は、もはや快適な暮らしには値しないということであり、それは貧者や労働階級が辛苦や困難に見舞われるべきではないのと同じことである。ジェイムズは、誰もが泥と汚れと苦痛の中で働くべしと推奨したわけではない。むしろ私たちはみな、労働するとはどのようなことか、そして労働者階級が保持しているようなタフさを身につけるとはどのようなことかを経験すべきだということである。それによって、〔複数の〕コミュニティが団結し、共通の目標に向けて協働するような、より善い世界が築かれるのだ。

価値の本性についてのデューイの考えは、科学的仮説についての彼の見解と、ダーウィンの理論が哲学に与えた影響の二つを中核としている。進化論は知的世界を一変させ、形而上学的な思弁が非実践的であることを示した。進化論はまた、絶対主義からの脱却も促した。デューイにとって、私たちが進歩することを可能にするのは仮説によってであり、その仮説は世界を理解し、世界で生きるために定式化されたものである。しかし、私たちが理論や仮説を創造する目的は、人間のすべての問題に対して固定的・最終的な解決を与えることではない。科学的仮説が修正・棄却されうるのと同じように、道徳的・社会的仮説もまた、目的に対する手段のごとく扱われるべきである。そしてそこでの目的とは、実践的な問題を解決することにほかならない。

倫理学における方法と科学における方法は、実践的には同じである。科学理論が真であるかどうかを判断する上で、科学者は当該の理論を究極の基準なるものと比較したりはしないのと同じように、倫理学者もそのようなこと〔道徳判断を究極の道徳基準と比較して行うようなこと〕はしない〔からだ〕。建築家が建物を建てる手助けを得る上で「建物」という抽象的な観念を参照するなどとは、私たちは期待しない。これと全く同じように、道徳の領域において事前に決定づけられた抽象的概念としての「善」なるものが有用なのは、せいぜい、求められるべき善があり、果たすべき責務があるということを認識するためでしかない。しかし「善さ」は〔本来〕、実践的、具体的、そして生きられた経験なのであって、抽象的存在ではないのだ。

倫理学と社会には、最終目標なるものは存在しない。私たちの眼前にある諸目標は、常に暫定的なものである。どこかの哲学者が何らかの倫理学的原理を提唱したからという理由で、そうした原理に従っている、あるいはそのようなものに忠実であると述べるのは、恥ずべきことだ――これがデューイの立場である。それはまさに、アイザック・ニュートンに対する尊敬や崇拝を理由として、物理学のある理論を受け入れると述べるのと同じようなものだ。私たちは、観念を使用し、テストすることで、それらが実践的な問題を解決するのにどれほど有用であるかを確かめる。もしそれが成功する、うまくいく、あるいは私たちがなんとかやっていくために「役に立つ」のであれば、それらの観念は尊敬に値するものである。デューイの考えでは、理論、宗教、道徳、そして政治における真理をめぐって激しく争うのは驚くべきことである。というのも、彼らが本来なすべきは、端的にいえば、それらを行為というテストにかけて、実践においてうまくいくかどうかを調べることだからである。

デューイによれば、絶対主義的・宗教的見解は、等しく不条理である。絶対的な信条や宗教的価値体系に絶対的に傾倒している人々は、社会的価値を冷ややかな目で見る傾向にある。なぜなら、それらは人間によって創られたものであって、神の創造物ではないからである。絶対主義者は人間関係を軽視する傾向があるが、その理由は人との関係は神と宗教との関係よりも重要ではないとみなされるからだ。実際、社会的価値と家族的価値は「〔宗教のような〕高次の価値にとっての危険なライバル」だと捉えられると、デューイは述べている[8]。というのも、これらは神の言葉に対して反旗を翻す、強い誘惑を与えるからだ。なので、絶対主義的・宗教的教説は、現世的な価値、存在、事物を受け入れる代わりに、人間的な領域の価値を低く見て、私たちが生きている領域ではない抽象的な世界を優先する傾向にある。デューイの提案とは、私たちがこの世界で保持している価値を実験的手段によって検証・テストすることで、それが「うまくいく」あるいは「役に立つ」かを見定め、そして現世的な価値に注意を集中し、この世界における効果的かつ実際的な変化を目指すべきだ、というものだ。

これと同じ考察は、私たちの社会的・政治的な生にも当てはまる。倫理学は、科学と同じように実験的な営みであり、自由で開かれた議論によって部分的にテストされる。その社会的特徴と開放性という特性から、この方法こそが民主主義にふさわしいものなのである。この反対にあるのが、権威、伝統、そして前例に訴える姿勢、つまり創造性を阻害し、声を封じ込める手段に訴える態度である。

デューイは、前例、権威、伝統は完全に投げ捨てられるべきだと信じていたわけではなかった。そうではなく、それらは利用されるべきものであって、単に従うべきものではないのである。理論と原理の変化する本性に対するこの態度――理論や原理は、重大かつ特異な変則事象に直面し、既存の枠組みでは説明を与えることができない場合には棄却されるべきだとするもの――が、革命的・科学的な仕方で〔既存の態度と〕置き換えられるべきである。この点は、後に発表されたトマス・クーン『科学革命の構造』(一九六二)での〔科学革命についての〕記述と大いに通じるところがある。

社会的な悪だとみなされる出来事や政策が世の中には存在し、それらはそもそも存在するべきではないし、実施されるべきものでもないと私たちは考える。だが社会的悪の存在は、「人間本性」に端を発する不可避的な事態ではない。ことは単純で、人間の行為は習慣の結果であり、その習慣は問題を解決する中で培われるのである。社会的領域において習慣の結果として悪が存在するような場合には、習慣を変えればよいのだ。このことは、社会秩序における荒々しい革命的アプローチを必ずしも要請するわけではない。むしろ、変化を引き起こすには、新しい習慣の教育に注目すべきだということがそこから示唆されるのである。自由、権利、正義の領域において、私たちが必要としているのは、要するに、私たちの考えをテストにかけ、それらが目標を達成するかどうかを決定することである。もしそれらがうまくいかないようであれば、私たちは協力して、それに伴う問題に対する解決を見出す必要がある。

政治においては、何が善であり何が真であるか、あるいは正しいのかについて、私たちの考えをテストする必要がある。『公衆とその諸問題』(一九二七)においてデューイが述べるには、国家とは人民の結社にほかならず、その人民が自らの利害関心を、選挙で選ばれた代表者によって保護するものである。したがって、善き国家を創造するために確立・踏襲すべき、予め考えられた規則など全く存在しない。なぜなら、異なる時・場所において、全く同じ公共など決して存在しないからである。言い換えれば、デューイはここで、あらゆる世代は政治的生を新たに始める権利を持つという、ペインとジェファソンが唱えた主張に接近している。公共〔the public〕とは、異なる時代において、常に異なったものなのである。デューイがアメリカの革命家たちよりもはるかに明瞭に表現したこととは何か？　それは、政治的固定性、絶対主義的政府、あるいはロバート・ノージックが後に「**パターン化された正義原理**」と呼んだ、何らかの意味で神聖かつ不可侵なるものと考えられる原理は、より秩序だった方向性のある変化と比較して、反乱や革命を引き起こす可能性が高いということだ。プラグマティズムの帰結として革命が導かれる可能性についてのこの見解について、自身もプラグマティストである哲学者のジョージ・サンタヤーナは、論考「公的意見〔Public Opinion〕」（一九二〇）の中で次のように述べている。すなわち、革命につながるのは公的意見ではなく、革命が打倒せんとする公的な病の「症候」として現れるもので、改革者たちこそがそうした社会変化の担い手となるのだ、と。この意味において、おそらくアメリカのプラグマティズムは、新たなアメリカ共和国の創設者たちの観念と同じくらい革命的であった。アメリカ建国の父たちは、暴政という病はアメリカの革命的思想と行為によって治療されると考えていたわけだが、おそらく彼らは正しかった。真に民主主義的な体制を構築・維持するには、変化と差異の承認・受容、異なる声や見解への寛容な態度、そしてそれらを変化し続けるランドスケープの中に包摂せんとする前向きな意志、これらの態度を必要とする。そしてそれは、ただアメリカ的な経験なのではなく、場所を問わずに当てはまる人間的な経験なのだ。

リチャード・ローティと二一世紀のアメリカ・プラグマティズム

ローティのプラグマティズムは、二〇世紀半ばのデューイの〔哲学的〕展開を基盤としている。しかしローティの理解では、彼自身の哲学的プロジェクトはある共通の苦境の中にあり、私たちは他者と**連帯**している、という感覚を導くべきものだとされる。すべての人々との連帯の感覚を得ることによって、道徳的、社会的、政治的生において私たちが現在持ち合わせているものよりも、さらに善いものを創出することができるようになるのだ。

ローティ的プラグマティズムは、認識論、形而上学、宗教、倫理、そして政治の領域にまで射程を持つものである。思索することの真のポイントとは、実質的な変化を起こして、残酷さと絶対主義を排除することである。ローティが、そして彼以前にデューイが認識していたこと、それは経験の世界におけるあらゆる事柄は、真理から道徳、政治に至るまで、時と変化の気まぐれの産物だということだ。結局、ローティの**リベラル・アイロニスト**的な傾向は、私たちは世界から残酷さをなくすべきだという、彼の確固たる主張において見出せる。そして、この主張を支持する合理的な議論を全く持ち合わせていないことを認識しつつも、彼はこの姿勢を断固として譲ろうとはしないのである。しかしそれ〔議論・根拠の不在〕だからといって、確信を放棄する理由には決してならない。〔他方で〕さらに皮肉なことには、リベラル・アイロニストであることが、他の何らかの立場——例えば、保守的字義通り主義者〔conservative literalist〕[9]――よりも優れていることを証明することすらできない。それでもリベラル・アイロニーこそが、他の立場が失敗してきた、私たちに幸福のための機会を与えるという役目を果たしてくれるかもしれない――ローティは少なくとも、このような希望を抱いているのだ。

知識と実在についてのローティの立場は複雑である。『哲学と自然の鏡』（一九七九）における彼の議論によれば、伝統的な哲学の体系は、私たちの心には世界が「実際にある」有り様を表象する能力が備わっている、という観念に基づいてデザインされた派生物なのだという。この見解には明らかな問題があり、それについては本章の先の節〔ジェイムズの対応説批判〕で見てきた通りである。だが、二〇世紀の分析哲学の発展により、さらなる問題がつけ加えられている。すなわち、分析哲学においては、哲学的分析者は事物の真の本性を理解しようと試みる方法として、言葉と概念の明晰化を行うようになったが、〔それにかまけて、本当の〕哲学の問題に取り掛かることをしなくなった、というのがそれである。

せいぜいのところ、「知識」とは人間の行動の記述である。ローティ自身の目標とは、「不満足」な現在をより善い未来に置き換えるために、そして過去の理論が目指した確実性〔という理想〕を未来への希望と置き換えるために、デューイとジェイムズが真理について述べたことをどのように提示すれば役に立つかを示すことだという。これは難しい注文ではあるが、残酷さと絶望が跋扈する〔今の〕世界においては、避けては通れない課題であろう。この目標を達成するためにローティが認識していたこと、それは様々な種類の言明が多くの異なる経験・探求の領域に存在しているのと同じように、様々な真理もまた存在するということにほかならない。科学と文学における真理、そして工学と医学における真理があり、科学の方法はこれらすべてに同じ仕方で応用できるわけではないのだ。というのも、それらはすべて、世界それ自体と世界における問題を理解するための異なる仕方だからである。

様々な語彙と理論は互いに通約不可能であるため、ローティによれば、それらはそれぞれの影響圏の内部において〔のみ〕「正しい」あるいは「適用可能」なものである。この主張のせいで、ローティは体系的な哲学者ではないという誹りを受けることがあるが、ローティは気にしなかった。彼の考えでは、本質なるものは存在せず、私たちが生きる世界全体は、偶然性と不確実性に満ちた場である。もし私たちがアクセスできる永遠の本質なるものが存在しないのであれば、そしてもしすべての事物が偶然的なのであれば、生の意味は、ウィリアム・ジェイムズが明らかにしたように、私たち自身が創造すべきものだということになる。これはローティにとって、私たちが自らの物語を語り、自分という人格になる〔べきだ〕という問題なのである。このメッセージはまるで、ニューイングランドのトランセンデンタリストを想起させるような、極端な個人主義の表明に見えるかもしれない。トランセンデンタリストによれば、私たちは社会の他の〔自分以外の〕部分を必要とせず、それらを用いることも全くない、自己信頼的な個人になるべきであり、群衆から、都市から、そして人々が生きる社会の耳障りな騒音から可能な限り距離を置くことで、真正なる自己を実現することができる、とされていた。これは、ローティ〔の社会哲学〕には当てはまらない。私たちはコミュニティにおいて生きる社会的な存在であり、そうであるからこそ、私たちの間に連帯を見出し、築くことが重要なのであって、人間本性や究極の真理について無目的に理論化することが大事なのではない——このことを彼は是認していた。私たちは世界における苦しみを認識しているのだから、それを軽減すべきである。〔つまり、〕私たちにはそれを軽減する責務がある。〔彼の主張は、〕これほどシンプルなのである。

デューイと同様にローティが主張したこととは、世の中には万能の事実などは存在しないということである。つまり、私たちがある〔完全な〕事実に注意を向けることで、どのようなコミュニティを形成すべきかが分かったり、考えうるあらゆるケースにおいて、苦しみを和らげ、他者との連帯に参加するために何をなすべきかを正確に決定できるようなことは、ありえないということだ。私たちにできることとは、議論に参加し、共有している論点や経験を見出すことである。これは政治的自由の問題であり、こうすることによって私たちは自らの個人的・社会的実存の偶有性をより強く自覚することができる。

ローティは二一世紀に突入する私たちのために、デューイを補完し、プラグマティズムという際立ってアメリカ的な哲学に対して、明確かつ確かな目標を与えたのだ――こう表現するのがおそらく適切だろう。その目標とは、私たちが他のすべての人間と共有しているのは、他者の痛みに共感する能力であること、そして私たちにはまさにそのように〔共感〕すべき責務があるということ、これらを認識することなのである。

批　判

プラグマティストたちは、実行可能かつ理にかなったものとして真理を捉え直し、次のような認識に至った。すなわち、人間の知識は暫定的なものであること、そして〔認識論における〕これまでの理論は、知識についての見込み、実在の本性の把握、そして善き生についての期待という目標を、あらゆる事物を説明しうるようなア・プリオリな理論によって達成しようとして失敗し、しかも自らが得ようとした成果とはまさに正反対の結果をもたらす方向に働いた可能性もあるということ、これらである。この点について、プラグマティズムは価値ある貢献を提供したといえる。というのも、あらゆる事物を網羅し、私たちのすべての問題に対して予め理解された一つの解決を提供するなどと吹聴するどんな理論があったとしても、〔そのような提案を〕警戒する感受性と、そうした理論を受容することについて躊躇すべしという健全な感性を、プラグマティズムは育んだからである。私たちは、それら〔の万能を謳った理論〕を採用することを少なくとも躊躇すべきである。なぜなら、そういった理論は問題を解決するよりもさらに多くの問題を引き起こすからだ。

加えて、科学とその実践的価値に敬意を払っている人々にとって、プラグマティズムが哲学において科学〔的方法論〕を採用していることは、この思想が備えた最も強力かつ称賛すべき特徴の一つであろう。他方で、プラグマティズムにも、その解釈によっては欠点があるともいえる。例えばプラグマティストであるウィリアム・ジェイムズは、決定論は生に意味を与え損なうと述べている。だが、これは必然的に成立する事実なのだろうか？　あるいは、そもそもこれが事実であるといえるような状況が本当に成立することはあるだろうか？　その逆に、真の意味が与えられるのは、生が何らかの仕方で、究極の目標を目指すものとして予定されていることによってであると論じることも可能ではないだろうか？　もしプラグマティストが正しく、世界や私には何らの予定も目標も与えらていないのであれば、ジェイムズが結果として得られるだろうと確信していた熱情や興奮ではなく、むしろ絶望や憂鬱がもたらされるかもしれないのではないか？　おそらく一部の人は、予め書かれた脚本の中のひとりの役者を演じることにおいては、自らの生に熱情と興奮を見出すだろう。そしてこのような人物にとって、喜びが経験されるのは、人間を超えた、より大きく重要な何かの一部になることにおいてである。ジェイムズはまた、ソフトな決定論〔両立主義〕という説は、人々がハードな決定論を理解したと主張するときに実際に採用する立場と大して変わらないとも述べているが、それはこの理論に対するアンフェアな扱いであるように思われる。むしろこの立場〔両立主義〕こそが、世界における因果という事実と、私たちは自由であるという頑なに感じられる感情の二者を汲み取った、より合理的な解決策なのではないか？

プラグマティズムの有用性と価値は、行為と信念がもたらす実践的な帰結にある。この点で、功利主義と、それが要請する、善とは最大多数に対する最大幸福を生み出すことを指す、という教えと共通点を持つ。しかし、私たちの行為の長期的な帰結がどのようなものになるかを、どのような確しさであれ、私たちは知る術を持たない。プラグマティズムが結果を中心に置いているのは、見当違いかもしれない。なぜなら、ある時点における実験の帰結として私たちが目にするものは、後に判明する帰結とは食い違う可能性があり、そうなると時間の幅を考慮した上で何をすべきかを知る手段は、何も与えられないからである。

また、科学の方法がすべての哲学的主題に適用可能だとするプラグマティストの主張は、偽であるかもしれない。プラグマティストは事実／価値の区別を「ありふれた二元論」として拒絶するが、

〔事実／価値の二元論のような〕ある立場が真であるというエビデンスを持ち合わせていないからといってそれを拒絶するのは、それが真ではない〔つまり偽である〕というエビデンスを持っていることを意味するわけではない。しかしプラグマティストは実のところ、この区別に自覚的でありつつ、**純粋理性のアンチノミー**というカント的な発想に回帰しているだけなのである。その趣旨とは、論争的な問題や主張には、どちらの立場にも同程度によい議論が存在しており、もし両者の議論が同程度によいものなのであれば、私たちはそうした問題について議論するのをやめるべきであり、対立する主張のどちらか、あるいは両方によって私たちができることによって満足するべきだ、というものだ。

プラグマティズムはしばしば、真理や道徳についての「相対主義的」な理論であると考えられるのが実情である。〔絶対的な価値に対するプラグマティストたちによる〕非難に対して、固定性、最終性、そして絶対的真理に駆り立てられた人々が見せる、ありがちな条件反射的応答がある。つまり、プラグマティズムは対象がどんな観念であれ、その時々にたまたま「うまくいく」あるいは「有用である」ものに身を任せる理論だという批判である。これはまさに事実である一方で、それがプラグマティズムに対するフェアあるいは整合的な評価であるかは自明ではない。というのも、知識や道徳に関するプラグマティズムの「有用ゆえに真」というアプローチに基づく主張を棄却する人々は、全く同じ理由によって、これと同じアプローチを自らの理論のためには受容するだろうからだ。

結局のところ、プラグマティズムの強みは、それが自らの弱点を認識している点にあるのかもしれない。プラグマティストは、固定性、最終性、そして絶対的なるものが、この思想の体系あるいは実践者にとっての目標であるとは主張していない。なので、それが〔大文字の〕「真理」や「善」、「完全性」に至ることに失敗しているという批判に基づいてプラグマティズムを退けることは、論点先取である。プラグマティストは、プラグマティックな方法の適用が確実性や完全性といったものに導くなどとは決して論じない。なので、それに失敗することを趣旨とした批判は、批判者の当該の論点を前提としてしまっており、プラグマティズムを頭ごなしに拒絶しようとする議論において、理由であると同時に結論になってしまっている。

結論

アメリカのプラグマティズムは、本書全体のテーマを体現している。プラグマティズムは実践的だ。それが主に焦点を当てるのは、変化と改革、そして私たちが哲学を行う方法の革命である。そして人間の生の意味に対するプラグマティストの探求は、正義、平等、そして他者の苦しみへの関心という理想のもとになされている。

プラグマティストにとって、変化とは文字通り変化である。私たちは、それに対処することを学ぶ必要がある。プラトンのように変化を恐れる（つまり、嫌悪する）人々は、私たちが生きる世界がどのようなものであるかについて勘違いしている。変化は〔避けられないものとして〕存在する。**突然変異**を貶める理由などない。私たちは永遠なる存在ではなく、世界は常に変化し続けている。これを自覚することは、魂は生成変化するというエマソンの気づきにも比較されるべき事態ではあるが、絶対主義者にとっては大きな悩みの種になるだろう。プラグマティストについての私たちの穏当な結論は、次のようなものになるだろう。私たちを取り巻く事物（と私たち自身）は、常に変化し続けているという事実を、私たちは把握する必要があるということ、そして固定性と完全性という虚構の世界に引きこもり、変化と偶然性から逃れようとする態度は、知的に疑わしく、道徳的に擁護不可能であること、これらである。人が世界とうまくやり取りする方法は、そこから逃れて永遠性と完全性を求めることによってではない。そして、もしデューイとローティがあらゆる種類の絶対主義の傾向について正しい〔説明をしている〕ならば、絶対主義はこの世界を、実際よりも楽しみと魅力が少ない場所にしてしまう可能性がある。もし絶対主義が私たちの問題に対する解決ではないというのが「真」であり、むしろ問題の生成と存続の主要な要因なのだとすれば、私たちが絶対主義を投げ捨てて、偶有性を抱擁した方が、ずっとよいだろう。その場合、〔世界には〕変化が起こるので、絶対主義者にとってはずっとひどい状況になるかもしれないが。プラグマティストは変化が起こるままに抱擁し、変化のために働きかけ、私たちの生をより善いものにすることを目指す。ローティが『リベラル・ユートピアという希望』で述べたこととは、アメリカはこれまで発明された社会の中で、最善のものの一例だということだ。たとえ過去と現在において、アメリカは残虐を経験してきたし、知性と人格に疑問符がつくような人々が高官に選出されたときがあったとしても、そうなのである。もしこれがプラグマティズムを通じて得られる結論なのだとすれば、西洋哲学の伝統の中でもプラグマティズムが最も際立った仕方でアメリカ的な哲学だというのは、不思議ではないことになる。アメリカの哲学は、民主主義の精神を言祝ぐ。差異と多様性を承認する。その最善のときにおいて、すべての人間を尊厳と価値あるものとして扱う。そして少なくともプラグマティストにとっては、アメリカの理想と熱望とは、苦しみの軽減、平等の促進、そしてすべての人間に機会を与え、幸福になるためのチャンスとともに生を開始できるようにする方法の提供、これらの方法を私たちが見出せるような場所であることなのである。

第六章の推奨文献

アメリカのプラグマティズムに関する優れた著作には、次のようなものがある。Ruth Anna Putnam, ed., *The Cambridge Companion to William James*（New York: Cambridge University Press, 1997）; Molly Cochran, ed., *The Cambridge Companion to Dewey*（New York, Cambridge University Press, 2010）, Cheryl J. Misak, ed., *The Cambridge Companion to Peirce*（New York: Cambridge University Press, 2004）。ローティについては次を参照。Christopher J. Voparil and Richard J. Bernstein, ed., *The Rorty Reader*（Malden, MA: Blackwell, 2010）。アメリカのプラグマティズムに関する素晴らしい資料が、次のサイトで手に入る。www.pragmatism.org

訳者による推奨文献

初期プラグマティストの哲学からプラグマティズムの現代的展開まで通覧した入門書として、伊藤邦武『プラグマティズム入門』（筑摩書房、二〇一六年）が手に入りやすい。本章で登場した各プラグマティストの哲学・思想の解説書としては次を薦める。コーネリス・ドヴァール『パースの哲学について本当のことを知りたい人のために』（大沢秀介訳、勁草書房、二〇一七年）、上野正道『ジョン・デューイ：民主主義と教育の哲学』（岩波書店、二〇二二年）、岸本智典編著『ウィリアム・ジェイムズのことば』（教育評論社、二〇一八年）、冨田恭彦『ローティ：連帯と自己超克の思想』（筑摩書房、二〇一六年）。現代プラグマティズムの広がりを見て取るには、勁草書房の「現代プラグマティズム叢書」の各巻を参照のこと。

訳注

［1］　原語 well-being は、他に「福利」や「福祉」などと訳されるほか、そのまま音写して「ウェルビーイング」とされることもある。次の文献も参照。成田和信『幸福をめぐる哲学：「大切に思う」ことへと向かって』（勁草書房、二〇二一年）。

［2］　事物のうち、その実在や構造が人工的・恣意的にあてがわれたわけではないもの。（現代）形而上学や生物学の哲学で議論の対象になることが多い。次の文献を参照。植原亮『実在論と知識の自然化：自然種の一般理論とその応用』（勁草書房、二〇一三年）、網谷祐一『種を語ること、定義すること：種問題の科学哲学』（勁草書房、二〇二〇年）。

［3］　アリストテレスの形而上学において形相（エイドス、読み方は「けいそう」）とは、ある対象の性質を規定するモデルのようなものを指す。形相はそれを実現するための素材となる質料（ヒュレー）を伴うことで、対象が実在することになる。

［4］　アリストテレスは、「『女であること』というのは『自然に適った損なわれた状態（アナペーリアー）』のようなもの」だと述べている。次を参照。アリストテレス『動物の発生について（新版アリストテレス全集〔第11巻〕）』（今井正浩、濱岡剛訳、岩波書店、二〇二〇年）、二九二頁（第四巻第六章）。

［5］　古代ギリシャの数学者エウクレイデス（英語読みでユークリッド）の著作『原論（ストイケイア）』

に由来する幾何学の体系。数学史上では長らくユークリッド幾何学が唯一の幾何学体系だと考えられていたが、平行線公準（公理）を満たさずに構成される非ユークリッド幾何学が後に考案されることになった。

［6］　原著のタイトルは *Reconstruction in Philosophy* で、「哲学における再構成」と訳すこともできるが、清水幾太郎と清水禮子による日本語訳にあわせて『哲学の改造』とした。なお、同書は日本の東京帝国大学（当時）で行われた講演録であり、序文では小野英二郎と新渡戸稲造への謝辞が述べられている。

［7］　原文は an unbearable eternal existence で、チェコの作家ミラン・クンデラによる作品『存在の耐えられない軽さ（*The Unbearable Lightness of Being*）』（一九八四年）の英訳タイトルにかけた表現だと思われる。

［8］　デューイの著書『共同の信仰（*A Common Faith*）』に登場する表現。邦訳はいくつかあり、東京大学出版会から小玉重夫らによる新訳の刊行が予告されている。https://www.utp.or.jp/book/b378081.html

［9］　ローティは語の意味についての「字義通り（literal）／メタファー的（metaphorical）」という区分について、前者は真理の対応説に基づき不変の実在・社会を前提とした硬直的・保守的なものとみなす一方で、後者は非慣習的な新しさをもたらすものとして肯定的に捉えている。

第七章　アメリカ哲学の最近の展開（第一部）

本章と第八章が中心的に扱うのは、プラグマティズム以降のアメリカ哲学における最近の展開である。二〇世紀と二一世紀に活躍した・しているアメリカの哲学者の数はとりわけ多く、かつ扱われる領域も広く射程が長い。第七章では形而上学、科学哲学、宗教哲学を扱うのに加え、ネイティヴ・アメリカンの哲学における統一性という概念に特に注目していく。続く第八章では、倫理学、社会哲学、そして政治哲学を取り上げることにする。

近年、プラグマティックな意義を持つ重要な革命的業績がなされた領域が、形而上学、認識論、そして科学哲学である。形而上学と認識論においては、ウィラード・ヴァン・オーマン・クワインとエドムンド・ゲティアの仕事が最も注目に値する。科学哲学においては、トマス・クーンの画期的な作品『科学革命の構造』が、革命という本書のテーマにもとりわけよくマッチしている。さらに、ネイティヴ・アメリカンの哲学における統一性〔という概念〕に目を向けることで、重要であるが最近になるまで長いことアメリカ思想の本流に包摂されてこなかったこの思想伝統を概観していく。〔実際、現在のところ〕ネイティヴ・アメリカン哲学は、アメリカ哲学をテーマとする書籍のうち、僅か数冊において登場するにとどまっている。

形而上学、認識論、科学哲学

W・V・O・クワイン（一九〇八―二〇〇〇）は、二〇世紀において最も重要な哲学者の一人である。彼が業績を残したのは、主に認識論と科学哲学においてであった。クワインは、伝統的な**分析的／総合的の区別**に挑戦をしかけたのである。また彼は、**自然化された認識論**についての仕事によっても知られている。クワインの作品は全く簡単な代物ではないが、それを解明する第一歩は、伝統的な認識論的区分である**分析的言明と総合的言明**について確認することだろう。クワインがこの区分に異を唱えたのが、「経験主義の二つのドグマ」（一九五三）においてであった。

イマヌエル・カントに由来する認識論者の傾向として、分析的言明と総合的言明の間に厳格な区別を設けるというものがある。分析的言明は、その語の定義もしくはその意味によって真となるもので、経験とは独立に真となる。言い換えれば、分析的言明における主語の概念には、述語の概念が予め含まれており（例えば、「すべての独身者は結婚していない」）、それらは必然的に真になる。総合的言明は、経験によって確証されるもので、その主語は述語によって「拡張」される。そのとき、述語の概念は、主語の概念に予め含まれてはいない（例えば、「すべての独身者は身長九フィート〔二七四メートル〕以下である」）。しかしクワインは、これら二つの言明の性質についてのこのような説明は正確ではないのではないかと疑った。なぜなら、分析的言明の地位は、論理実証主義者[1]や哲学的分析者が信じているほどには、明らかなものではないからである。

二つの項〔語〕が同義的〔synonymous〕であるという意味は何なのかを問うとき、私たちは、それらの交換可能性〔interchangeability〕や、それらが「同じ事物を意味する」という、辞書編集者の言明に注目するかもしれない。だが、それこそがまさに問題になっているポイントなのである。分析性の本質は同義性であるが、同義性は分析性を意味するので、これでは「分析的」言明という概念の意味を解明したことには全くなっていない。クワインが説明したように、〔分析的言明と総合的〕言明の間には区別があるという観念は、「非経験的なドグマ」であり、形而上学的な信仰の問題なのである。論理実証主義者は、事実においてであれ原理においてであれ、経験によって実証可能ではない言明はすべて無意味であると主張していた。だがクワインの批判が示したのは、彼ら〔論理実証主義者〕による分析的／総合的言明の区別は、彼らが多くの形而上学的・神学的言明を無意味かつ無意義なものとして退けるために用いたものだが、同じことが彼ら自身の思考体系にも適用されるということである。

クワインはさらに、経験主義の二つ目のドグマは還元主義だと主張した。還元主義とは、いかなる総合的言明についても、その総合的言明の真理をより確からしくするような経験が存在し、〔逆に〕その真理の可能性が低くなるような経験が存在する、という立場である。クワインにとって、事態はそれほど単純ではない。ある見解の確証（もしくは反証）は、一方の立場を支持する観察〔結果〕を単に積み重ねることによってはなされない。プラグマティストと同様にクワインが主張するには、特異に変則的な、もしくはとりわけやっかいな経験こそが決定的に重要であり、そうした出来事によって私たちが言明や理論についてのそれまでの信念を変更しなければならないような場合がある。あるいはジェイムズ流の表現で言い換えれば、言明や理論は真になるのであり、経験の裁き〔court of experience〕と私たちの真理についての主張の有用性こそが、差異を生むすべてなのである。

分析的／総合的の区別という二元論を拒絶したように、クワインは認識論においても、真理に対する主張を確立する上での経験の〔役割という〕観点からアプローチした。プラトンからデイヴィッド・ヒューム、はたまた論理実証主義者に至る西洋哲学の歴史は、私たちは印象あるいは経験とは異なる世界を「知る」ことができない、という趣旨の議論で溢れている。プラトンは**洞窟の比喩**によってこの点を表現したが、それによると人間は事物の有り様を知ろうとする探求において常に失敗するとされる。なぜなら、私たちは感覚経験の世界に閉じ込められているからである。ジョン・ロックは、「**感覚的知識**」の確実性は、**直観**や**論証**のそれには及ばないとしていた。ヒュームは、外的世界についての主張は、「印象」と「観念」についてのものであるにすぎず、事物それ自体についてのものではないことを示した。カントはこの問題についてヒュームよりもさらに進み、人間は悟性におけるカテゴリーを保持しており、それによって経験が組織されると述べた。これが意味するのは、実際のところ、世界の実在的なあり方――それは叡智界と呼ばれ、私たちには知ることができない――が、私たちがそれを知覚するその通りであるかどうかという問題は、本当は重要ではないということである。私たちが持ち得ているのは、現象と私たちの知的プロセスでしかない。それがすべてなのである。

クワインの着想は、哲学者たちが外的世界の存在を「証明」する術を持たず、その結果として、彼らがあらゆる種類の認識論的な窮地に陥っているという事態から得られたものである。外的世界についての十分な証明が欠如していることと、外的世界は存在するという、それと同程度には息の長い確信の間で揺れ動いている認識論に代わるものとして、クワインは「自然化された認識論」を提案する。この立場の趣旨は、外的世界のエビデンスとして私たちが持ちうるのは感覚経験のみなのだから、私たちは「〔知識という現象についての〕心理学で満足」するべきだ、というものだ。これが意味するのは、私たちは認識論を科学と同列の営みとして捉える方がよいということであり、〔もっといえば、〕実際に認識論を科学の一分野として捉えるべきだということである。もし認識論が科学の一分野なのであれば、認識論者が注意を向けるべきは、人々がいかにして単なる感覚経験からそれを超えた事物の世界についての信念へと至るのか、という課題になるだろう。彼らはもはや、哲学的にも科学的にも永遠に手の届かない外的世界についての知識について思弁することはなくなる。もし認識論者がクワインの誘いに応じるとすれば、知る者と知られる対象の間の区別にまつわる認識論上の問題の多くは、解消されるだろう。哲学的問題に対する実践的なアプローチが取られたならば、結果としてはおそらく、ほとんどとはいわないにしても多くの問題について、デューイ的な見解に近づくことだろう。すなわち、私たちは問題を解決するのではなく、ただやり過ごすのである。

エドムンド・ゲティア（一九二七―）は、「**正当化された真なる信念**は知識か？」（一九六三）において、プラトンまで遡る「知識」の伝統的な定義に挑戦した。ゲティアの論文で取り上げられた知識の概念とは、私たちが「P」〔命題あるいは言明〕[2]という知識を持つのは、次の三つの条件が成り立つときである、という主張だ。すなわち、（1）言明Pは真である、（2）知識の担い手〔主体〕は、Pが真であると信じている、そして（3）知識の担い手〔主体〕はPが真であると信じることについて

〔おいて〕正当化されている、の三つである。この伝統的な知識の説明に対するゲティアの挑戦では、〔これらの〕知識の三つの条件のすべてを充足しつつも、知識を保有していないという事態が可能であることが示された。

ゲティアの事例を概観していこう。第一の例は、スミスとジョーンズという二人が、同じ一つの仕事に応募した場面についてである。スミスは、ジョーンズが仕事に採用され、かつジョーンズのポケットには一〇枚のコインがあることを信じている（かつ、彼に与えられている情報によって、彼がそう信じることは正当化されている）。スミスは、ポケットに一〇枚のコインがある人が採用されるだろうと結論づける。実際の〔選考〕結果として、ポケットに一〇枚のコインがある人が採用されることが真だと判明する。だが、採用されたのはスミスであり、ジョーンズではなかった。スミスは、ポケットに一〇枚のコインがある人が採用されると結論づけた点において、正しかった――だが、誰が採用されるかについては正しくなかった。というのも、スミスが採用され、かつスミスもまた、ポケットに一〇枚のコインを持っていたからである。したがってスミスは、ポケットに一〇枚のコインがある人が採用されると信じ、そう信じることにおいて彼は正当化されており、かつ彼が正当に信じたことは真だった。だが、スミスは〔その〕知識を持っていたわけではなかった。

第二のゲティア事例は、ジョーンズが車を所有していることと、別人であるブラウンの居場所に関する、ある人の知識についての主張にまつわるものである。スミスは、ジョーンズがフォード車を所有しているというエビデンスを持っている。ここで、ジョーンズがフォード車を所有していることについての情報源とエビデンスが信頼できるものだとしよう。さて、もし言明「P」（ジョーンズはフォード車を所有している）が真だとするならば、言明「PもしくはQ」もまた真である。スミスはジョーンズの居場所を知らないが、彼〔スミス〕は次のように主張する。「ジョーンズはフォード車を所有している、または、ブラウンはバルセロナにいる」。スミスは、ブラウンの居場所についての情報を何も持ち合わせていないにもかかわらず、ジョーンズの〔フォード車〕所有と、ブラウンの居場所についての言明は、必然的に真である。しかも、ブラウンがバルセロナにいるかどうかにはかかわらずに、である。興味深いことに、実際にはジョーンズはフォード車を所有していないことが判明したとしよう――すべてのエビデンスがそう示しているのにもかかわらずに。さて、「ジョーンズはフォード車を所有している、または、ブラウンはバルセロナにいる」という言明の地位は、どうなるだろうか?

この時点では、「ジョーンズはフォード車を所有している、または、ブラウンはバルセロナにいる」という言明が真であるかどうかを判断することは不可能である。なぜなら、選言〔disjunction〕（「二者択一」言明）が真であるためには、少なくとも一つの選言肢〔disjunct〕が真でなければならないからである。私たちが知っているのは、「ジョーンズがフォード車を所有している」が偽であることだけである。もしブラウンが本当にバルセロナにいるのであれば、この言明は、ジョーンズがフォード車を所有していないにもかかわらず、真である。もしブラウンが本当はバルセロナにいないのであれば、この言明は偽である。なぜなら「ジョーンズがフォード車を所有している」が偽であることを私たちは知っているから（そして、再度述べれば、単純な選言が偽になるのは、選言肢の両方ともが偽であるときに限られる）。この時点で、もともとの言明の地位〔真偽〕は不明である、と断言する人もいるかもしれない。しかし、この例の条件を踏まえると、これは明らかに事実ではない。ブラウンの居場所について、スミスは何のエビデンスも有していなかったが、実のところ、ブラウンがバルセロナにいることが発覚する。奇妙なことに、正当化された真なる信念という伝統的な知識観において、ブラウンがバルセロナにいることをひとたび発見したのならば、ジョーンズが実際にはフォード車を所有していないにもかかわらず、スミスは、「ジョーンズはフォード車を所有している、またはブラウンはバルセロナにいる」という言明の全体を信じることにおいて依然として正当化されているのである。というのも、言明は真であり、スミスはそれを信じることにおいて正当化されており、かつスミスはそれが事実であると実際に信じているからだ。

ゲティア問題の含意とは何だろうか？　第一に、実践的な考察をする必要があるだろう。多くの哲学者は、そこで用いられている例に何かしら問題があることを示すことで、ゲティア問題を克服しようとしてきた。あるいは、知識についての三つの伝統的な基準が不十分であるならば、知識に対する主張を強固なものにするために四つ目の基準を探すべきだ、というアプローチを取る者がいる。他にも、当初の三つの基準を明確化するために議論する者もいる。しかし、人がどのアプローチを取ろうと、伝統として長年にわたり用いられてきた知識の哲学的定義に、ゲティアが深刻な挑戦を突きつけた〔ことに変わりはない〕。いずれにせよゲティア問題は、プラグマティスト的観点を受容するさらなる理由を提供しうる。すなわち、重要なのは絶対的真理の正当化ではなく、真理に対する主張によって、私たちが何をなすかだ、という立場である。したがって、「ポケットに一〇枚のコインがある人が採用された」ということを知っていると信じること・主張することによる具体的な差異が存在するのであれば、ゲティア問題は差異をもたらすことになる。もし、例えばだが、ポケットに一〇枚のコインがあり、「採用された人物はジョーンズであって自分ではない」、と信じているスミスが、「彼〔スミス〕は採用されなかった」という、そこから派生する「知識」に基づいて自殺することを決意した場合、私たちは、ゲティア問題によって提起された知識の正当化の問題に関心を持つべきである。だがもし、西洋哲学の歴史の大半でそうであったように、そこで問題になっているのが絶対的真理への執着でしかないのであれば、ゲティア問題は、プラグマティストにとっては何の〔実質的な〕差異ももたらさない〔形式的な〕差異にすぎないことになる。

トマス・クーン（一九二二—一九九六）は、クワインやゲティアと同様に、世界中の哲学に対する多大な影響を与えた人物である。彼の仕事は、アメリカ〔で展開された〕科学哲学の中でも、最も射程が長く、かつ重要なものであるといっても過言ではない。『科学革命の構造』においてクーンは、科学における進歩や知識は、整然と、合理的に、かつ累積的に進んでいくという広く信じられている見解に疑問を投げかけたのだ。

科学は、現に実践されている限りにおいて、**通常科学**と呼ばれる。通常科学は、科学の実践家による日常的な仕事であり、新薬を開発したり、理論を検証したり、実験を行うことがそこには含まれる。クーンの説明によれば、通常科学は、病気の治療法を発見したり、植物や岩石、人間、あるいは自然界のその他の部分について、私たちがこれまで知らなかったことを解明したりはするが、〔根源的な意味では〕新規性を目指しているわけではない。科学という営み自体には、何の驚きも介在しないのである。科学者は方法、実験、観察を用いて知識を増やし、世の中の問題に対して技術的な解決策を提供する。

このようにして行われる通常科学は、ある**パラダイム**に基づいて進行する。科学的パラダイムとは、科学の実践家たちが知識を増やし、問題解決を推し進めるために用いる科学的世界観・方法のことである。一般的にいって通常科学は、技術や観察においてほとんど何の障害物にも阻まれることなく進行していく。しかしクーンによれば、パラダイムは時折、**変則事象**によって危機に陥ることがある。

通常科学の営みにおいて変則事象が発生したからといって、すでに受容されている理論や科学的世界観が常に自動的に棄却されることはない。だが、もし通常科学の営みの中で十分な数の変則事象が発生したり、あるいは一件の非常に顕著な変則事象が生起し、通常科学がそれを解決できない場合には、新たなパラダイム（すなわち、新たな科学的世界観もしくは理論）が、現行の理論・パラダイムに取って代わることになる。あるパラダイムが別のパラダイムに置き換わることは、**科学革命**と呼ばれる。

ここで重要な点とは、科学革命は、ジェファソンによるアメリカの政治革命についての言葉を借りれば、「軽々しい一時的な理由」[3]によっては起こらないということと、問題のある理論ないしパラダイムと置き換えられるべき代替案がない場合には、革命は起こらないということである。もし変則事象が発生した時点で、すでに新しい科学のパラダイムが提唱されていたり、あるいは新しいパラダイムの発展を促すのに十分なほど顕著な変則事象が発生し、その結果として〔実際に〕新しいパラダイムが発展した場合には、そのときにこそはじめて科学革命が起こるのである。この説明の全体は非常にシンプルに聞こえるが、実際の科学革命の発生は、こうした簡潔な記述が示すよりも、はるかに複雑なものである。

科学の実施には諸々の規則が存在しており、それらの規則が科学の実践を規定する一方で、変則的な出来事、経験、あるいは観察が発生したときに、それらが**パラダイム・シフト**を正当化するかどうかを決定するのは、科学の実践者たちによる創造的かつ熟慮された判断なのである。科学の実践者が活動する際に準拠するパラダイムは、規則と共外延的〔coextensive〕[4]なわけではない。むしろパラダイムは、それを規定する規則や手続きを超えた存在なのである。科学者のコミュニティこそが、パラダイム・シフト（科学革命）が起こるべきか否かを判定する決定要因なのだ。彼らはこれを決定するために、科学的実践における経験に基づく議論を行い、また熟慮された判断を用いる。そのどちらも、競合する諸パラダイムの規則の使用・参照、そしてパラダイム・チェンジに関する問題のあらゆる側面について提供される、様々な議論の重要性の決定という、二つの作業を経てなされる。しかしここで決定的に重要なことは、競合する諸パラダイムは両立不可能だということだ。そのため、各々の科学的コミュニティは、自らのパラダイムを用いることによってその当のパラダイムを支持するのであって、パラダイム間にはいかなる翻訳も共通性も存在しないのである。クーンの表現を用いるならば、それら〔異なるパラダイム同士〕は**通約不可能**なのだ。

クーンによる科学の進展の記述には、プラグマティックな要素がある。つまり、それはコミュニティにベースを置いたプロセスであり、諸パラダイムは世界を理解するための方法である、という点においてである。これは、次のことを意味しているように思われる——そしてそれは、科学の意義とは、真理の達成ではなく、パズルを解くことである、というクーンの主張とも整合的である——すなわち、科学の役割とは、問題解決を試みる中での、実践的応用なのである、と。また、通常科学と科学革命の「構造」についてのクーンの立場を理解する上で、同程度に重要なこととは、一つ目に、すべての想定可能なテストに耐えられる理論など存在しないということ（クワインもまさに述べていたように、決定的な形で確証されうる言明など存在しない。なぜなら、それについてのあらゆる想定可能な観察を実際に得られる方法などないから）、二つ目は、ある理論が決定的に確証されうると考える点において、私たちは間違っているということ、これらである。むしろ、一つのパラダイムないしは世界観が真であるという確からしさについては、確率の観点から考えねばならない。それがうまくいくとき（つまり、通常科学が、それに突きつけられた問題に答えを与え続けることができているとき、あるいはパズルを解き続けているとき）、それは「より」真である。それがうまくいかなくなったとき（つまり、一件の特異な変則事象が生起したり、複数の変則事象が群れなして立ちはだかったとき）、それは「より少ない度合いで」真である。あるパラダイムの確からしさが減じた場合に、その古いパラダイムを棄却し、新たなパラダイムを受容するタイミングを決定するのは、科学コミュニティである。そこで新しいパラダイムは、以前のパラダイムが答えることができた問題のすべてに答えることができ、かつ古いパラダイムが扱い損ねた問題やパズルを解決することができるもの〔として選ばれるの〕だ。

一部の論者は、クーンによる科学革命の観念と、それに関連するパラダイム、パラダイム・シフト、通約不可能性、通常科学といった諸概念を、自然科学以外の領域、例えば社会科学や人文学にも適用してきた。とりわけ科学社会学者は、クーンによるコミュニティの本性についての研究と、科学史を理解する上での貢献に関心を抱いてきた。「科学革命」という概念が〔自然〕科学以外の領域にも適用可能なのかどうかは、ここでは議論の対象とはしない。ただ依然として重要なことは、科学の歴史と進展に関するクーンの議論は、科学哲学における画期的かつ革命的な達成であることは間違いないということだ。

ネイティヴ・アメリカンの哲学

ネイティヴ・アメリカンの哲学：はじめに

ネイティヴ・アメリカンの哲学の議論を始める前に、ネイティヴ・アメリカン思想のいくつかの特徴と、著者である私自身の重要な特徴について触れておくことが必要だろう。私は白人で年頃は中年、「生まれながらの」世俗的アメリカ人女性で、西ヨーロッパ系の出自を持つ人物として、この章を書いている。ネイティヴ・アメリカン哲学は「新しい」ものではない。この哲学は、ネイティヴ・アメリカンの歴史があり続けたのと同じ期間、存在してきたものだ。一方で、ネイティヴ・アメリカン哲学は学術的な分野としては新しいものであり、近年（過去数十年以内）になってようやく発展してきたものだ。アン・ウォーターズ、ヴァイン・デロリア・ジュニア（一九三三―二〇〇五）、ヴァイオラ・コルドヴァ（一九三七―二〇〇二）といったネイティヴ・アメリカン哲学者の研究がその火付け役となった。ネイティヴ・アメリカン哲学についての研究書の数は（相対的に見て）非常に限られているし、ネイティヴ・アメリカン思想について、漠然とした記述や間に合わせ程度の扱いではなく、真っ当に考察したアメリカ哲学の書籍の数は、それよりもさらに少ない。ネイティヴ・アメリカン思想についてはは全く言及していないものさえある。〔白状すれば、〕私とブルース・シルヴァーが編集した『アメリカの哲学：Ⅰ巻、Ⅱ巻〔*Philosophy in America, Volumes I and II*〕』は、ネイティヴ・アメリカン哲学に全く触れていない書籍の例である。これらの二巻本における手抜かりを、私は本書では修正し、ネイティヴ・アメリカン哲学の正確な描像を提示できるよう、最善を尽くしたいと思っている。

ネイティヴ・アメリカン哲学の正確な描像を描くということは、しかしながら、私の能力を超えた仕事かもしれない。もしそうだとするならば、その原因は、ネイティヴ・アメリカンの作品を私が読もうとしなかったとか、そうすることを怠ったからではない。そうではなく、むしろ私自身が先住民としてのネイティヴ・アメリカンではなく、その哲学が湧き出た文化の中に実際に浸ることもなかったし、またそうすることもできないからなのである。ネイティヴ・アメリカン哲学は、口承を通じて生み出されたものであり、聖なる土地の持つ意義についての理解に依拠している。このような事情があるため、そもそもネイティヴ・アメリカン哲学を文章という形式を通じて他者に向けて十全に説明できるかどうかは明らかではない。この思想は結局のところ、コミュニティの中で生きられ、その中に埋め込まれた哲学であるはずなのだ。しかし、私がここで再構成したネイティヴ・アメリカン哲学の構想・描像は、どうしても不完全なものであらざるをえないとはいえ、それでも理にかなった仕方で正確なものだと信じている。この描像を描くために、私は彼らの作品を研究してきた。その際の姿勢として、（アフリカン・アメリカンではない）私が多くのアフリカン・アメリカン哲学者の作品を読解・研究するときの態度、そして（カルヴァァン主義者の男性ではない者として）エドワーズの作品を読解・研究してきたのとまさに同じ態度で、私は臨んだ。本書のような、西洋の伝統に属するものとしてのアメリカ哲学についての小さな本において、ネイティヴ・アメリカン哲学について決定的な言明を提供しようとする際に生じる問題がある。それは、先住民ではない哲学者たちがネイティヴ・アメリカンの思想を読むときには、西洋哲学の伝統のレンズを通して見てしまいがちだということだ。私もまさにそうしてしまった一人である――ネイティヴ・アメリカン哲学の要素の多くは、西洋の伝統だけに馴染んでいる人がその内容を翻訳する中で、失われてしまうのである。それでも、ネイティヴ・アメリカンの哲学的伝統に適切な敬意を払いつつ記述し、西洋の伝統というレンズを通してそれを理解できる手段を提供できるように、私は最大限努力したつもりである。

デロリアの指摘によれば、ネイティヴ・アメリカンの当事者がアメリカン・インディアン哲学を創造しようという試みにおいてすら、ある際立った困難がある。部族の伝統とは、原始的な人々や社会によって表明された信念や民族的なプライドのことだと西洋人は考えているかもしれない。〔だが、〕ネイティヴ思想に対する偏見は、次の点を認識することによって払拭される必要がある。つまり、世界を理解し、そこに生きるための諸アプローチには複数の差異があるかもしれないが、それらはみな等しく正当なものだということ、これである。ネイティヴ・アメリカン哲学が平等な正当性を持つという考えは、キャロル・ギリガンの主張（第八章を参照）にも似ている。彼女が指摘したのは、男性と女性の間では倫理についての理解の仕方について差異があるが、二つの方法が異なっているという単なる事実があるからといって、一方が他方より優れているということを示唆するわけではない、ということである。〔私のような〕ネイティヴ・アメリカンではない人物が、ネイティヴ・アメリカンの哲学を理解しようという試みは、西洋哲学をより豊かなものにできるかもしれないという魅力を備えているのではないだろうか？

ネイティヴ・アメリカンの哲学の統一性：概観

ネイティヴ・アメリカン哲学は、西洋哲学のほとんどとは際立って異なっている。伝統的なアメリカ哲学が近代の個人主義的な啓蒙思想とともに始まることを考えると、ネイティヴ・アメリカンの思想はヨーロッパ的なアメリカ哲学のほぼ全体と大きく異なっているともいえる。ネイティヴ・アメリカン哲学について、このことが当てはまる最も重要な側面は次の点においてである。すなわち、〔1〕〔人から人へ〕教える／理解するという口承の伝統から生まれたものであること、〔2〕理解や知識において「究極的な因果性」あるいは最終的な解決策なるものを否定していること、〔3〕地球は神的かつ聖なる存在だと理解していること、そして〔4〕コミュニティ的な生き方が行為や理解という活動において中心的なものであるとすること。これらの特徴によって、ネイティヴ・アメリカン思想においては認識論、科学哲学、形而上学、倫理学、そして社会思想が相互に連関し、切り離せないものになっている。

伝統的なヨーロッパ系アメリカ哲学は、書き言葉と理性に依拠することで分析や理解を行っている。これは、ネイティヴ・アメリカン哲学には当てはまらない。ネイティヴ・アメリカン哲学は伝統的に、書き言葉を通じてではなく、語りによって伝えられてきた。語りの方法は様々でありえて、ダンス、アート、物語、詩などが用いられた。この思想についての本質的な理解は、生きること、存在すること、知ること、そして行為することについての、多様な方法を通して得られるものなのである。この哲学は、現世的〔this-worldly〕にして実践的なのだ。この現世性は、地球は母であるという考えに基づいている。実践性の方は、究極的な基礎づけや究極的な因果性についての問いに没頭することをネイティヴ・アメリカン哲学者たちが拒絶している点に見て取れる。

ネイティヴ・アメリカン思想において重要な事柄とは、存在するものと私たちの関係である——ここで存在するものとは、土地や他の人間たちを含む、存在の全体のことを指す。コミュニティ的な生き方こそが、関係性と相互依存性という概念を活性化させるのである。

ルーサー・スタンディング・ベアー（オグララ・スー族）酋長（一八六八—一九三九）が述べるところによると、白人とアメリカ先住民の主要な違いとは、白人が自然を危険なものとみなし、それを支配しようとするのに対して、ネイティヴ・アメリカンは自然を寛容なものと信じ、それとの調和を求める点にあるという。トマス・ペインは、ヨーロッパ系アメリカ人の中では数少ない例外として、自然をネイティヴ・アメリカンと類似した仕方で考えていたが、こうした僅かな例外だけでは、自然に対する（そして人間による他の人間に対する）支配という観念への囚われという西洋哲学における一般的傾向が弱まるわけではない。また西洋哲学には、人間をほとんど孤立した権利所有者として理解し、コミュニティに所属してはいるものの完全にその一部になっているわけではない存在として捉える傾向がある。その一方で、ネイティヴ・アメリカン哲学者にはコミュニティ的本性が備わっている。このため、認識論、形而上学、宗教的信念・実践、そして倫理＝社会思想・行為について、ネイティヴ・アメリカンとヨーロッパ系アメリカ人のそれぞれが抱く見解には、際立った差異が現れるのである。

ネイティヴ・アメリカンの認識論と科学観における事物の理解は、伝統的なアメリカ哲学のそれとは複数の重要な点において決定的に異なっている。歴史的に見て、ヨーロッパ系アメリカ哲学における一般的な傾向とは、人間を原子論的な個人としての知者だと考えるというものだ。そこではデカルト的自己がモデルとされている。そしてその自己は経験における偶有性や個人の実存とは切り離されたものであって、純粋な知識を純粋な源から、つまり純粋理性から獲得することを目指すものだとされてきた。〔一方で、〕ネイティヴ・アメリカンの確信によれば、知識は純粋理性によって得られるものなどではない。それは「**身体化された**」**あるいは**「**生きられた**」**知識**なのである。知識についてのこのような捉え方は、基礎づけ[5]や抽象といったものには依存していないのだ。

抽象も基礎づけもないという意味において、ネイティヴ・アメリカンの認識論は、プラグマティストが二元論、基礎付け主義、抽象を忌避しているのに非常に類似しているように思われる。しかし、二つには大きな違いがある。ネイティヴ・アメリカン哲学は、抽象や基礎づけを求めた他の種類の哲学に対する反発として展開したわけではない一方で、アメリカのプラグマティズムはまさにそのようなものとして発展していった、という点がそれだ。ネイティヴ・アメリカン哲学はむしろ、それ自体ですでに実践的かつ具体的なものであり、異なった思想伝統から生まれ出てきたものではないのだ。ネイティヴ・アメリカンたちは、知識の実践的本性を最初から見抜いているので、自らの立場を他の見方から擁護する必要などないのである。

ネイティヴ・アメリカンの認識論は、コミュニティ的な本性を中心として成立している。ここで、

〔それとは全く異なる西洋哲学における〕例としてデカルトについて考えてみよう。彼は『省察』の執筆に費やした最初の六日間において、他のすべての人間から文字通り身を離し、真理についての究極の基準を導出した。この考察は、利害関心とは無縁の負荷なき知者という、孤立した観点からなされたものだった。知識の起源についてのこの発想は、そこで無理やり用いられた誇張的懐疑を「本物の」知識の起点だと捉えるものである。ネイティヴ・アメリカン哲学者にとっては、このような考えは全く意味をなさない。彼らにとっては、知識の探究はむしろ、生きられた経験から生まれるものであって、本当の経験においてこそ人間は問いを抱くものだとされる。

知識の探究についてのネイティヴ・アメリカンの方法は、パースの主張を先取りするものである。パースによれば、デカルト的な方法や探究は、常識的な実践、有用性、そして普通の人々が情報を得るために用いる実際の方法からはかけ離れている。その一方でネイティヴ・アメリカンの知識探究は、パース的な「痒いところに手が届く」方法ではなく、パースが好む科学的方法の方向に向かうわけでもない。パースにおける科学の概念においては、科学は非常に専門化された営みであると同時に、コミュニティ的な要素も備えている。〔つまり〕パースにとっては、探求者のコミュニティが、同じ科学的方法を用いる点〔が科学の特徴〕なのである。しかしネイティヴ・アメリカンにとっては、知識の探究にはすべての人の経験が含まれるものであって、形式的方法を用いた科学的あるいは哲学的な探求者のコミュニティだけに限られたものではない。

知ることにはコミュニティが必要であるが、厳密な方法は要請されないという点こそが、ネイティヴ・アメリカンが抱く科学についての発想を特徴づけ、形作るものである。自然は常に変化しているので、科学を法則や手続きのモデルによって捉えることは、必要でもなければ可能でもない。ネイティヴ・アメリカンの科学は、事物の本質を理解しようと試みることをその本旨としている。科学的探究についてのこのアプローチは、「クモ書簡」においてジョナサン・エドワーズが暗黙裡に目標としていたものと類似しているように思われる。エドワーズが科学的理解を求めたのは、それが自然と宇宙の美について、ひいては自然に見られる神の御業について、より深い理解を得ることができる方法だと捉えていたからであった。

ネイティヴ・アメリカンの科学は実のところ科学的ではない、なぜなら「美」や「感覚」のようなフワフワとした対象としか関わらないから――こう述べたい人もいるかもしれない。だがその場合、エドワーズの作品――これら〔ネイティヴ・アメリカンの探究〕とほとんど同一の言葉や概念を用いて神を理解しようとしたもの――もまた、非科学的といわねばならなくなる。このような立場が成り立つのは、しかしながら、アイザック・ニュートンまでをも「非科学的」と考える場合のみである。というのも、エドワーズは彼の時代における〔物理学の分野としての〕力学という新たな科学の原理と手続きを用いて、それを「心の感覚」と組み合わせることで、自然、存在、そして神の善性についてのより十全な理解を得ようとしていたのだから。ネイティヴ・アメリカンが関係論的な知識を求めるからといって、彼らの見解が、単なる合理的な探究を超越するエドワーズ的な〔神についての〕理解という発想から遠ざかることにはならない。しかし、エドワーズが究極の実在と神についての絶対的知識を求めていたのに対して、ネイティヴ・アメリカンたちは、知識をこの世界においていかに応用するかに関心を抱いている。

エドワーズによる神についての知識や理解の探究と、ネイティヴ・アメリカンによる〈いま・ここ〉における知識の応用を目指す探究の間には、明白な並行関係が存在している（あくまで並行関係ないしはアナロジーにすぎないが）。もしネイティヴ・アメリカンにとって最も重要な知識とは、この世界にどう対処するかについての知識であり、そういった知識を得ることには、私たちが自らを自然に依存した存在であるという認識が要請されるのだとすると、私たちは自然の支配者なのではなく、むしろ自然に依存するものだということになる。人間と神の関係についてのエドワーズの探究がもたらす帰結の一つも、これと似たものだった。すなわち、私たちは何者なのか、私たちは何を持っているのか、そして私たちがそもそも存在しているのはなぜかという一連の問いへの答えについて、私たちは徹底的に、完全に、そして必然的に、神に依存しているということを、彼は示したのである。

ネイティヴ・アメリカン哲学者にとって、実際に成立している事態がそのようにあるということは、端的な事実なのである。「何が実在するのか？」という形而上学における究極的問いは、ネイティヴ・アメリカンにとっては、簡単に答えることができる。何らかの「究極的」な存在について議論する必要は何もないのだ。実在とは、〈いま・ここ〉なのであって、現に存在するすべてを指すものなのである。例えばコルドヴァによれば、ネイティヴ・アメリカンは一元論者だとされる。なぜなら、宇宙は存在するすべてであり、それは所与のものだからだ。したがって、表れと実在の区別を主張したり、存在するもののうちの一つの要素を他の要素よりも優位に置く必要はないのである。

実在の本性は、ネイティヴ・アメリカンの宗教と切り離すことはできない。唯一無二の宇宙が存在し、それこそが存在するものすべてなのだから、この世界とは別に神の存在を措定する必要はない。

なぜなら、世界それ自体が宗教的な重要性を体現しているからである。ネイティヴ・アメリカンは一元論者だというコルドヴァの主張の通り、彼らの思想においては、神は遍く存在しているとされる。言い換えれば、神は他のいかなる物事からも切り離されてはいないのである。このことが意味するのは、ネイティヴ・アメリカンにおける宗教と道徳性の概念が、不可分な仕方で結びついてもいるということだ。そうであるからこそ、人間を見守る神がいるなどと考える必要もないのである。ネイティヴ・アメリカンにとって、〔アブラハム系の宗教におけるような〕復讐心に満ちた存在としての「神」という観念は、意味をなさない。同様に、どこか別の世界が存在し、それはこの世界よりも善い（あるいは悪い）場所であり、人々は死後そこに行く、といった〔キリスト教に見られるような〕説明を、ネイティヴ・アメリカンは考えることも仮定することもない。そうではなく、地球こそが私たちの居場所なのである。私たちは地球から出来し、そこに帰っていくのだ。

地球から生まれ、地球に帰っていくという理解は、西洋の伝統的な哲学・宗教観に見られるもう一つの区分を示唆している。西洋の思想家の考えでは、時間は直線的であり、すべての事物は何らかの壮大な結末を迎えるとされる。ネイティヴ・アメリカンにとっては、あらゆる事物は大いなる円環の一部であり、人間の生は決して終わりを迎えることはない。

ネイティヴ・アメリカンにとって、地球は神聖な存在である。そしてネイティヴ・アメリカンの宗教は聖なる場所・空間に依拠しているので、西洋文化と彼らの宗教の間の対立は、継続的な問題であり続けている。二一世紀初頭まで、ネイティヴ・アメリカンの子どもたちは、家から連れ出されて州が運営する学校に入学させられ、そこで部族の宗教的信念、伝統、そして実践の痕跡をすべて消し去るよう設計されたカリキュラムに押し込められていた。皮肉なことに、ヨーロッパ人がアメリカに来たのは、宗教的迫害から逃れるためだったわけだが、彼らが安住の地を求める理由となったのと同じ蛮行に、結局は自身が手を染めることになったわけである。

さらにいえば、公有地をネイティヴ・アメリカンの宗教的実践のために用いることは、激しい論争の対象であり続けている。ネイティヴ・アメリカンの宗教をめぐる卑劣かつ矛盾に満ちた政府の政策は現在では確かにほとんどなくなった。とはいえ、いまだにネイティヴ・アメリカンが直面する困難とは、神聖なる土地・空間と、そこで部族の宗教を実践することとの必要性を、米国政府がなかなか理解しないということである。西洋の宗教的実践と比較してみたとき、ネイティヴ・アメリカン〔の宗教〕との差異は顕著である。キリスト教徒がどこにでも教会を建てて、それを「主の家」とすることができるのに対し、ネイティヴ・アメリカンの宗教ではそうはいかない。神聖さは土地と結びついているのであり、単なる慣行と組み合わさったものではないのだ。

ネイティヴ・アメリカンの倫理学・社会思想は、認識論的、形而上学的、宗教的見解と一体のものである。〔なので、〕ネイティヴ・アメリカンの思想を構成する諸要素を分離して、各要素をきれいに並べることは、もとより不可能なのだ――このような操作は、伝統的な西洋哲学・アメリカ哲学ではしばしばなされるわけだが。この分離不可能性を考える一つの方法は、次のことを思い出すことだ。すなわち、ネイティヴ・アメリカンの形而上学（あらゆる物事は一つであり、すべては平等かつ実在的だという思想）の根底にあるのは尊敬であり、それこそがネイティヴ・アメリカンの倫理学の基礎なのだ、ということを。ネイティヴ・アメリカン思想において最も重要な考えとは、地球は私たちみなに与えられたものであり、私たちはそれを敬い、互いに共有すべきだ、というものだ。このような事実があるからこそ、ケアすること・シェアすることが、ネイティヴ・アメリカンのコミュニティ的な生のあり方の中心に位置するのである。

コルドヴァをはじめとするネイティヴ・アメリカン哲学者たちは、ネイティヴ・アメリカンの倫理学と古代ギリシャ哲学における倫理学の類似性を指摘してきた。その類似性とは、少なくとも人間は本性的に社会的な存在である、という点にある。しかしネイティヴ・アメリカンは、人間の社会性をギリシャ人よりもさらに重く捉え、人間同士の平等性も主張している。〔古代〕ギリシャ人たちは、平等という観念を持ち合わせていなかった。例えばアリストテレスにとって、正義の概念は次のような信念に基づいていた。つまり、対等な人々は社会的財の対等な分け前を得るべきであり、対等ではない人々は対等ではない分け前を得るべきである、そして世の中には生まれながらにして主人であるような人々と、生まれながらにして奴隷である人々がいる――こういった考えである。ネイティヴ・アメリカンの道徳思想においては、このようなヒエラルキーの概念は存在しない。

ヒエラルキー的な思考をせず、平等性について包摂的な感覚を受け入れている点が、おそらくネイティヴ・アメリカン倫理学の本質である。ヒエラルキー的な区別を認めないネイティヴ・アメリカンたちは、人間関係を駆け引きだと捉えたり、互いの邪魔をするプロセス、あるいは好戦的な人々による希少な資源をめぐる競争として理解するということはない。西洋の〔人間関係についての〕主張では、私たちは互いに競争状態にあり、最小限の社会的な協働を達成するために互いに取引するものだとされることがあるが、これはネイティヴ・アメリカンとは正反対である。ここで興味深く、かつ重要なことを述べるとすれば、ネイティヴ・アメリカン思想においては、人間を競争相手として考えることは、孤立と利己主義につながるが、西洋思想においては真逆の事態が起こるとされる。例えばホッブズによれば、孤立と利己主義は戦争につながり、その後にようやく、各個人は自らの利害関心のためだけに社会組織をやむなく受け入れることになる。ネイティヴ・アメリカンにとっては、孤立と利己主義は、人間をコミュニティから切り離された非協力的かつ競争的な存在と捉えることの原因であると同時に結果なのである。西洋の哲学者の考えでは、人々は孤立した個人として、希少な資源をめぐって競争する者たちの集まりだとされる。それとは対照的に、ネイティヴ・アメリカンの考えでは、生き残れるかどうかは〔他者との〕協働にかかっている。さらには、ネイティヴ・アメリカンは協働を自然なものとして認識する傾向にあり、自己がコミュニティから離れた個人で、協働は人工的なものだと考えたりすることはない。

コミュニティがネイティヴ・アメリカンの思想において中心的な位置を占めているということは、不正行為の理解と、それへの反応にも影響している。不正行為は、人がコミュニティにおける自分の居場所を理解し損ねたり、他者への侮辱の結果として起こる。コミュニタリアン的なネイティヴ・アメリカン社会では、部族からの追放という措置が、不正な行いに対する適切な反応なのである。人の人間性は、コミュニティの中で創造されるものなのだから、ネイティヴ・アメリカンにとって、集団からの追放（もはや人間とはみなされなくなることを意味する）以上に厳しい罰はないのである。

人間性は内在的に社会的な本性を有しているとするネイティヴ・アメリカンの発想は、人間が世界や他者と切り結ぶ関係について、（西洋哲学のそれとは）清々しいほど異なる理解の方法を提供している。人間は社会的存在であり、すべての事物と結びついているという理解の含意とは何か？　それは、ネイティヴ・アメリカンの理解では、何が存在するのか、私たちは何を知っているか、私たちは何者か、そして私たちは何をすべきかといった事柄は、相互に絡み合っているということである。ネイティヴ・アメリカンの思想は統一されたものであり、聖なるもの、人間的なるもの、社会的なもの、そして自然なもののすべてがひとまとまりになっているのだ。

ネイティヴ・アメリカンは、精神的、宗教的、そして伝統的な生き方・あり方を実践する中で、〔今後も〕苦難を経験し続けるだろう。けれども、彼らは長年の抑圧に屈せず立ち上がり、ネイティヴ・アメリカン哲学を構築し続けている。〔この独自の哲学を〕構築することは、ネイティヴ・アメリカンのためになるだけでなく、伝統的な西洋哲学にとっても非常に有益でありうる。例えば、天国も地獄もなく、まさに〈ここ〉という現実以外には他の世界などないという〔彼らの〕思想について、信心深い西洋人であれば、そこからどのような宇宙観が得られるのかと疑問に思うかもしれない。このような思想においては道徳性の基礎づけもなければ、正しさと悪さの意味もなくなる、と西洋の宗教信者は考えるかもしれない。しかし、こうした考えは、真理からは程遠い。ネイティヴ・アメリカンの形而上学と宗教哲学は、彼らの科学、認識論、そして倫理学と同様に、コミュニティ的かつ関係論的なものである。この世界という基礎づけが道徳性のために存在し、それは善にして道徳的な生を生きるために適した基盤であり、大地、地球、そして存在するすべての事物の神聖さと一貫したものなのである。

批判

クワインは、知識についての伝統的な見解が有するいくつかの問題を明らかにし得た。ただ一方で、分析的／総合的の区別を否定することが、認識論的な主張をする際により慎重になるよう私たちに諭すという効果を超えて、実践的な価値を有しているかどうかは、明白ではない。加えて、「分析的」と「同義的」が本当に同じことなのかどうか、あるいはこの問題について根本的な不明瞭さがあるかどうかという〔クワインがこだわっている〕問いは、おそらく、私たちにとっては悩む必要のないものである。最も重要なのは、自らの考えによって、私たちが何をなすのかということであろう。

正当化された真なる信念が本当に知識なのかどうかは、深淵な問題だといえる。それは知的関心を喚起するし、たいていの解決案を拒む、興味深い「ゲティア問題」を生み出すが、だからなんだというのだろうか？　一部の論者は、この問題のすべては、どうでもいい事柄に対するから騒ぎだという。〔そもそも〕哲学史において、哲学者の大半が「知識」という概念を、ゲティアが表明した「正当化された真なる信念」のような仕方で定義していたというのは、本当に事実なのだろうか？　ひょっとすると、ゲティアが「問題」を定義したことで、〔そもそも存在しなかった問題が〕新たに生み出されてしまったというのが正しいのではないか？　西洋思想史を特徴づけてきたものとして彼が主張する知識観は、哲学において一般的なものではなく、むしろ彼がでっち上げたものなのかもしれない。

実在と知識の本性についてのネイティヴ・アメリカンの発想は、西洋の伝統における哲学の問題として私たちがしばしば理解する際に用いる諸カテゴリーには、容易に包含されることはない。〔だが、〕ネイティヴ・アメリカンの哲学は口承でしか教え伝えることができないという主張は妥当だろうか？　というのも、ある立場を話し言葉という思考のための記号を用いて語ることは、書き言葉という思考のための記号を用いて哲学的立場を紙の上にインクで記すのと、大して変わらないという可能性が、そこでは無視されているように思われるからである。〔また、〕ネイティヴ・アメリカン哲学者は、非ネイティヴ・アメリカン哲学者がネイティヴ・アメリカン哲学について書いたり理解しようと試みるときには、その哲学から何か失われてしまうと信じる傾向にある。その原因はたいてい、非ネイティヴ・アメリカン哲学者が著述において、ネイティヴ・アメリカンのものではなく、〔西洋哲学という〕自らの伝統に属する概念を用いるからだとされる。しかしこの指摘は、あらゆる哲学的立場について、それが過去のものであれ現在のものであれ、人が自らのものとは異なる立場について学び表現しようとするときには、翻訳によって何かが失われる、という〔一般的な事態にすぎない〕ことではないか？　例えば同じ批判は、古代ギリシャ哲学を理解しようと試みるアメリカ人にも当てはまるだろうか？　その可能性は十分にあるが、だからといって、私たちが理解する限りにおいてその哲学の諸問題と取り組もうと試みることは妨げられるべきではないし、古代ギリシャ思想についての私たちの理解を、最大限に〈いま・ここ〉〔の文脈〕に活かそうという努力も、妨げられるべきではない。同様に、ヨーロッパ系アメリカ人が自分自身をネイティヴ・アメリカンの文化と歴史に完全には浸すことができないからといって、その思想伝統に公平な仕方で耳を傾け、人間の条件を改善するためにそれを役立てようという誠実な試みは、妨げられるわけではないだろう。

ネイティヴ・アメリカンはもはや、個人とコミュニティの衝突に内在する諸問題を免れることはできない。その点では、ヨーロッパ系アメリカ人がまさに同じ問題と取り組まざるをえないのと変わらない。ネイティヴ・アメリカン思想は確かに、とりわけコミュニタリアン的な傾向を持っているというのは事実だ。しかし、現在のネイティヴ・アメリカン思想の表現と受容には、科学や知識についての個人主義的理解と、コミュニティにおける個人の位置との間の緊張関係こそが、部分的にではあるが影響している。加えて、ネイティヴ・アメリカンの科学は、西洋の伝統における科学観とは異なった新鮮な見解ではあるものの、本章で提示してきた〔彼らの思想体系における〕諸概念を応用することが、現実の生活における問題の解決に向けて、西洋の科学が実現したような形で寄与する（例えば、ワクチンや技術の開発）かどうかは明らかではない。

ネイティヴ・アメリカンの倫理学・社会思想は、伝統的な徳倫理学やコミュニタリアニズムと同じ問題や困難を抱えているように思われる。たとえネイティヴ・アメリカンが、ヨーロッパ系アメリカ人のように、個人の権利の擁護、そして自分の財産や人格に対する他者の侵害・侵入から自己を防衛することについては憂慮していないのだとしても、部族ないしはグループの中では、問題に対するユニークな解決や生き方における差異や発展が、抑え込まれてしまうかもしれないという危険がある。エマソン的な観念、つまり特異な人、社会不適合者、システムに逆らう人こそが創造者や革新者になる可能性を有しているという考えに、何らかの真理が含まれているとすれば、ネイティヴ・アメリカンの生き方の帰結として、個人の創造性や自発性は抑制されることになるかもしれない。とは言ってみたものの、私の考えでは、このことがネイティヴ・アメリカンに当てはまる可能性は高くはないだろう——全体が部分に優先するであるとか、国家（や集団）が個人に優先するという、アリストテレスのような立場を採用するヨーロッパ人と比べれば。

結　論

本章では、二〇世紀アメリカにおける形而上学、認識論、科学哲学の重要な展開を概観してきた。また、ネイティヴ・アメリカン思想が哲学のこれらの領域において伝統的なアメリカ哲学とは際立って異なっていること、特にそこで最重視される「コミュニタリアン的な」性格にその違いが見られることを見てきた。ネイティヴ・アメリカン哲学の統一性は、形而上学的、認識論的、科学的、宗教的、道徳的領域において、コミュニティが中心的な位置に置かれる点に見て取れるが、このことを考慮にいれることで、二〇世紀・二一世紀のアメリカ哲学における倫理学、社会思想、政治思想のさらなる展開に向けた、有益な視座と重要な参照点が得られる。

第七章の推奨文献

この章で取り上げたテーマについては、膨大な数の資料がある。手に取りやすく便利で、幅広いトピックを扱ったものとしては、次を参照。Alex Orenstein, *V.W. Quine* (Princeton: Princeton University Press, 2002); Noah Lemos, *An Introduction to the Theory of Knowledge* (New York: Cambridge University Press, 2007）; Gary Gutting, *Paradigms and Revolution*（Notre Dame: University of Notre Dame Press, 1980）; Imre Lakatos, ed., *Criticism and the Growth of Knowledge*（Cambridge: Cambridge University Press, 1970）。

ネイティヴ・アメリカンの哲学について、特に優れてオリジナルな資料としては次がある。V. F. Cordova, *How It Is*（Tucson: University of Arizona Press, 2007）と Vine Deloria, Jr., *God is Red: A Native View of Religion*（New York: Putnam, 1973）。Deloria は、ネイティヴ・アメリカンの哲学の他の側面を扱った本も複数発表しており、扱われたテーマには科学、政治理論、高等教育が含まれる。Anne Waters, *American Indian Thought: Philosophical Essays*（Malden, MA: Blackwell, 2004）は、ネイティヴ・アメリカンの手による論考を集めた重要な作品である。ネイティヴ・アメリカンの哲学についての優れた情報源として、*American Philosophical Association's Newsletter on American Indians in Philosophy* があり、次の URL で読むことができる。www.apaonline.org

訳者による推奨文献

クワインとクーンの解説書としては、丹治信春『クワイン』（平凡社、二〇一七年）、野家啓一『パラダイムとは何か：クーンの科学史革命』（講談社、二〇〇八年）が分かりやすい。ゲティア問題に触発されて繰り広げられてきた現代認識論における議論・立場を紹介したものとして、専門家が執筆・翻訳した次の教科書が頼りになる。ダンカン・プリチャード『知識とは何だろうか：認識論入門』（笠木雅史訳、勁草書房、二〇二二年）。ネイティヴ・アメリカンの思想・文学について日本語で読める論文集としては、西村頼男、喜納育江編著『ネイティヴ・アメリカンの文学：先住民文化の変容』（ミネルヴァ書房、二〇〇二年）。

訳注

［1］　二〇世紀初頭にヨーロッパで生まれた哲学運動。哲学を経験科学と連続した営みとして捉え、検証可能な命題のみを有意味なものとして認め、実証的根拠を持たない形而上学的言明を排除するべきとした。中心人物・支持者の一部がイギリスやアメリカに移住したため、英語圏における実証的な科学哲学や分析哲学的アプローチの形成に影響を与えたとされる。次を参照。A・J・エイヤー『言語・真理・論理』（筑摩書房、二〇二二年）。

［2］　論理学において命題（proposition）とは、判断を言語的に表現したもので、真（true）あるいは偽（false）であるもの。哲学文献では命題を表す記号として、英語の頭文字をとったpやPが用いられることが多い。また、二つ目に登場した命題は、アルファベットでpの次にあたるqやQが用いられる。

［3］　「独立宣言」に登場する表現。次を参照。アメリカンセンターJAPAN訳「独立宣言（一七七六年）」https://americancenterjapan.com/aboutusa/translations/2547/

［4］　ある概念（例えば「猫」）に属する具体的な個体（個別の猫たち、例えば「ペットのタマ」、「ペットのウララ」）を、その概念の外延（extension）という。共外延的な表現とは、二つの表現が別々の個体グループではなく、どちらも同一の個体グループを指すものを指す。クワインが「経験主義の二つのドグマ（Two Dogmas of Empiricism）」（一九五一年）で挙げた「心臓を持つ動物」と「腎臓を持つ動物」という例がよく用いられる（これら二つの概念で指示される個体のグループは一致する）。

［5］　基礎づけ主義とは、知識や信念、あるいは学問について、その成立を認識論的に根拠づけるもの（基礎づけ）が必要だとする立場。デカルトは基礎づけ主義者、プラグマティストは反基礎づけ主義者とされることが多い。

第八章　アメリカ哲学の最近の展開（第二部）

倫理学、社会・政治哲学

アメリカ思想の実践性は、現代哲学者の観念にも受け継がれている。〔本章で扱うことになる〕彼らの仕事の領域は、個人主義とコミュニティについての道徳・社会・政治哲学、アメリカのフェミニスト倫理学、そしてアフリカン・アメリカン哲学である。本章で議論する哲学者たちは、過去六〇年のアメリカ哲学を代表するといえる人々であり、社会正義と政治的理念の問題についての関心を共有しつつ、それらの問題に対する解決を提供している。彼らの思想の射程は、**リバタリアニズム**からコミュニタリアニズムまで、同化主義から分離主義まで、そして正義の哲学から愛の哲学にまで至る。

個人とコミュニティ

ジョン・ロールズ（一九二一―二〇〇二）は、一九五〇年代に発表した論文「公正としての正義」（一九五七）と、一九七一年に上梓した画期的な著書、『正義論』によって、社会契約論への関心を新たに喚起した人物である。彼のヴァージョンの契約論は、リベラルな民主主義社会についての一つのカント主義的見解を表現したものであり、個人の権利を基盤に据えたものである。

ロールズの契約論においては、カントの倫理学理論が重要な位置を占めている。ロールズは功利主義を拒絶した。なぜなら、功利主義は〔社会全体の〕幸福の最大化に焦点を当てているために、一部の人々を〔手段として〕用いることで多数派の利益を優先することにつながりかねないからである。彼はまた、**直観主義**を拒絶した。その理由は、直観された原理について、〔複数の人々が〕合意に達することは不可能だから、というものだ。功利主義と直観主義が権利と尊厳を確保することに失敗する一方で、カント的倫理学を社会の基本構造に適用することで、社会をいかに編成し、共通善を推進するか、という問題が解決できる――〔こうロールズは考えた〕。

正義を理解することとは、すなわち公正を理解することである。ロールズの主張によれば、人々が異なる地位を占めること、あるいは富の分配に格差があること自体は、不公正ではない。不公正が存在するのは、特権的地位を占める人々が、少なくとも部分的に、他者の不利益を通じて、そのような地位に至った場合である。ロールズは社会的格差を除去しようとしたのではなく、それを統制することを目指したのである。

ロールズの理論が統制的だとされるのは、原理を導出するときに、正義を確保するための公正〔fair〕な手続きを用いているからである。社会を適切に編成するための正義の原理は、パターン化された原理であり、**純粋な手続き的正義**として導出されたものである。公正かつ偏りのない条件を設定し、そこから正義の原理を定式化すること――これを達成するためにロールズは、伝統的な社会契約論者の用いる自然状態を彷彿とさせる、ある仮想的な思考実験を提案した。ロールズはそれを「**原初状態**」と呼んだ。原初状態とは、原初的な契約者たちが理性〔理由〕を用いることで、正しい社会秩序のために正義の原理を導出するような状態である。ここで重要なのは、ロールズの目標は文字通りの政治革命によって完全にゼロからすべてをやり直すことではなく、既存の社会に適用しうるような正義の原理を導出することだという点だ。

仮想的な原初状態における原初的契約者たちは、「**無知のヴェール**」のもとで、潜在的な正義の原理について互いに熟慮する。もし誰一人として、自分自身の生に関する具体的・偶発的事実や状況――年齢、人種、経済状況、身体その他の障害など――について知らなかった場合、どのような原理が受容されるかを、彼らは熟考するのである。ここで目指されていることとは、バイアスを除去することだ。契約者たちの手元に残された情報とは、彼ら全員が**基本財**を必要とすること、そして全員が善を求めることを、彼らが知っているということ〔のみ〕である。

契約者たちがみな異なる個人であるということが意味するのは、彼らがそれぞれ、善き生について異なる構想を持ちうるということだ。基本財とは、人々が他に何を欲するかに関わらず、誰もが求めるものである。ロールズの手続きが可能にするのは、すべての目標が基本的な欲求やニーズの充足に依拠するという条件のもとで、多様な人々が多様な目標を追い求めることである。また、自らの利益を追求する人々であれば、「無知のヴェール」が取り外され、自身に特有の偶発的・具体的な状況が判明したときに、可能な限り最もよい社会的地位にいることを望むということも、この手続きでは考慮に入れられる。

可能な限り最もよい社会的立場にあることの意味とは、もし仮に人が実際の〔人〕生において理想には満たない状況に置かれたとしても、最も恵まれない立場〔の利益〕を最大化するという正義の原理の目標は、**マキシミン戦略**によって達成されるということだ。いかなる社会であろうと、社会的立場の底辺にいたいと望む者はおらず、そしてそのような立場にある人々の立場を改善できるのに、より悪くすることは、公正でもなければ正義にかなってもいない。もし原初的契約者が、正義の原理を創出する決定手続きの間に、自分がキリスト教徒かイスラム教徒か、金持ちか貧乏人か、あるいは自身についてのその他のあらゆる偶発的な特性について知らなかった場合、「ヴェール」の幕を上げたときに、こういった偶発事のせいで不利な立場に置かれる〔という帰結を生むような判断をする〕ことはないだろう。**合理的に自己の利益を追求する**人々は、理にかなった人生プランを実現する機会を得るために、自らが獲得可能な中でも最善のものを欲求するものだ。

正義は公正な手続きにおいて見出されるもので、誇張的懐疑をくぐり抜けた後のデカルトの精神のごとく、白紙状態の合理的な出発点から生じる。合理的に自己の利益を追求する人々は、無知のヴェールに包まれた原初状態から、二つの正義の原理を導出する。そしてそれらの原理は、〔ある種の〕**定言命法**なのである。定言命法とは、理性から導かれる普遍的に適用されうる道徳原理で、人格の尊重を保証し、各人が自律的・合理的な道徳的主体として、自らに対して規則を与えうることを承認するものである。

正義の原理は定言命法なので、例外を持たない規則である。人格の尊重と整合的であるためには、導出されたいかなる規則も、合理的な存在が何らかの目的に対する〔単なる〕手段として扱われることを、決して許容しないようなものでなければならない。ロールズは、原初状態からは次のような正義の二原理が導かれると結論づけた。それらは「**平等な自由の原理**」と、「**格差原理**」である。平等な自由の原理とは、各人が、他者の自由と両立可能なものとして、基本的自由に対する平等な権利を持つべきだというものだ。平等な自由には、投票権、集会の自由、その他民主主義的社会に参加するために不可欠な諸権利が含まれる。格差原理とは、社会的あるいは経済的な不平等は、すべての人々の利益になるよう調整され、かつ誰もが占めうる諸々の立場を考慮するものでなければならないとするものである。

平等な自由の原理は、格差原理に優先する。格差原理は、平等な自由の原理を補助するようデザインされており、富、地位、機会において不均衡が存在する場合に、そうした不均衡はどのようなものであれ、平等な自由と整合的になるように調整される。別の表現をするならば、平等な自由の原理は格差原理を制約しており、それによって、自由を制限する唯一の理由は、より多くの自由を得るときに限られている。要するに、抑圧されることを利得だと捉える人は誰もいない〔のだから〕、平等な自由の原理は、抑圧に対する防止装置なのである。例えば、合理的な人であれば、経済的安定を享受するための自由を放棄することはない。なぜなら、自由を放棄する上で、人は経済的安定を享受する権利をも放棄することになりうるからだ。このような場合には、正義の原理は両方ともに侵害されることになる。

ロールズの理論からは、ある種の福祉国家が導出される。それは、平等な自由の原理の条件が充足されることを保証するために、富と機会における不平等が、富と財産の再配分によって是正されるような国家である。ここで想起すべきことは、ロールズによれば、原初的契約者は格差原理という矯正的・互恵的な平等主義原理に同意するということだ。ここで根底にある発想は、自分の状況がよりましなものになることが、他者の状況をよりひどくすることを意味するのであれば、そのような状況を求める人はいないというものである。格差原理が要請するのは、一部の人々がより有利な地位を占めているときには、彼らの経済的財の一部が再分配（例えば、税金等を通じて）されることを彼らが受容し、それによって、他者の自由の行使が実現・保護されるようにすることである。

パターン化された再分配原理であるロールズの正義論に対して、彼の同時代人にして〔ハーバード大学の〕同僚であるロバート・ノージック（一九三八―二〇〇二）は、異議申し立てを行った。正義の原理の本性についてのノージックの立場は、ロールズのそれとは重要な点において顕著に異なっている。しかし、個人とその権利こそが最も重要であるという点については、両者ともに同意している。

ノージックは、リバタリアン的契約主義者として、カント的原理とロック的原理をどちらも用いて、分配的正義の理論を定式化した。人間の尊厳に対するカント的尊敬と、所有に対するロック的見解を受容することで、『アナーキー・国家・ユートピア』（一九七四）におけるノージックの正義論は形成されたのである。

カントによれば、あらゆる人格は内在的尊厳を有しており、その理念に反するいかなる扱いもなされてはならない。ロックの議論によると、あらゆる人格は所有・財産に対する権利を有しており、他者の権利を侵害しない限りにおいて、人は自らの所有・財産を自分の好きなように用いる権利も保有している。ノージックが主張したのは、これらの考察に基づくと、ロールズの理論は正義にかなってもいなければ、公正でもない、ということだ。

ノージックの立場とは、ロールズの正義の原理はパターン化された原理であり、財産の所有についての実際の歴史的条件に先立って設定されている、というものだ。ノージックの説明によると、ロールズの原理は人間の動機づけとは不整合である。なぜなら、獲得についての公正な条件の結果として得られた富や財産の一部が時には人々の手から奪われることを、ロールズの原理は要請するからである。

獲得についての公正な条件は、ノージックによる歴史的正義原理において記述されている。〔すなわち、〕**獲得の正義原理**と、**移転の正義原理**〔の二つ〕が、「歴史的」原理と呼ばれるものである。「歴史的」という言葉の意味とは、人が事物に対する権利を有するという事態は、所有の起源に依存するということだ。ノージックの原理は非常にシンプルである。獲得の正義原理とは、人が財産に対する権原を持つ〔is entitled to〕のは、他者の権利を侵害しない方法でそれを獲得したときだ、というものだ。すなわち、その人は他者から盗まなかった、というのが〔適切な獲得の〕例である。移転の正義原理とは、獲得の正義原理を拡張したもので、他者から財産を受け取った人がいたとして、もともとの所有者が財産を公正な獲得もしくは事前の移転によって獲得していた場合、受け取り手は移転されている事物に対する権原を持つ、というのがその趣旨である。別の言い方をすれば、人が他者の権利を侵害しないで（つまり、ノージックの原理のどちらも侵害しないで）財産を獲得する限り、財産の所有者はそれに対して権原を持つ、ということだ。

これらの原理と、ノージックが「結果状態」原理と呼ぶ、ロールズの格差原理のような説の間には、際立った違いがある。「**結果状態**」**原理**は、分配がどのように生じたかではなく、分配がどのような結果になるかを決するものである。ノージックの見解においては、ロールズの格差原理は人格も、その所有・財産も尊重しておらず、したがって不正である。ロールズの格差原理のような、結果状態を規定するパターン化された正義原理の想定では、世界に存在する事物は、それらを所有する人々から分割可能かつ分離可能であるとされる。ロールズの立場は正当化不可能であるとノージックが考えた理由を理解するために、所有の正義原理と移転の正義原理の意味、重要性、そして正義を示すためにノージックが用いた、次の事例を考察してみよう。

ある有名なバスケットボール選手がいて、多くのファンが彼の試合を見るのを楽しんでいるとしよう。そして、ファンたちはそのバスケットボール選手〔のプレイ〕に感動したために、チケット代に加えて、その有名な選手の名前が書かれた箱に各自が一ドルを投じ、そのすべてが当該の選手一人の手に渡るとする。この選手は、チームの一員としての通常の給料だけでなく、箱の中に投じられた追加のお金をも受け取ることになる。ここで問題となるのは、その選手が追加のお金に対する権原を持つのかどうかである。ノージックの答えは、その選手は確かにそのお金に対する権原を持つ、というものである。彼がそれに対する権原を持つ理由は、ノージックの正義原理同士の関係を理解することで説明される。

話を単純にするために、そのファンが箱に入れたお金は、公正な獲得プロセス（例えば、働いて得たであるとか、お金の正当な所有者から譲り受けた等）を通じて得られたものだと仮定しよう。彼らが箱に投じたお金は、箱に入れるその瞬間まで、彼らのものだったのであり、〔箱に入る〕その瞬間に、お金に対する権利はバスケットボール選手に移転したことになる。追加のドルを箱に入れた人々が、公正な条件のもとにそのお金を得たという理由をもって、そのドル札を好きなように用いる権利を持っていたのだとすれば、バスケットボール選手が追加のお金をファンから得るとき、彼は移転の正義原理に基づいて、お金に対する権利を獲得したのだといえる。

しかし、他の選手はどうなのだろうか？　他人の名札がついた箱の中に入れられた、その名前の選手のために投じられたお金に対して、他の選手たちは権利を持っているのだろうか？　この問いに対するノージックの答えは単純明快な「否」である。ノージックにとって、社会的存在である人にとって基礎となる要素の一つは、自由である。ノージックが用いている、基本的権利（自由）の所有というロック的発想は、ロック的な自然法において明示的に与えられている。ここでの自由とは、各人が自らの所有・財産を自分の好きなように用いることができることを指している。自由は権利であるため、当該のバスケットボール選手はファンからもらった追加のお金を受け取る権利を持つのである。

これに対する批判として、チームの他のメンバーがいなければ、その有名な選手はそもそも追加のお金を受け取れるような立場にはなれなかったのだから、その意味で他の選手たちも箱に入れられたお金の分け前を受け取る権利を持っている、という人がいるかもしれない。しかしノージックは次のように論じることで、このような批判を退ける。すなわち、私たちが社会から受けた恩恵について、単にそれを受け取ったからという理由のみによっては、それに対する支払いを行う必要はない、と。バスケットボール選手の例において、「社会」とはチームのことである。チームメンバーであることは、しかしながら、他のメンバーの利益のためにチームが個人を犠牲にすることを正当化することはない。有名なバスケットボール選手が、チームの一員であるということによって利益を享受しているというのは確かだが、通常の場合、チームメンバーたちは他の選手の給料を受け取る権利を持っていると感じることはない（あるいは、少なくとも、そう感じるべきではない）。選手各位は給料を受け取るわけだが、それぞれが受け取る給料は、経験、能力、その他個人の特性に応じて、異なることがありうる。さらに論点を明確にするために、ノージックは別の例も用いている。ある人が別の人に本をあげるのだが、受け取り手はそれを求めてもいないし、代金を払うことに同意してもいないという状況がそれだ。受け取り手が欲しておらず、支払いについての同意もないのであれば、もともとの本の所有者が受け取り手から料金を請求したり、無理に支払わせたりすることは正義にもとる。これ〔と同じこと〕を集団が行ったとしても、それは同じ程度に不正である。何らかの利益が人に与えられたとして、それについて受領者が受け取ることに同意していないものだったならば、そのような利益に対する代金が支払われることを期待するのは不正なのだ。とりわけ、集団が何らかの利益について料金を請求するが、集団自身がその利益を提供したわけではないような場合は、特に不正なのであって、それは先に述べた有名な選手がファンから与えられたお金〔の例〕に当てはまる。有名な選手が追加のお金を受け取ることについて、他の選手たちには何のコストもかかっていない。当該選手が追加のお金を受け取ることに対して、ファンたちは明らかに何も請求していない――ファンたちは端的に、お金をあげた〔だけな〕のである。〔そうなのであれば、〕なぜ他の選手たちは、そもそも最初から自分のものではなかったものに対して見返りを期待しうるのだろうか？

同じことが国家の場合にもいえる。もし、個人が他の個人の権利を侵害することが不正なのであれば、国家が個人の権利を侵害することも不正である。国家とは、個人が自らの利益のため、また自身の権利を守るために形成されるものなのであるから、個人の権利を組織的に侵害するシステムに個人が同意するという筋書きは、全く理にかなっていない。国家は個人に対しては中立的であることを要請されているが、個人の正当な財産が、他者の利益のために奪われるようなシステムは、中立性と〔個人〕尊重という価値の両方に反している。財を奪われるのはほかならぬ具体的な個人なのであって、誰にも属さない状態で世界に突然現れた、所有者なき抽象的な財産が持ち出されているわけではないのである。ノージックが主張するのは、すべての財産は誰かの所有物なのであって、それらは具体的な個人や集団に属するものとして世界に存在し、それらの所有者たちはその財について独占的・排他的な権利を有するということである。ロールズが提案したようなシステムは、所有権をこのようなものとして認識しておらず、個人（バスケットボール選手）が他者のために自己犠牲を払う（追加のお金のすべて、あるいはその部分を差し出す）ことを要請するものである。格差原理に基づいてこのような犠牲を人に要請することは、ノージックの立場からすると、選手に対する権利侵害にほかならない。個人としての選手は、お金への権利を有しており、そのお金をどうするか（とっておく、人にあげる、他の選手に分ける）について決定する権利を持つ。ポイントとなるのは、自らの所有物・財産を分配するかどうか、またするとしたらどのような方式を用いるかについては、当該の有名選手が選択権を持つということである。

ノージックにおける権利保有者としての個人は、したがって、ロールズ的なパターン化された正義原理を動揺させる。なぜなら、ロック的観点からみた所有権は、ロールズの格差原理とは不整合だからである。ノージックにとって、結果状態を規定するパターン化された正義原理は、個人の生〔活〕に絶えず干渉するものだが、それは各人が有する放っておかれるという権利に対する、明々白々かつ端的な侵害なのである——すなわち、人は他者に対して、自分の好きなように所有物を処分する自由について干渉されないという権利を持っているのだ。いかなる個人、いかなる国家であれ、この権利を侵害する権利を有するものはいない。

ロールズとは対照的に、ノージックは最小国家を主張する。**最小国家**（ミナーキー）とは、暴力、詐欺、窃盗その他の人格・財産権侵害から市民を保護するが、その機能の他にはただ自由かつ公正な取引において人々が自由に振る舞えること〔だけ〕を目的として設計される国家である。国家権力の限定というこの発想は、ノージックの正義の原理に内実を与えられたものであり、**夜警国家**ではあるがそれ以上のなにものでもない。

マイケル・サンデル（一九五三—）は、ロールズとノージックの同時代人かつ、二人とはハーバード大学の同僚の関係にある[1]。彼の主張とは、個人の権利を基盤とする道徳の本性や国家についての構想は、不十分だというものである。個人主義的な権利論は、私たちが互いに負っている責務について最小限の概念しか持たず、善については他に優先する最上位の構想を何ら持ち合わせていない。これは、サンデルが重大な問題と考えることの一つである。彼にとっての問題〔の大本〕とは、個人主義的権利論が十分な（あるいは不十分なものも含めて、全く）道徳的基盤を欠いているということだ。

一九八四年に発表された論文「手続き的共和国と負荷なき自己〔The Procedural Republic and the Unencumbered Self〕」、そしてその後に出版された著書『民主政の不満』（一九九八）と『公共哲学』（二〇〇六）においてサンデルが論じているのは、道徳的基盤を抜きにしては、円熟した政治理論を定式化することは不可能だということである。別の言い方をすれば、ロールズやノージックのようなリベラルな理論においては、現実の人間の、実際的かつ生きられたものとしての社会的・政治的配置に対して、不十分な注意しか払われていない。

ロールズとノージックの政治的リベラリズムは、善についての共通構想を要請しない。なので、政治的リベラリズムは抽象的な規則と手続きに依拠するばかりで、明確に定義された目標が言及されることはない。〔しかし、〕共通の目標なしには、コミュニティなど全く存在しない。もし完全に機能している民主主義社会が、市民間の共通目標の明晰化と受容に依存しており、それをもってはじめて市民たちは自らの行為、義務、責務そして権利を構成・形成するのだとすれば、〔ロールズやノージックが想定するような〕権利所有者たる孤立した個人は、コミュニティに十全に参与することなどできないことになる。ロールズとノージックに対して公平な視点から述べるならば、政治社会の構造と組織についての彼らの理論はそもそも、円熟した倫理学理論を定式化するものとして意図されていたわけではないことを、彼ら自身は明確にしていた。それでもなお、サンデルは主張する――政治的リベラリズムにおける、自らの善の構想を選択する者としての負荷なき、孤立した個人は、それ自身が「民主主義の不満」の理由なのだ、と。

民主主義の不満は、現代のリベラルな社会が直面する二つの重大な恐怖の結果として生じる。すなわち、人々が自己統治〔self-government〕を失ってしまったという恐怖と、私たちのコミュニティは道徳の核となるものを全く欠いていることによって崩壊しつつあるという恐怖である。**負荷なき自己**としての人々は、自らが所属する集団や政府の目標と選択について、何の発言権も責任も持ち合わせていない。ロールズとノージックのリベラル自由主義的な見解に限らず、正義の手続き的構想に基づいて形成された社会においては、それがどのようなものであれ、人々は集団に所属しているという感覚を全く持たず、他者と共通の目標もなく、そして他者との安全な結びつきもない。各人は、自分自身に対して主権を持つ存在であり、最小限の意味でしかコミュニティを必要としていないものとされるのである。[2]

サンデルにとっては、人々はリベラルな個人主義者が考えているような存在ではなく、またそうであるべきでもない。私たちは家族の一員としてこの世界に生まれ落ち、一つの〔特定の〕文化の導きによって自身が何者であるかを定義するものとして社会の中で育つのであるから、私たちは最初から負荷ありき自己なのである。私たちが負荷ありき自己ではないと考えることは、自身を抽象的な存在（自らが利害関心とニーズを持ち合わせていること以外は何も知らない、ロールズの原初状態における個人のような存在）として、つまり人間ではない何かとして捉えることを意味する。

サンデルにとって、個々人の利害関心はそれぞれの人が生きる社会と結びついたものである。私たちは、家族、国家、地元等のコミュニティの一員なのだ。もしこれが正しければ、そしてもし、自己をコミュニティの能動的な参加者として理解することが善き生を送るための本質的条件なのだとすれば、ロールズとノージックの政治的理念は不完全なものだということになる。

自らのことを、負荷なき、合理的に自己の利益を追求する孤立した個人として捉え、自己の権利を防衛し自らの個人的な善の構想を追求する存在とするような発想は、私たちが関係的な本性を持つという事実を捉え損ねている。すなわち、私たちはコミュニティに組み込まれた状態で世界に生まれ落ち、そこでは結びつき、関係性、そして他者に対する責務を纏っているのであって、これらこそが私たちが何者であるかを部分的に定義するのである。したがって、リベラルな社会がリベラルな公共哲学を掲げることの問題とは、ロールズとノージックの理論を特徴づけるような自由への志向においては、インスピレーション、目標、コミュニティの感覚、そして自由が用いられる契機としての市民的社会参画、これらすべてを欠いているということだ。

もし私たちが実際に社会的な存在である――アリストテレスやサンデルを筆頭として多くの論者が主張するように――のならば、人格についてのリベラルな個人主義的な構想は、貧弱で不完全なものにすぎないことになる。〔リベラリズムにおける〕個人は、道徳能力を有してはいるものの、指針として用いる理論や枠組みは何も持ち合わせていないのである。コミュニタリアン的徳論者によれば私たちは互いに干渉しないことによってそれぞれの権利を尊重することを要請されるような抽象的個人なのではない。私たちはコミュニティの一員なのであって、そこでは帰属意識と他者への関心・配慮が自然かつ実在的なものなのである。ロールズとノージックの理論のような純粋な手続き的正義のシステムにおいては、私たちはいわば道徳的、社会的、政治的な劇の作家の立場に身を置くことになるが、そこでは意味のある役割を果たす演者は誰もいないのである。

アノミー[3]、孤立、そして自己の喪失感という問題は、私たちの自己、権利、そしてコミュニティや政府を、規則に規定された抽象物にすぎないものかのように扱う社会が生み出したものだ。これに対する解決は、目的と連帯の感覚という、人間にとって自然〔本性的〕な感性を取り戻すよう試みることである。しかし、単に自らの実存を関係論的な存在として認識するだけでは解決にはならない。サンデルは、共和国の伝統である負荷ありき自己は機能不全を起こすことがあると論じている。そうした問題の中でも顕著なのは、「集団思考《グループ・シンク》」や孤立という危険である。また、一人の人が複数のコミュニティにメンバーとして所属する場合に、身の振り方が困難になるという問題もある。負荷ありき人が、どのコミュニティに対して道徳的、社会的、政治的にコミットするのが最善であると知るためには、どうすればよいのだろうか？　こうした問題は不可避なのだと、サンデルは確信している。私たちが抱きうる唯一の希望とは、誰かがどこかで〔こうした問題の〕全体をよく理解し、市民生活という今や失われた民主主義の基盤を創造・修復してくれることなのだろう。

アメリカのフェミニスト倫理学：個人、コミュニティ、権力

アメリカのフェミニスト倫理学がカバーする領域は広い。フェミニスト理論はさらに広く、認識論、形而上学、政治理論等をも含んでいる。〔そのことは承知しつつ、〕本節では、アメリカのフェミニス

ト倫理学に限定して焦点を当てることとし、とりわけ次のようなテーマを扱う。すなわち、キャロル・ギリガンによる道徳発達についての画期的な仕事、ケアの倫理（主にヴァージニア・ヘルドの業績に関するもの）、そして女性に対する抑圧と支配という、陰湿かつ継続的な問題に対するマリリン・フライの分析である。

ほとんどのアメリカの哲学者と同様に、アメリカのフェミニスト倫理学者たちは、議論を応用することで現実の問題を解決することに焦点を当てる傾向にある。革命家、プラグマティスト、ネイティヴ・アメリカン哲学者、そしてアフリカン・アメリカン哲学者たちにとって重要なポイントは、事物をより善い方向に変えていくことだったが、その点においてはアメリカの女性たちも引けを取らない。事物を改善していくために必要とされるのは、求められた変化をもたらすための理論と行為を注意深く考察し、分析することである。道徳発達の理論についての業績、十全に展開されたフェミニスト的ケアの倫理、そして支配と不平等の諸側面についての考察——これらが示すのは、道徳性についての伝統的な構想と社会的・政治的生において、アメリカの女性の声が変化をもたらし要求する複数の様態と、それを現実に生きられた経験に基づいて実現する方法なのである。

キャロル・ギリガン（一九三六―）は〔狭義の〕哲学者ではない。それにもかかわらず、倫理学についての彼女の画期的な作品『もうひとつの声で』（一九八二）は、伝統的な倫理学理論の適用可能性や正確性についての構想を変化させた。ギリガンは、道徳発達の段階について研究する心理学者ローレンス・コールバーグと協働している際に、女の子と男の子の道徳的ジレンマ[4]に対する反応が内容的に異なっていることに気づいた。コールバーグは、道徳性発達の分類体系を構築し、道徳的推論の最高水準に到達するのは、人が道徳的ジレンマに対して、「正義」のアプローチを採用したときだということを示した。このアプローチは、社会契約論やカント倫理学をモデルとした、合理的・個人主義的な応答を特権視するものだ。男の子は女の子に比べて「より高い」点数を獲得する傾向にあった。その理由は、道徳的ジレンマの解決方法として男の子が示した答えが、権利や正義〔といった発想〕、そして私たちの責務は主として他者の権利を侵害することを避けることにある、という伝統的な理解に対して配慮する傾向にあったからである。一方で女の子は、道徳的ジレンマへの回答で測られる道徳発達の尺度における順位では、男の子よりもはるかに低く位置づけられる傾向にあった。なぜなら、彼女たちは権利についてはあまり語らず、むしろ〔人間〕関係の重要性と他者との会話の重要性を強調し、問題についての妥協点や創造的な解決策を見つけようと試みていたからである。

ギリガンは、男の子の方が女の子よりも十全に発達した道徳的推論能力を行使しているという結論を疑問視した。彼女は自ら研究をデザインし、その結果、道徳的ジレンマとその解決方法に対する女の子のアプローチは、「合理的」であるよりも「関係論的」、個人主義的であるよりも「他者志向的」である傾向にあることを発見した。〔男女間の〕二つのアプローチが異なるからといって、どちらかが「より高度」であるとか、道徳的推論についてのより洗練されたタイプであるということが示唆されるわけではない。そうではなく、関係論的／合理的、そして他者志向的／個人主義的という理論上の区別が示すのは、より完全な道徳的見解を得るためには、ケアの倫理と正義の倫理の両方が考慮される必要があるということなのだ。同情、共感、そして行為についての他の「情動的」なものとされる理由は、非合理的であるとみなされたために、伝統的には無視されてきた。だがこれらは実際のところ、伝統的な道徳理論よりもより豊かで完全な倫理の構想の一部をなすものなのである。

ギリガンは、権利・正義に基づく道徳的推論が、ケアに基づく推論よりも優れているとは考えなかった。彼女の研究が示したのは、コールバーグの道徳発達尺度は、何をもって道徳的成熟や道徳的進歩とするかについての歪んだ見解だということだ。ギリガンが論じたのは、道徳的成熟についての没人格的――あるいは「合理的」――な見方は、社会化と学習の課程を経て得られるものであって、その点では人格的、あるいは「関係論的」な見方と同じなのである。女性の道徳的経験は、関係やケアリング〔といった事柄〕を中心として結びついているのであって、正義・公正といった抽象的な観念をモデルとして発展・理解されているわけではない。要するにケアの倫理は、人間同士の家族的・情動的な関係性や相互連関性を体現したものであり、私たちはみな相互依存的な存在だという、**正義の倫理**においては無視されてきた事実を強調する。ギリガンの心理学研究は、したがって、フェミニスト的なケアの倫理にとって重要な意義を持つものなのである。

ヴァージニア・ヘルドは、ケアの倫理を提唱した第一人者の一人である。ヘルドは様々な論考や、著書『ケアの倫理〔*The Ethics of Care*〕』（二〇〇六）において、この道徳理論の基礎と、そこから得られる多くの含意について説明している。ケアの倫理の支持者による議論で最も重要なものとは、伝統的な道徳理論は人間が関係論的な存在であることを認識し損ねているため不十分だという指摘である。私たちはみな、世界に生まれ落ちるとき、誰かにケアされるニーズを持つものとして存在し始める――しかもかなり長い期間にわたって。私たちは抽象的な個人なのではないのだ。私たちは具体的な人格〔を有する存在〕として、ケアという行為に満ちた関係の中で育まれるのである。

伝統的な倫理学理論が女性の経験を考慮し損ねているという問題を解決するためには、単純にその内容に女性を組み込めばよいという見解もあるかもしれないが、それは有効な手立てではない。伝統的な理論に女性を加えても、正義の倫理に内在する問題は解決されないだろう。その問題とはつまり、情動的・関係論的なるものの見落としという事態にほかならない。必要とされているのは、道徳理論の「変容」によって、道徳的経験の一部としてケアの経験を含めることである。おそらく、伝統的な理論がケアの経験を道徳的経験として捉えない主要な理由は、理性と情動、そして公的空間と私的空間という二分法に、伝統的理論が集中していたからであろう。

西洋の伝統では、情動は非合理的・個人的なもので、道徳理論や実践についての普遍的な主張を導くことはできないと考えられてきた。他方で理性は、道徳的真理の源泉であるとして称賛される。しかし、もし「ケア」が道徳性についての構想としてより強固かつ完全なるものだとしたら、伝統的な道徳理論は変容することを要請されることになるだろう。変容はまず、伝統的な倫理学理論における次の主要な焦点を拒絶することにはじまる。すなわち、理性と情動の区別、経験の公的領域と私的領域の区別、そして自己の概念の三つがそれである。

西洋倫理学史において、情動は理性よりも価値が低いものであると考えられており、したがって倫理的真理の源泉としては不十分であるとされていた。プラトン、アリストテレス、カントをはじめ、数え切れないほど多くの人物たちが、情動を明らかに軽視していた。例えばプラトンは、情動を魂の最下層に位置づけ、「欲望」が住まう場であるとした。カントの主張によれば、倫理学において、情動の居場所は全くない。なぜなら、可変的な情動や欲望は定言命法ではなく仮言命法を創り出すもので、普遍性を欠いているからである。

伝統的な倫理学における見解のほとんどに反して、情動やケアリング関係は倫理学という水域を濁すという理解は、事実とはかけ離れている。ケアリング関係は〔むしろ〕倫理的実践を明確にし、それに対して真に人間的な方向性を与えるのである。母性、友情、近所付き合い、そしてその他の個人的・具体的な人間関係は、実際の、生きられた道徳的経験という私的領域を強調するものなのだが、これらは伝統的な倫理学理論には登場しない。伝統的な理論は私的領域を軽視し、公的領域を称揚する。私的領域とは、「女性の経験」が生起するとされる場である。それは、子どもがケアされ、食事が準備され、洗濯が行われるような、「単なる」経験の世界において生物的な機能や身体的な活動が生起する場所である。対照的に、公的領域は「男性的」な場であり、戦士がよその土地を征服し、英雄が勇敢さによって讃えられ、ビジネスや政治のリーダーが商品や金銭についての重要な決定を行うために意志を働かせる空間である。公的領域は、非常に頭でっかちで、合理的、そして身体を伴わないもの（実際にはこの記述は当てはまらない、少し考えれば分かるように）で、理性のある男性に適したものとされる。ここでのポイントとは、少なくとも部分的には、権力、ヒエラルキー、意思決定、生産性といった男性的領域は、依存、規則遵守、製品の消費といった卑しい私的領域に属する事柄よりも、一般的に高く評価されているということだ。

ケアの倫理にとっては、人間の実存において公的領域と私的領域、合理的領域と関係論的領域を区別することは必要とされない。ケアリング関係は、人間を形作る／人間になるとはどういうことかを特徴づける一部分となる点において、公的領域と同様である。あるいは、実際にはケアリング関係の方がより中心的だといえるかもしれない。なぜなら、私的領域は道徳的な存在としての人間が創造される場所だからである。「私的」経験をすべての人間の道徳的経験から締め出してしまうと、人間とは何であるかという問いについて、切り詰められた不十分な概念しか持たないことになる。それが意味するのは、人々をビジネスや戦争の、アカデミアの、あるいはその他の知的労働の形態における競争者・征服者と考えるということである。そこでは、必ずしもすべてがヒエラルキー構造・支配／被支配関係にあるわけではないような、複雑な社会関係における協力者・仲間として他者を眼差す、という視座が失われている。

ケアの倫理は、伝統的な正義の倫理に取って代わるものとして提示されているわけではない。正義のモデルに基づいて人々に接することが適切となる状況もあれば、ケアの方が適切な状況もある。例えば、教師が教室で子どもを公平に扱い、特定の生徒を他の生徒よりも優遇しないこと（正義）は適切である。他方で、ケアが単純な正義よりも優先されるべき状況もある。例えば、各位が厳密に同じ仕方で財、注意、あるいは利益の「ひとしい分け前」を受け取る状態をもって、みなを平等に扱うと文字通りにはいえないときがそうである（「平等」をこのようなものとして考えるのは、「公平な正義」の観点からである）。ここで何がポイントになっているかを示すには、一つの単純な例を示せば十分だろう。〔例えば、〕前立腺検査と子宮頸部細胞検診を行うに際して、男性と女性が平等に扱われるべきだと主張することは、ナンセンスである。女性は前者の検査を全く必要としていないし、男性にとって後者の検査は不要である。ポイントは、他者をケアすること、ひいては他者に対して正義をもって接することは、相手を公的領域において完全に合理的な存在としてみなし、他のみなと厳密に同等なものとして扱うこと以上（あるいは以下）の意味を持つということだ。正義の倫理とケアの倫理の間の差異や、それぞれの利点についての認識を欠くと、道徳の理論と実践は貧しいものになってしまうだろう。

マリリン・フライ（一九四一―）は、レズビアンとして分離主義の立場をとるラディカル・フェミニストである。彼女は差異に注目することで、道徳的、社会的、そして政治的文脈に深く浸透している抑圧的慣習に対抗しようとしており、女性に対する継続的な抑圧に関する重要な議論を行っている。彼女はケアの倫理論者ではないが、正義の倫理の支持者でもない。彼女は、徹底的な分離主義者なのである。

女性たちが不幸にも発見することになった事態とは、抑圧と差別の問題を解決しようと試みる際に、人種やジェンダーといった差異を無視して、「私たちの本質的な人間性」に集中することで問題は霧散するだろうと期待するという方法は、うまくいかないということだ。初期のリベラル・フェミニストが身をもって学んだのは、〔女性を含む〕すべての人間は合理的であり、選挙権を持つべきであると主張しても、彼女らの問題のすべてが解決されることはなかったということであった。陰湿な抑圧と支配は、女性をいまだに苦しめ続けており、女性の従属に終止符を打つための思想と行為における革命は、いまだに完遂していないままである。

抑圧と隷属、そしてそれが悪質かつ不正な仕方で続いていることについてマリリン・フライは分析しているが、これはまさに、そういった苦境に抵抗しそれを除去する方法を知るために必要な革命的行為の一部である。フライは、男女が「同じ」であるとは論じなかった。両性が同一であるとか、いつか完全な平等が実現するかもしれないという可能性を、彼女は疑ったのだ。彼女はこのようなわけで、分離主義者なのである。彼女のゴールは女性を家父長制から解放することであり、そのための方策として、すべての人間、特に女性が「**傲慢な目**」抜きに生きるとはどのようなことかを示すヴィジョンを描こうとしたのである。

フライは自身の立場を説明する際に、ほとんどすべての女性が理解できるような力強いイメージと例を用いている。〔彼女の思想を〕ほぼすべての女性が理解できるが、ほとんどの男性は理解できないということ自体が、フライの議論の力の一部となっている。女性は家父長制社会において奴隷のようになり、知らず知らずのうちにそれに加担していると彼女は強く主張する。フライのポイントを理解するために、エドワーズやロックによる「自由」の説明を考察してみよう。彼らにとって自由であるとは、人が自らの望むことを行うことにおいて妨げられていないということであり、したがって、部屋に閉じ込められた人も、その人物がその部屋を出たいと望まない場合には「自由」であるとされる。なぜなら、その人は自分の欲すること〔部屋に留まっていること〕をしているからである。この見方においては、人が制約を受けている状態にあるのは、その人が部屋を出たいと欲し、かつそうできないときに限られる。自由の本性についてのこの見解は、単純かつよく知られているが、〔フライにとっては〕誤ったものである。これに対するフライの反応とは、人がしたいと望むことはその人自身による自由な選択の結果であるという前提にこの議論は依拠しているが、それは疑わしいというものだ。虐待的ともいえる状況に生きる女性にも、その環境を去る自由があり、彼女が去りたいと欲すれば去ることができるのだから、その人はそこに居続けることを強要されているわけではない――このように述べるのは容易である。しかし、このような発想の単純さは、「強要」という言葉の意味を歪めた上でこうした発想が成立しているという事実を、覆い隠している。

エドワーズやロックの見解では、人が何かを強要されているといわれうるのは、身体的に拘束されているときに限る、とされているようにもみえる。なので、もしある女性がレイプ犯に殺害脅迫を受け、彼の要求に「同意」した場合、彼女は彼との性行為に「自由に」従事したことになり、その証拠として、彼女が抵抗したり逃げようともしなかったことが挙げられるかもしれない。実際には、彼女はこの状況において全く自由ではなかったのであって、それは頭に銃を突きつけられた人が、銃を持った泥棒に財布を渡さない自由がないのと同様である。確かに、この女性にも強盗の被害者にも、拒否する「自由」はあったといえるかもしれないが、それが意味するのは、彼女らには殺される自由があったということである。それは「自由」という言葉についてのいかなる理にかなった解釈によっても、〔実質的な〕自由だったとはいえないだろう。

家父長制社会では、微細な形態の支配が行われている。支配的立場にある男性は、女性を操作し、自尊心や自らに対する関心・配慮を失わせ、代わりに、女性は男性の利害関心に尽くすためだけに存在していると、自らを見るようにさせる。〔そのような考えを抱くようになった時点で、〕彼女は「傲慢な目」に屈してしまったのである。

傲慢な目を持つ人は、世界とそこに存在するすべてのものは、何らかの仕方で自分のためにそこにあるのだと信じている。例えば、地球は人間が利用し、享受するために創られたと信じる人々は、「傲慢な知覚者」である。傲慢な知覚者は、世界は自分のものであり、そのようにあることがあるべき姿であると信じているのだ。傲慢な知覚者は自然を支配することを欲し、事物を支配すること

〔〔英語話者の〕男性は通常、自分が「乗車」し、「運転」する〔自動車のような〕機械のことを、「彼女〔she〕」という代名詞で呼ぶ〕を欲し、そして女性を支配しようと欲する。ほとんどの男性は傲慢な知覚者であるため、世界は自分たちのために設計されていて、自分が為すことは正しいのだと、彼らは信じているのである。

女性もまた、世界は自分のために存在し、自分たちにもそれを支配する能力があると信じるようになることはありうる。フライによれば、残念なことに、女性も傲慢な知覚者になりうるし、実際になることがあるという。彼女らがこうなるのは、傲慢な目を通して、奇妙で倒錯した仕方で世界を知覚するときである。そのとき、彼女らは無私無欲で、他者のために生きるべきだと信じている。無私無欲の人が他者のために生きるとき、彼女が自らを犠牲にしてまで助けようとしている人のことを本当に愛しているかは、疑わしい。

家父長制を克服しうる方法としてフライが希望を持っているのは、私たちが「傲慢な目」を「**愛する目**」に取り替えることである。愛する目があれば、他者を価値と尊厳を持つ独立した存在として認識することができ、人を依存・隷属状態に置くことは決して正しいことではありえないことが分かるようになる。そして私たちは、互いの関係において差異と尊敬を組み込んだコミュニティを形成するようになるだろう。しかしフライはこうも述べている――私たちはこれまでに一度も愛する目を獲得したことはなく、もしそれを手に入れたときには何が起こるのか、辛抱強く待たねばならない、と。

伝統的な倫理学理論が男性と女性の異なる道徳的な「声」をいかに考慮に入れ損ねているかを、キャロル・ギリガンは示した。また、ケアの倫理は私たちの関係論的なあり方や生きられた経験を考慮に入れているという点で、伝統的な理論に対する有効な代替案、もしくはそれに対する追加であると、ヴァージニア・ヘルドは論じた。そして、もし私たちが女性の機会や承認を獲得するという課題について大きな成功を収めたとしても、家父長制社会には抑圧的な慣習が根強く残っており、この問題は単に男女間の平等を志向したり、新しい倫理学理論を創造して古い理論と置き換えるだけでは解決されない――このことを、マリリン・フライは明らかにした。生きられた経験、そして人が自らの抑圧的振る舞いを注意深く〔ケアフルに〕認識することの二つが、真の意味で人間の尊厳と価値を尊重するための出発点になるのだ。

アフリカン・アメリカンの社会思想

アメリカ哲学の歴史の大半がそうであるのと同様に、アフリカン・アメリカンの思想も、平等、権利、そして正義についての関心を中心としている。〔だからといって、〕アフリカン・アメリカンは哲学の他の分野に興味を持っていないであるとか、それ以外の分野では秀でていないというわけではない。端的にいってアフリカン・アメリカンの哲学は、彼らのことを尊厳、尊敬、配慮をもって扱うことを一貫して怠ってきた社会を舞台として、不平等、抑圧、不公正、差別、死の恐怖、絶望、そして無力感に対する闘争を通じて、際立った運動として生まれてきた、ということなのである。以下ではアフリカン・アメリカンの思想について、その特異性と重要性の少なくとも一部を表現するために、十分に広い領域にわたってその内容を提示すること、またアメリカ哲学全体の中でも最良の要素を代表するものとして、アフリカン・アメリカン哲学を強調すること、これらが私の狙いである。この目標を達成するために、マーティン・ルーサー・キング・ジュニアの愛の哲学、ベル・フックスのブラック・フェミニスト倫理、そしてコーネル・ウェストの「**預言的プラグマティズム**」を考察していくことにしよう。

キング（一九二九―一九六八）は同化主義者であり、愛の哲学によって双方の人々（人種差別主義者と被抑圧者）を抑圧の軛から解放することで、民族的統一を目指した。アフリカン・アメリカンに対する抑圧は、社会慣習や不正な法律の結果として生じる。ジム・クロウ法は、南北戦争後にアメリカ南部で制定されたもので、アフリカン・アメリカンに対する白人の激しい憎しみの表れだった。不正な法律に立ち向かい行動することはキングにとって、あらゆる社会慣習を超えた義務だったのである。それは、自らの確信に基づいて生き、自律的な行為を通じて自由を実現し、人間の尊厳を肯定するという義務だったのだ。

不正な法律に異議を唱え行動することは、ソクラテスやソローの伝統に属する義務でもある。ソクラテスは「あぶ」のように振る舞うのをやめることを拒んだが、それはすべてを疑い、知恵を求めるという彼自身の義務を果たすためだった。妥協することを拒絶したために、彼は死なざるをえなかったのである。ソローは（一時的にではあるが）投獄されたが、それは彼が不道徳だと考える政策や行動をとる政府に税金を納めることを拒否したからだった。ソクラテスは、自分の確信に従って生きるという高い道徳的使命を、そしてソローは、不正義に対する**市民的不服従**と**非暴力抵抗**という義務を、それぞれ体現している。キングはこれらの義務を受容し、それによって生きたのだ。

キングの目標は、公正な社会の実現であり、それこそが〔彼の〕使命かつ正義に対するコミットメントだった。「バーミングハム刑務所からの手紙」（一九六三）でキングが指摘しているのは、人種隔離法は不正であるということ、そしてその理由は、この法律が人間の尊厳に反し、少数派の犠牲のもとに多数派を利するために設けられたものだからということだった。不正な法律を破ることは彼の義務だった。不正な法律を破ることは全くもって不道徳ではなく、むしろそれを実行することこそが正しいのだ。人種隔離法のような不正な法律は人間を傷つけるが、それは差別されている人々にとってだけのことではない。人間が傷つけられるのは、隔離された人が隔離者に劣等感を抱き、そして隔離者は支配者として偽の優越感を得ることの結果なのである。

キングの愛の哲学は、正しくかつ正義にかなったことを行い、不正な法律とそれを支持する人々を変えるための市民的不服従を要請する。彼の愛の哲学は、アフリカン・アメリカンだけでなく、白人の人種差別・隔離主義者にも変革をもたらすことを目的としている。アフリカン・アメリカンに対して優越感を感じている人種差別主義者は、愛によって救済される。同様に、自分は何者でもない無価値な存在だと信じている被抑圧者もまた、救済される。両者ともに、キングの愛と非暴力の道からの救済を必要とし、それを受容するのである。

非暴力抵抗がいかにして機能するのか、訝しく思う人がいるのは当然である。抑圧者は、なぜ非暴力抵抗に動かされるというのか？　キングによれば、非暴力抵抗は人種差別主義者の弱点を露呈させ、抑圧者の士気を下げ、彼らの良心を目覚めさせるという。非暴力抵抗者を攻撃した人種差別主義者は、自らの性格の弱みを顕在化させるのである。誰も傷つけていない人々を物理的に攻撃するのは、恐怖の表れである。アフリカン・アメリカンは情念のみに突き動かされるので、知性や信念とは無縁であるという見解があるが、非暴力抵抗者を蹴り飛ばし逮捕する白人の非合理的振る舞いと、白人の抑圧者が抱く暴力への欲望に立ち向かう抵抗者の平静かつ平和な振る舞いが衝突することで、先のような〔黒人に対する〕偏見は払拭される。さらに、アフリカン・アメリカンを支配できているという事実によって優越感を抱き、自らを満足させている抑圧者は、その見せかけの演技を続けることができないことに気づく。非合理的なのは抑圧者であり、抵抗者ではない〔ことは明白だからだ〕。もし非暴力のプロセスがうまくいくのであれば、白人の抑圧者は、これほどまでにひどく、非合理的かつ正当化できない仕方で振る舞ってきたことについて、罪悪感と羞恥心を感じるようになるはずである。

しかしそれ以上に重要なことは、アフリカン・アメリカンは愛の哲学に基づいた非暴力抵抗を通じて、自尊心、勇気、尊厳という、抑圧的な状況で失われていた価値を取り戻すということである。アフリカン・アメリカンは他者との連帯の中で、自分が物事のあり方を変化させる力を持つことを理解することができるようになる。不正に立ち向かうこと、そしてそれがなぜ誤っているかを示すことができること、これによって人は、自らの価値と尊厳の感覚を再認識する。つまりは、キングが述べたように、敵（抑圧者）を打ち負かして屈服させることが大事なのではなく、そのような相手をも友に変え、理解を得ることこそが重要なのだ。キングの非暴力的な愛の哲学は、始まったばかりであり、まだなすべきことは多く残っている。

ベル・フックス（一九五二—二〇二一）[5]は、フェミニスト理論やアフリカン・アメリカン哲学に関する幅広いテーマについて文章を発表しているが、ここではその中でもある特定の側面に注目してみたい。フックスが『ブラック・フェミニストの主張：周縁から中心へ』（一九八四）で述べるには、一八〇〇年代のフェミニズムと一九六〇年代のフェミニズムには、ある顕著な共通点があり、その意味で大きな違いはないという。つまり、どちらにおいても黒人女性の関心が無視されていたということだ。ベティ・フリーダンは『新しい女性の創造』（一九六三）という著作によって大きな波紋を呼んだが、彼女は非白人女性と貧困な女性の存在を無視した上で、子どもの世話や家事には飽き足らない、退屈した白人の主婦という視座から文章を書いていた。フックが明らかにしたように、世の中には子どもの世話をするための家すら持たない女性もいれば、家があったとしても家の外で働く以外の選択肢を持たない女性もいるのである。彼女らの経験は、白人女性のフェミニストによっては代表＝表象されていない。初期のフェミニズムが表明しているのは、ある種の普遍主義的・全方位的な態度であり、それは古代人、近代人、教会、そしてその他すべての集団や制度が表明したのと同じものである、このことをフックは強調しているのだ。そうした態度は支配的な存在であることによって、自らの偏見や不当な思い込みに対して盲目になる、あるいはそういった状態に陥っていることを全く気にしなくなってしまうのである。

ベティ・フリーダンのような女性と、フェミニスト倫理学において考察の外に置かれた他の多くの女性たちとの違いは、中流階級や裕福な白人女性は複数の選択肢を持っていたということ、そしてそれによって彼女らは抑圧されていなかったということである。彼女らは差別や搾取を受けてはいたが、しかしそれでも家の外で働くか、それとも家庭で子どもの世話をするかどうかを決める能力を有していたし、もし家の外で働くとしたならば、子どもを保育園に預けるという選択肢もあった。フライと同様にフックスが認識していたのは、抑圧とは選択肢の不在であるということ、そして富裕層や中流階級の白人女性には選択肢があったということである。しかし、自分が差別や搾取の被害者になっていると白人女性が感じたとき、彼女らは人間の生活についての原子論的・個人主義的な説明〔を行うこと〕に過度に集中したために、コミュニティや自分とは全く異なる人々の状況について無視してしまったのである。白人フェミニストと黒人フェミニストは、連帯するための論点を見つけられなかったのだ。

白人女性が置かれた特殊な立場（黒人女性・男性に対する抑圧者として振る舞うというあり方）によって、そして黒人男性による黒人女性の抑圧によって、黒人女性は他の女性そして男性の双方から抑圧・搾取されている。フックスの関心は、このことを明らかにし、理論的にも実践的にも解放に向けて努力することだった。

解放は、白人男性と平等な立場を獲得することにあるわけではない。男性と平等になることは、女性が他者を抑圧するという利益を得ることを意味する。女性が抑圧者になるということを示すよい実例は、エリザベス・キャディ・スタントンである。彼女は、女性と男性の平等を主張する一方で、黒人男性には選挙権が与えられているのに白人女性には与えられていないことに驚愕していた。初期の女性の権利運動におけるスタントンの尽力は称賛されるべきではあるが、残念なことに、彼女の人種差別的な傾向は、時にその良識を上回るほど〔ひどいもの〕であった。したがって、白人男性との平等によって、抑圧、搾取、そして差別から女性を解放するという信念は、端的にいって間違っている。結局、〔白人〕女性は白人男性との平等を求めるとき、他の女性との一体感やつながりを否定してしまうのであり、それによって、男性が支配的な立場にあるという私たちが生きる社会の伝統と同じ轍を踏み、個人や権利の観点から事物を考え、他者とのつながりの観点から思考することをやめてしまうのである。

フックスの主張によれば、女性たちが他者とのつながりを欠くとき、彼女らはフェミニズム革命におけるシスターであるという自覚を持つことができず、抑圧的・搾取的な状況から抜け出すことができなくなる。フックスは、エマ・ゴールドマンが何年も前に指摘していたことを鋭く見抜いた——投票権を獲得することは、アメリカ社会において必要とされている重要な変化をもたらすための有効な手段ではないと。フックスは、女性が投票権を持つことに反対していたわけではない。彼女が言いたいのは、女性が自らの利害関心に反する仕方で投票する傾向にあるいうことなのである。女性は、自らの家族である男性が投票するような仕方で、つまり彼女らの人生における境遇を変化させないような仕方で〔政治に対する意思決定を〕行うということだ。逆に、白人の人種差別主義の特徴である家父長制という元からあった問題を、彼女らは手助けしてしまっているのである。したがってフェミニズムは、フックスの見解によれば、男性の支配を終わらせ、女性が平等な権利を持つことだけを目指す思想ではない。それどころか、フライが抱いた女性にとっての新しい生のヴィジョンと同じように、あらゆる形態の支配が社会から取り除くようなフェミニズムが志向されているのである。支配を取り除くためには、コミュニティのアクションが要請される。そしてサンデルと同じくフックスが気づいていたように、コミュニティのアクションには、次のような自覚を人々が持つことが必要となる。すなわち、人々は重要な意味において互いにつながっているのであり、それによってこそ、自らとアメリカ社会全体——そこにはすべての人種差別的、性差別主義的、同性愛嫌悪的、伝統主義的、そして抑圧的な集団が含まれる——を利するためのアクションが導かれるのだと。そのとき、人々の視線は、人々の発展に向けられているのである。

コーネル・ウェスト（一九五三—）の「預言的プラグマティズム」は、人種差別との戦いにおける教会への希望というアフリカン・アメリカンの伝統的な感覚と、愛と希望のコミュニティを求めるプラグマティックな文化批評を組み合わせたものである。ウェストは、マーティン・ルーサー・キング・ジュニアをモデルとした愛の哲学を提唱しているわけではない。だが彼とキングの間には共通点がある。それはアフリカン・アメリカンが尊敬を勝ち得て、アメリカ社会における自らの状況を改善させるという目標を達成するためには、分断的・分離主義的なアクションではなく、協働の道を歩むのが最善の選択だという確信にほかならない。**ブラック・ナショナリズム**の暴力や、黒人を劣ったものとして捉えるアメリカ社会の描像を不幸にも受け入れてしまったアフリカン・アメリカンたちの無力感に、キングが同調することはなかった。この点についてウェストは著作『人種の問題』（一九九四）において、アフリカン・アメリカンの零落と自尊心の欠如には二つの原因があると述べている。その二つとは、白人との同化と承認を求める黒人中流階級の主張と、白人の人種差別に固執するブラック・ナショナリズムの主張である。これらのアプローチのどちらによっても、米国におけるアフリカン・アメリカンの生を特徴づける「絶望、恐怖、失望、病、早死」を癒やすという、望まれた効果は得られない。

ウェストが考えるアフリカン・アメリカン哲学者の使命とは、現在よりも善い革命的な未来に向けて努力をし続けることであり、将来的にはすべての人々に対する抑圧が取り除かれる、あるいはその範囲・影響ともに弱められることを理想とするものである。アフリカン・アメリカン哲学者は常に、抑圧を緩和もしくは除去することによって未来を改善するという革命的な目標について主張してきた。だが、アフリカン・アメリカン哲学者の初期の仕事は、その目標を実際に達成するには不十分だった。ウェストの目標は、アフリカン・アメリカン思想の伝統を初期の段階からさらに推し進め、アフリカン・アメリカンを抑圧し続けている資本主義的、人種差別主義的な社会の批判の水準へとそれを高めることである。

自尊心と自己決定を求めるアフリカン・アメリカンの探究は、ウェストにとって、黒人解放神学と結びつけられることで促進・表出されるものである。解放の神学がアフリカン・アメリカンに向けて最初に伝えたメッセージとは、〔黒人〕奴隷はエジプト人に隷属させられたユダヤ人と同じ境遇にある、というものだった。つまり〔黒人〕奴隷は、彼ら〔ユダヤ人〕が自由を獲得するために用いたのと同じ種類の力と不屈の精神を持っていたのである。『預言の解放！：アフロ・アメリカンの革命的キリスト教〔*Prophesy Deliverance! An Afro-American Revolutionary Christianity*〕』（一九八二）やその他の著作などに見られるウェストの立場では、キリスト教とアフリカン・アメリカンのコミュニティにおける宗教的実践への愛着は、自尊心をめぐる倫理と政治の一部をなすものである。聖書を読むという営みは彼らにとって、コミュニティ的であると同時に個人的であり、また宗教的であると同時に世俗的なものでもある。

預言的プラグマティズムのコミュニティ的性格は、不正義と戦うための社会的意識が必要だとする点にある。したがって、「宗教的」な所属を持たず、所属したいと求めているわけでもない人でも、自らのコミュニティにおける不正義と戦うことを希望している限り、それ〔預言的プラグマティズムという思想〕は当てはまるものなのである。個人の価値、そして被抑圧者と抑圧者からなるコミュニティの価値は、ウェストの作品において結びつけられる。そしてその有り様は、愛によって人々が自らの人間性を肯定することができると考えたキングの仕事とも類似している。コミュニティの中でこそ人々は、すべての人が十全な人間としての承認を受けられるように、協働することができるのである。ウェストによれば、キリスト教を受け入れることは必須要件ではないのだが、他者への愛とケア〔という倫理〕、そしてコミュニティが中心的な役割を果たしておりそこでは誰もが他の誰もを価値ある存在として認めている点において、彼はキリスト教の教えに高い価値を見出している。

残念なことに、私たちが生きる社会では、市場原理や物質的な商品が人間性の価値より優先されることが多いという事実がある。人間の尊厳と価値が他のすべての社会的価値に優先すること、そして愛の力によって、社会における最も弱い立場にある人々が無視されず、抑圧されず、そしてコミュニティにおける愛の力でエンパワーされ、自由になり、価値あるものとして認められること——これらを社会が認識することをウェストは求めているのだ。この点は、キングが変革と不正義の是正に向けて愛の哲学を提唱していた姿を思い起こさせる。

個人を高めて自尊心をもたらし、コミュニティに働きかけることで抑圧への抵抗に向けた行為を導くというコミュニティの力についてのウェストの見解は、市民社会に適用されたフェミニストのケアの倫理と密接に関連しているようにみえる。もしそうだとすれば、私たちは市民生活を再構築あるいは修復する必要があるというサンデルの懸念に対して、そしてコミュニティ的・持続的な行為は連帯感抜きには不可能であるとするフックスの憂慮に対して、〔ウェストの哲学は〕少なくとも部分的に活用できるだろう。

ウェストは、自分には価値がないという強い思い込みを持った人々に、自らの境遇について行動を起こすための差し迫ったニーズを感じることを期待することは無理であるということを自覚している。だからこそ、アフリカン・アメリカンの個性と差異を中心に据えることが重要だと彼は主張したのである。私たちの社会が生み出している不正義、抑圧、そして搾取に向かって人々を立ち上がらせようと働きかけるという目的に照らしてみれば、白人と黒人には何の違いもないだとか、男性と女性、富を持つものと貧者の間には差異がないと主張することは、全くもって効果がない。「カラー・ブラインドネス」[6]や無分別な同化主義は、根本的な意味で個人主義的かつ近代的な倫理＝社会＝国家理論であるという点において、継続している人種的従属に対抗するためには何の役にも立たない。女性であるという事実が人生経験において際立った差異を生み出すのと同じように、黒人であるという事実は、個人としてのアフリカン・アメリカンにとって、自らのアイデンティティの本質的な部分となる。私たちはみな全く同一の目的や目標を持つべきだなどと、ウェストは論じているわけではない。そうではなく、私たちは一つの市民的コミュニティに結びついた様々なコミュニティの一部なのだと自覚するべきだというのが彼の主張なのである。

批判

サンデルとフェミニスト理論家たちは、ロールズやノージックの個人主義的な倫理学・政治学理論を批判的に評価している。契約主義的理論の標準的な難点とは、現実の経験の範囲外に適用されるような原理について、人々が事前に合意することが果たしてできるのかという問題と、自分の素性について不完全な情報しか与えられていないという状況において人が合意するであろう事柄は、現実の政治的状況に適用されうるのか、という問題の二つである。

フェミニスト倫理学者が誤っている可能性があるとすれば、それはその信奉者は伝統的倫理学理論には体系的な問題があると考えており、私たちの関係論的な自己を無視することで生み出されている問題を軽減するためには、そうした理論をより注意深くかつ公平に適用すれば足りる、としている点であろう。ケアの倫理の支持者もまた、自分たちが男性主義的な理論家の問題点として指摘しているのと全く同じ錯誤を犯している可能性がある。つまり、誰しもがケアの倫理を受け入れるべきであり、合理的であることよりも思いやりのあるケアリングな態度を持つべきだとする、普遍主義的な主張をしてしまっているといえるかもしれない。

キングとウェストは、愛の倫理があれば自責の念を持たない人種差別主義者〔の態度〕をも変えることができるだろうと考えている点において、あまりにも楽観的であるといえるかもしれない。コミュニタリアンやフェミニスト的なケアの理論家たちがしばしば批判されるときに背景にあるのは、コミュニティやその利害関心を個人の権利に優先させることは、フェミニストやアフリカン・アメリカンが取り除こうとしてきた抑圧や搾取の状況につながってしまう可能性があるという恐れである。キング、フックス、そしてウェストといったアフリカン・アメリカン哲学者たちは、しかしながら、愛の哲学によってコミュニタリアン的な思考と行為の難点を克服し、差異を保持することによってコミュニティを潤す方法を見出したのかもしれない。

結論

ウェストによれば、抑圧、搾取、不公正、不正義に蝕まれた社会的・政治的組織は、コミュニティを崩壊させる。自分の生に意味を見出せない個人は、コミュニティにおける個人としての力の感覚を持たず、ポジティブな社会変革を担うことができない。抑圧された人々は無力感を覚え、自らの人生には大した価値がなく、人からケアされることもないが、それは端的にいって事物の有り様だから仕方がない、とまで考える人もいる――キングのこの嘆きは、ウェストの見解とも共鳴している。

ウェストの主張はまた、マリリン・フライが提唱した傲慢な目と愛する目という重要な区分を強調するものである。私たちの社会は憂慮すべき状況にあり、あまりに多くの人々が、自らの生には深い／真の意味は何もないと感じている。また、人々は物質的な成功こそが人間の価値そのものと同一であると信じ込まされており、共有された人間のプロジェクトにおける他者とのつながりの感覚を持てずにいる。多くの市民が飢え、貧しく、疲れ、ホームレスとなり、抑圧され、権利を否定され、卑劣な状況で暮らしている——私たちの社会が自らの理念に忠実であれば、このような境遇から人々を解放できるにもかかわらず。こんな社会は、私たちが自分で思っているほど偉大ではないことに気づくよう、眠ったままのアメリカを目覚めさせるべきである。ウェスト、サンデル、そしてヘルドの三者が合意し、私もまた賛同している論点とは、経済的繁栄にすべての注意を向け、そうすることによって他者を搾取するような社会は、正義にもとるということだ。不正義が存在するのは、個人が自らの注意の大半を自己利益に向け、「合理的人間」のモデルに沿って生きる場においてである。そして近代の道徳・政治思想が想定する孤立した原子論的な個人〔という観念〕こそが、コミュニティの成員である人々が共有する目標や理想など何も存在しないような状況を創り出してしまうのである。自分は集団の一部ではないと感じられるとき、そして自分の利害関心は常に他者に抗して防衛されなければならないと思われるとき、人々は次の点を忘れてしまう。つまり、人々は市民的連帯を通じてすべての人の権利と善を維持する手助けができるのであって、そのつながりを形作るのは、この生において私たちはみな〔他者と〕共に生きているというローティ的な確信によってなのだ、ということを。

レナード・ハリスは、アフリカン・アメリカン哲学を『闘争から生まれた哲学〔*Philosophy Born of Struggle*〕』（一九八四）と形容し、まさにこのタイトルを冠した著作を発表している。アメリカ哲学の歴史全体もまた、これと同じ仕方で記述するのが適切であると私は考える。本書において私はアメリカ哲学史を提示してきたわけだが、それは大まかにいって、革命的な行為、変化する現実の受容、そして社会正義に向けた尽力によって特徴づけられるものだった。入植者と抑圧者、絶対主義者と可謬主義者、男性と女性、ネイティヴ・アメリカンと開拓者、アフリカン・アメリカンと抑圧〔者〕、科学・哲学と無知・迷信、そして抑圧・不正義と尊厳・正義——これらの闘争は、アメリカ哲学が生まれ、そして闘争とともに生きてきた、多くの様相を例証するものである。

アメリカ人は、アメリカ社会が始まったそのときから、不正義との闘争を、そして善なるものに向けた闘争を続けてきた。私たちが称賛すべき目標に到達することができるとすれば、それはおそらく、ローティのアイロニズムと、ウェストの預言的プラグマティズムを通じてである。ウェストは、ローティとは異なる種類のアイロニーを展開した。それを特徴づけるのは、希望についての悲喜こもごもの感覚、そして抑圧された人々が持つ、絶望の中にあっても生の中に意味を見出し続ける能力に違いない。ウェストの目標とは、ローティと同様に、人間の最高の道徳的・社会的使命を他者との連帯の強化に見出すこと、そしてそうすることで、人間の力が及ぶ限りにおいて、自らにとっての、そして他者にとっての最高の生を創造することにある。もしアメリカ哲学の貢献によってこうした結果が実現するのだとすれば、アメリカ社会はアメリカ哲学を手綱として前進していくだろう——それが私の希望である。

第八章の推奨文献

個人主義とコミュニティについては、次を参照。David Schmidtz, *Robert Nozick* (New York: Cambridge University Press, 2002); Norman Daniels, (ed.), *Reading Rawls: Critical Studies on Rawls' A Theory of Justice* (New York: Basic Books, 1975)。

フェミニスト倫理については次を参照。Gerda Lerner, *The Creation of Patriarchy* (New York: Oxford University Press, 1986); Virginia Held; *The Ethics of Care: Personal, Political, and Global* (New York: Oxford University Press, 2006); Marilyn Frye, *The Politics of Reality: Essays in Feminist Theory* (Freedom: Crossing Press, 1995)。フェミニズムと哲学に関する *APA Newsletter on Feminism and Philosophy* には、フェミニスト倫理の要素についての特集号〔issues〕がある。次を参照。www.apaonline.org

アフリカン・アメリカン哲学に関しては次を参照。Hanes Walton, Jr., *The Political Philosophy of Martin Luther King, Jr.* (New York: Greenwood, 1971); Leonard Harris, *Philosophy Born of Struggle: Anthology of Afro-American Philosophy from 1917* (Dubuque: Kendall/Hunt, 1983); John P. Pittman, (ed.), *African-American Perspectives and Philosophical Traditions* (New York: Routledge, 1997); Tommy Lott, *A Companion to African-American Philosophy* (Malden, MA: Blackwell, 2003); bell hooks, *Outlaw Culture* (New York: Routledge, 1994)。

Maria del Guadalupe Davidson, (ed.), *Critical Perspectives on bell hooks* (New York: Routledge, 2009); George Yancy, (ed.) *Cornel West: A Critical Reader* (Malden, MA: Blackwell, 2001); Rosemary Cowan, *Cornel West: The Politics of Redemption* (Malden, MA: Blackwell, 2003)。*APA Newsletter on the Black Experience* には、フックスとウェスト等を扱った特集号〔issues〕がある。次を参照。www.apaonline.org

訳者による推奨文献

ロールズの解説書としては、齋藤純一、田中将人『ジョン・ロールズ：社会正義の探究者』（中央公論新社、二〇二一年）が詳しい。また、ロールズ『正義論』の訳者たちが現代政治哲学・社会倫理学の見取り図を描いた著作として、神島裕子『正義とは何か：現代政治哲学の6つの視点』（中央公論新社、二〇一八年）、川本隆史『現代倫理学の冒険：社会理論のネットワーキングへ』（創文社、一九九五年）がある。マイケル・スロート『ケアの倫理と共感』（早川正祐、松田一郎訳、勁草書房、二〇二一年）は、ケアの倫理を規範倫理学（徳倫理学）の立場から捉えた、第一人者の手による文献。黒人神学の泰斗ジェイムズ・H・コーンに学んだ日本人の書いた作品として、榎本空『それで君の声はどこにあるんだ？：黒人神学から学んだこと』（岩波書店、二〇二二年）が興味深い。

訳注

［1］　三人ともハーバード大学で教鞭をとっていたことは事実だが、ロールズとノージックの所属が哲学科（Department of Philosophy）なのに対し、サンデルは政治学科（Department of Government）の教員だという違いがある。

［2］　原著ではこの文の主語は Nozick となっているが、内容から誤植と判断し、Sandel と読み替えた。

［3］　道徳規範や社会秩序が失われたことを指す概念。フランスの社会学者エミール・デュルケムが用いたことで知られる。

［4］　取りうる選択肢が二つ（もしくはそれ以上）存在し、道徳的な観点から見てどちらも（あるいはどちらの選択肢の帰結も）同程度に問題があるため、より望ましい行為はどのようなものなのかを確定できないような状況。トロッコ（トロリー）問題という思考実験がよく知られている。次を参照。デイヴィッ

ド・エドモンズ『太った男を殺しますか?』(鬼澤忍訳、太田出版、二〇一五年)。

［5］ 本名はグロリア・ジーン・ワトキンス(Gloria Jean Watkins)で、ベル・フックス(bell hooks)は筆名。彼女個人にではなく、その著述・発言内容に注目してほしいという理由から、名前は重要ではないという意図を込めて、頭文字のｂとｈは小文字で表記していた。

［6］ 肌の色・人種によって人の扱いを変えるべきではないという理念。「色覚異常(color blindness)」と区別するために、「人種的カラー・ブラインドネス(racial color blindness)」を用いることもある。

訳者解題

本書は、Nancy A. Stanlick, *American Philosophy: The Basics* (London: Routledge, 2013) の全訳に、日本語版の序文を付したものである。人文・社会科学系の大手出版社ラウトレッジを版元とする原著は、「当該テーマを初めて学ぶ学生を読者層として、その分野の基本事項を導入し、発展学習に向けた理想的な踏切り板となることを意図」(1)した「The Basics（基礎）」シリーズの一冊として出版されている。題名に違わず、本書はアメリカ哲学史における重要人物の思想を概観することを趣旨としており、特定の学派に焦点を当てたものではない。しかし、そこで採用されている視座と問題意識を鑑みて、この日本語版は勁草書房の「現代プラグマティズム叢書」の一書として位置づけられている。

著者について

著書のナンシー・スタンリックは、アメリカ合衆国の哲学研究者である。一九八一年にサウス・フロリダ大学哲学科を卒業後、同大学で修士号（一九八三年）と博士号（一九九五年）をそれぞれ取得している。博士課程では、社会科学の哲学の専門家として知られるスティーヴン・ターナーを指導教員とし、ホッブズの政治哲学についての博士論文によって学位を得た（ちなみに、彼女は同大学から哲学の博士号を得た史上初の女性だという）。職歴としては、セントラル・フロリダ大学を含むいくつかの大学で非常勤講師として教えた後、二〇〇一年に同大学の専任教員に着任し、現在に至るまで教育・研究・大学行政にあたっている。二〇一五年には同大学で正教授に昇進し、副学部長等の要職を経て、二〇二三年八月には哲学科の学科長に就任している。

スタンリックは倫理学・社会哲学、近代哲学史（特にアメリカ哲学とホッブズ）等を専門としており、関連する業績として次がある。

1. *Philosophy in America* (*Volume I*): *Primary Readings*. Upper Saddle River, NJ: Pearson, 2004.（Bruce S. Silver との共編）
2. *Philosophy in America* (*Volume II*): *Interpretive Essays*. Upper Saddle River, NJ: Pearson, 2004.（Bruce S. Silver との共著）
3. *American Philosophy: The Basics*, London: Routledge, 2013.（単著〔本書〕）
4. *Asking Good Questions: Case Studies in Ethics and Critical Thinking*, Indianapolis: Hackett Publishing Company, 2015.（Michael Strawser との共著）
5. *The Essential Leviathan: A Modernized Edition*. Indianapolis: Hackett Publishing Company, 2016.（Thomas Hobbes 著、Daniel P. Collette との共編）

6. *Understanding Digital Ethics: Cases and Contexts*, New York: Routledge, 2019.（Jonathan Beever と Rudy McDaniel との共著）

上記のうち、1から3がアメリカ哲学に関するもの、4と6が倫理学・社会哲学に関するもの、そして5が近代哲学史に関するものである。また著者はこれ以外にも、オンラインの無料哲学百科事典として知られる『インターネット哲学百科事典（*Internet Encyclopedia of Philosophy*, IEP）』のアメリカ哲学関連記事の責任編集者を務めていることも、注目に値するだろう。

本書の特徴

本書は一見、実に穏当な大学生向けの教科書のような顔をしている。第一章で予告されているように、アメリカ哲学史に登場する代表的な思想傾向が時代に沿って大まかに分類され、それぞれの章では一定の傾向を共有する論者たちの思想が簡単に解説されていく。重要な哲学的概念は太字で示され、それらの意味は巻末の「用語解説」で説明される。また、各章の結論部の前には、当該の章で紹介された議論に対する批判的考察がなされる節がもうけられている。これは、本書を教科書として用いる学生や一般読者が各テーマを授業内外で討議し、深い理解を得られるようにするための工夫だろう。実際に、原著に寄せられた複数の書評において、本書の教科書としての質は概ね高い評価を得ている。(2)

一方で本書は、誰を「アメリカの哲学者」として扱うかについては、必ずしも多くの伝統的な哲学

（研究）者が同意するとは限らない、挑戦的な選択を行っている。すなわち、ヨーロッパ系の白人男性哲学者だけではなく、女性、黒人、ネイティヴ・アメリカンといったアイデンティティを持つ論者についても、本書は積極的かつ大々的に取り上げているのだ。全体の概要を示す第一章に続いて、第二章で神学者のジョナサン・エドワーズを最初のヨーロッパ系アメリカ人哲学者として位置づけるのは「実のところきわめてオーソドックスな哲学史観」[3]だし、第三章でなされているようにアメリカ建国の父たちの議論と思想を「哲学」として扱うことも、これまでに例がないわけではない[4]。だが、続く第四章では前章で扱われたトマス・ジェファソンらの奴隷制度をめぐる言説が批判的に検討された上で、フレデリック・ダグラスやグリムケ姉妹らの議論が紹介されているが、こうした名前が主題的に登場するのは哲学書としては珍しいだろう。また、第五章ではトランセンデンタリストのエマソンとソロー[5]に加えて、一般には黒人社会学者・思想家として知られるデュボイスや政治活動家のゴールドマンが紹介されている。プラグマティズムを扱う第六章の人選と内容は標準的なものだが、アメリカ哲学の最近の展開をまとめた第七章では、認識論と科学哲学の議論に続いてネイティヴ・アメリカンの哲学が、そして第八章では、政治哲学に続けてフェミニスト倫理学と黒人神学の議論が概観される。このような構成の哲学史は管見の限り（この原稿を執筆している時点で）本邦では例がなく[6]、哲学（のみ）に馴染みがある読者にとっては初めて見かける名前も少なくないだろうと思われる。

本書の特徴は、同様のテーマを扱った類書と比較するとより明白になるだろう。アメリカ哲学（史）を主題とする日本語の書籍の数はそもそも少なく、そしてその多くは書かれてからかなりの時間が経ったものだが、そのいずれにおいても、例えばダグラスやデュボイスのような黒人思想家や、グリムケ姉妹に紙幅が割かれることはない。(7) また、執筆時期が比較的最近で、内容面でも（この原稿の執筆時点で）最も包括的な範囲をカバーするものだといえるブルース・ククリックのアメリカ哲学史(8)についても、残念ながら事情は大きく変わらない。実際、同書日本語版には訳者らが作成した「主要人物表」が付録として収められており、そこには実に六二人の名前が挙げられているが、(9) 女性哲学者のルース・バーカン・マーカスがかろうじてリスト入りしているものの、それを除いては全員が男性であり、黒人(10)やネイティヴ・アメリカンをルーツとする論者は一人もいない。(11)

それでは、なぜこれまで書かれてきた多くのアメリカ哲学史では、もっぱらヨーロッパ系の白人男性ばかりが取り上げられてきたのだろうか？　哲学史家たちはみな、人種差別主義的・性差別主義的な偏見をもって、意図的に女性や有色人種の論者を排除してきたのだろうか？　高名な哲学者の著作においてすら極端な主張が確認できる以上、そのような傾向を有した人々が一定数いたことは確かだろう。(12) しかし、哲学とは何であるかについては、必ずしも明示的・意識的な悪意を介在しない仕方で、特定の人々の思弁や活動を指す特殊な営みとして理解されてきたという事情も少なからずあったと考えられる。つまり、「哲学的」とされる問題群に何が含まれるかついては、知的コミュニティにおいてある程度の共通了解があり続けたであろうし、社会的・具体的な実践を従、それに対する理論的考察を主とする優先順位も、古代から続く基層的価値観として影響力を持っていたと思われる。また、哲学が大学を中心とする学術制度の中に組み込まれて以降は、そのシステムの中での正統的なトレーニングや学位の有無・種類、また議論の形式や文体についても、一定の様式が整備されていった。このようにして経路依存的に引き継がれてきた議論環境においては、標準とされる問題設定・論述様式、あるいは専門家たちの哲学的議論のサークルに参加するために求められる諸々の要件（例えば学位とそれを裏づける学術的訓練）を満たさない思想家たちやその言葉は、哲学ならざるものとしてみなされてきた。[13]

スタンリックはこうした傾向に抗い、（アメリカ）哲学を保守的・硬直的・静態的な定義から解放することを提案する。ここで彼女が採用するのが、プラグマティスト的な視座である。すなわち、哲学の特徴は「人間の理解や行為に対して観念が影響を与えること」であり、哲学的観念は「現実、知識、そして善き生についての人間の理解や行為を駆動する知的原動力」（本書二頁）だとして捉え直すのである。この拡張された定義においては、理論を主、実践を従とする枠組みは転倒され、力強い思弁に基づく活動によって社会変革を目指す行為をも、「哲学」という営みの一つの相貌として理解することが可能になる。また、制度的な不正義によって高等教育を受けることができなかった女性や黒人の思想家のみならず、学術論文に代表される書き言葉を通じた形式的コミュニケーション手段によってではなく、口承によって知的伝統を表現・維持してきたネイティヴ・アメリカンも、哲学者として正当に名指されることになる。

本書の意義

本書のように、これまで見過ごされてきた人々にも光を当ててアメリカ哲学を辿り直すことの意味は何か？　一つは単純に、これまでに提出されてきた多くの哲学史が採用する視点の恣意性と偏向性、ひいては不正確性を暴く、という点があるだろう。つまり、それらは「アメリカ哲学史」ではなくて、「ヨーロッパ系白人男性哲学史」だったのではないか、という問題提起をなすものだということである。(14)本書のような小著においては、議論の質や影響力の観点から見て取り上げられるべき哲学者が網羅されうるわけもないし、現に扱われている人物にしても、そのそれぞれについて思想史的な観点から見て必ずしも厳密な論述がなされているとはいえない(15)——これらは著者自身が自覚している本書の限界ではある。だが、本書はそういった課題を抱えてなお、古いアメリカ哲学史に欠けていた（しかし含まれるべきだった）人種的、性別的、文化的グループ（の少なくとも一部）による知的貢献を正当に評価するものであり、その意味で、アメリカ哲学の系譜に対するより包括的な把握に向けた前進、あるいはそれに向けた提言として価値あるものだといえるのではないか？　そして本書の二つ目の意義とは、このような哲学史の再記述は、それ自体が倫理的な行為として捉えられうるということである。現代認識論においては、知識の担い手が帯びる権力の高低や社会的立場によって、その人物の証言の信頼性が不当かつ恣意的に低く見積もられるという事象に注目した、認識的不正義というアプローチが注目されている。(16)その顰みに倣っていえば、（アメリカ）哲学史において特定のカテゴリーに属する人々の議論に特権的立場が与えられ、それ以外が（意図的・非意図的の別を問わず）排除されるという事態も、まさにそうした不正の例なのではないか？　不当に冷遇されてきた哲学者たちにしかるべき尊敬を向けることは、その意味で正義にかなった行為だといえるのではないだろうか？

本書の打ち出す哲学観とそこから紡ぎ出されるアメリカ哲学史は画期的なものである。そしてそうした試みの常として、異論・批判を免れる術はないだろう。「本物の」哲学からの逸脱、理念とすべき真理や客観性を蔑ろにする哲学の政治化、プラグマティスト的哲学史観に合わせた人物や議論の恣意的選択（チェリー・ピッキング）[17]――こうした疑義は当然ながら寄せられるだろうし、すべてではないにしてもその一部は妥当な指摘だろうとも思う。ただ、そうした議論も含め、読者が本書の功績と課題を批判的に考察することはむしろ歓迎すべきことであり、それは本書の美点である明快にして簡潔な筆致が喚起するものなのだと、私は考えている。アメリカ哲学、ひいては広く哲学や思想の歴史の叙述・認識において、誰がいかなる視座をとり、それを引き受けていくのか――こうした議論や思索の契機を提供することこそが、訳者である私の願いである。

謝辞

本書を完成させるにあたり、次の方々から重要なご支援・ご助力を賜った。ここに厚く御礼申し上げる。原著者のナンシー・スタンリック氏は、Zoomで本書について議論する機会を作ってくださり、寛大にも日本語版序文を執筆いただいた。「アメリカらしさ」を哲学者たちのリベラルな理念の中に見出そうとするこの力強い文章からは、対話の喪失と社会的分断に特徴づけられる現代社会に対する彼女の強い懸念と同時に、アメリカ哲学に対する生きた希望が表現されている。勁草書房で編集を担当してくださったのは山田政弘氏である。彼は哲学書を中心として同社から出された数多くの名著を手掛けた編集者として知られている[18]。その評判に違わず、怠惰な私にも無理なく遵守可能な出版スケジュールを提案してくださり、意味の取りにくい文章に対する的確な修正提案もいただいた。また、業務連絡に際してメールではなくMicrosoft Teamsを利用することに同意いただけたことを、とりわけありがたく思っている。同じく勁草書房の鈴木クニエ氏の名前もここで挙げない訳にはいかない。かつて私は、哲学関連の文章を英語で読むオンライン講座を開いていたことがあるが、それにたびたび参加してくださっていたのが鈴木氏だった。彼女が私を山田氏に紹介してくださることなしには、本書の企画は現実のものになることはなかっただろう。哲学関係の語彙を中心に本書全体をチェックしてくれたのは、哲学研究者の飯泉佑介氏である。(19) 訳文・訳語に対する彼の指摘のおかげで、本書の質は間違いなく向上した（そして当然ながら、本書に何らかの問題が残っているとしたら、その責任は私にある）。キャロル・ギリガンや正義論を主題とする川本隆史先生の大学院ゼミに共に出席していた飯泉氏の協力と励ましによって、その授業の精神に通じたアメリカ哲学の作品を仕上げられたことを感慨深く思っている。

注

（1）ラウトレッジのウェブサイトを参照。"The Basics" https://www.routledge.com/The-Basics/book-series/B.

（2）書評の一つ（アーロン・ロドリゲスによるもの）は、哲学教育に関する学術雑誌に発表されている。Aaron Rodriguez, "*American Philosophy: The Basics* by Nancy Stanlick", *Teaching Philosophy*, Vol. 35, No. 4 (2013): 440-444.

（3）入江哲朗「新刊紹介：アメリカ哲学史　一七二〇年から二〇〇〇年まで」、『REPRE』Vol. 39（表象文化論学会、二〇二〇年）https://www.repre.org/repre/vol39/books/translation/irie/

（4）例えばモートン・ホワイトによる「建国の父」たちの議論を哲学的に考察した仕事がある。また、

『スタンフォード哲学百科事典』ではトマス・ジェファソンについての記事が立項されている。Morton White, *The philosophy of the American Revolution* (New York: Oxford University Press, 1978); M. Andrew Holowchak, "Thomas Jefferson", in Edward N. Zalta (ed.) *The Stanford Encyclopedia of Philosophy* (2019) https://plato.stanford.edu/entries/jefferson/

(5) フランクリンやペイン、エマソンやソローのテクストに響く「声」において、アメリカ的な問いの連なりを見出そうという試みは、米文学者による次の著作でなされている。白岩英樹『講義 アメリカの思想と文学：分断を乗り越える「声」を聴く』(白水社、二〇二三年)。

(6) ジェニファー・ラトナー＝ローゼンハーゲン『アメリカを作った思想：五〇〇年の歴史』(入江哲朗訳、筑摩書房、二〇二一年)は多様な思想家群を扱っている点で例外だという見解もありうるだろうが、同書は「哲学史」ではなく「思想史」という学問分野(ディシプリン)に属する仕事である。同書「訳者あとがき」を参照。

(7) 日本語で読めるアメリカ哲学史を主題とした書籍には次がある。H・G・タウンセンド『アメリカ哲学史』(市井三郎訳、岩波書店、一九五一年)、モートン・ホワイト『アメリカの科学と情念：アメリカ哲学思想史』(村井実訳、学文社、一九八二年)。鶴見俊輔『アメリカ哲学』(こぶし書房、二〇〇八年〔原著は世界評論社、一九五〇年〕)は通史というよりもプラグマティズムに焦点を当てたもので、取り上げられる哲学者の多くが白人男性だという偏りがあるが、日本の作家である佐々木邦に一章が割かれるなど興味深い構成となっている。

(8) ブルース・ククリック『アメリカ哲学史：一七二〇年から二〇〇〇年まで』(大厩諒、入江哲朗、岩下弘史、岸本智典訳、勁草書房、二〇二〇年)。

(9) 同文書は勁草書房編集部のウェブサイト『けいそうビブリオフィル』から読むこともできる。https://keisobiblio.com/wp/wp-content/uploads/2020/03/americatetsugakushi_shuyojinbutsuhyo.pdf

(10) ただしその後ククリックは、黒人哲学者としては史上初めてアイビー・リーグに数えられる大学(ペンシルベニア大学)の常勤教員職を得た人物であるウィリアム・フォンテーヌの伝記を執筆している。ククリックの仕事には多様性が欠如しているという批判がなされていたが、フォンテーヌについての著作はそれに対する応答であろうとカーリン・ロマーノは述べている。Bruce Kuklick, *Black Philosopher, White Academy: The Career of William Fontaine* (Philadelphia: University of Pennsylvania Press, 2008); Carlin Romano, *America the Philosophical* (New York: Alfred A. Knopf, 2012), p. 48.

(11) 本書やククリックの著作を含む、アメリカ哲学に関する書籍を複数検討し、そこで言及される哲学者の数とその人種的カテゴリーを実際に数え上げることで、全体的に明白な偏りがあることを指摘した研究がある。Ferry Hidayat, "Can White Americans Include Colors in Their Canon? Searching a Post-National History of American Philosophy", *Rubikon,* Vol. 9, No. 1 (2022): 119-133.

(12) アリストテレスの女性観については本書でも問題とされている（一二八〜一二九頁）。詳しくは次の文献も参照。松浦和也「『自然』の諸相：アリストテレスの女性像を通じて」、『理想』第六九六号（理想社、二〇一六年）、五〇〜六一頁。また、日本の哲学者である中島義道は、哲学とは西洋の男性が担ってきた特殊な伝統であると主張しており、その理由の一端を男性的な理性使用と女性的なそれとの本質的な違いに求めている。中島義道『純粋異性批判：女は理性を有するのか』（講談社、二〇一三年）。

(13) 加えて、自分とは異なるアイデンティティを持つ哲学者について語ることに対する躊躇いや戸惑いもあるかもしれない。本書においても、ネイティヴ・アメリカンの哲学を紹介する節をはじめるにあたり、スタンリックが自分の立場を弁明している（本書一八四〜一八五頁）。

(14) アメリカの大学哲学科の多くにおいて、「西洋」哲学が特権的地位を占めていることを批判する記事がアジア哲学の研究者により書かれ注目を集めた。Jay L. Garfield & Bryan W. Van Norden, "If Philosophy Won't Diversify, Let's Call It What It Really Is", *The New York Times* (May 11, 2016) https://www.nytimes.com/2016/05/11/opinion/if-philosophy-wont-diversify-lets-call-it-what-it-really-is.html

(15) 例えばマシュー・グローは、本書が必要以上にヨーロッパの哲学者や彼らの概念をアメリカ哲学と関連づけて説明しようとするあまり、それら（特に、トランセンデンタリズムの節におけるニーチェの扱い）について不鮮明もしくは不正確な紹介を行ってしまっていると述べている。Matthew Groe, "Nancy

Stanlick's American Philosophy: The Basics", *Florida Philosophical Review*, Vol. 19. Issue 1 (2014): 48–55.

(16) 次の文献を参照。「監訳者解説」において先行研究や議論状況が詳しく整理されている。ミランダ・フリッカー『認識的不正義：権力は知ることの倫理にどのようにかかわるのか』(佐藤邦政監訳、飯塚理恵訳、勁草書房、二〇二三年)。

(17) ピーター・オレンの指摘によれば、スタンリックのアメリカ哲学史からは、理論の実践的応用に関心を持たない哲学者や学派（セントルイスやオハイオにみられた一九世紀のヘーゲル主義、批判的実在論・新実在論、C・I・ルイス、シェリル・ミサックやロバート・ブランダムらに代表される現代プラグマティズム）が排除されている。また、ロドリゲスも先に触れた書評において、スタンリックの叙述、特にジョン・デューイについての解釈がリチャード・ローティの哲学史観の影響によって歪められており、プラグマティズムを形作る要素として進化論と並ぶ重要性を有するヘーゲル主義について全く触れられていないと（ジョセフ・マーゴリスを引きつつ）論じている。オレンの書評と、それに対するスタンリックの応答は次を参照。Peter Olen, "Comments on *American Philosophy: The Basics*", *Florida Philosophical Review*, Vol. 14, Issue. 1 (2014): 56–63; Nancy Stanlick, "A Response to Critics", *Florida Philosophical Review*, Vol. 14, Issue 1 (2014): 64–68.

(18) 山田氏の編集ポリシーについては次を参照。山田政弘「編集者が語る、学術翻訳のつくり方と『持ち込み』のススメ」、『フィルカル：分析哲学と文化をつなぐ』Vol. 7, No. 1 (二〇二〇年)、七〇～八一頁。

(19) ヘーゲルを専門とし、現代哲学における新実在論の旗手マルクス・ガブリエルに関心を持つ飯泉氏にとって、アメリカ哲学におけるヘーゲル主義と批判的実在論・新実在論の動向がすっぽり抜け落ちた本書の叙述は、もしかしたら物足りなく感じられるものかもしれない。

著者

ナンシー・スタンリック（Nancy A. Stanlick）

アメリカ合衆国の哲学者。1981年にサウス・フロリダ大学哲学科を卒業後、同大学で1983年に修士号（M.A.）、1995年に博士号（Ph.D.）をそれぞれ取得。1987年にセントラル・フロリダ大学で教鞭をとり始める。現在、同大学哲学科教授・学科長。アメリカ哲学、倫理学・社会哲学、トマス・ホッブズを専門としており、関連著作に次がある。『アメリカ哲学入門』（*American Philosophy: The Basics,* 2013〔単著〕）、『デジタル倫理を理解する：事例と文脈』（*Understanding Digital Ethics: Cases and Contexts,* 2019〔共著〕）、トマス・ホッブズ『エッセンシャル・リヴァイアサン：現代語訳』（*The Essential Leviathan: A Modernized Edition,* 2016〔共編〕）。2015年より『インターネット哲学百科事典』（*Internet Encyclopedia of Philosophy,* IEP）アメリカ哲学関連記事の責任編集者を務めている。

訳者

藤井　翔太（ふじい しょうた）

1987年東京生まれ。東京大学大学院教育学研究科修士課程修了。テンプル大学大学院教育学研究科修士課程修了。修士（教育学）。M.S.Ed.（TESOL）。現在、テンプル大学ジャパンキャンパス　アカデミック・アドバイザー／講師。訳書に『認知行動療法の哲学：ストア派と哲学的治療の系譜』（共監訳、金剛出版、2022年）、『アメリカ高等教育史：その創立から第二次世界大戦までの学術と文化』（共訳、東信堂、2023年）などがある。

事項索引

【サ行】

【タ行】

人名索引

【ヤ行】

【ラ行】

【ワ行】

文献表

Adams, John. "Thoughts on Government," in *The Portable John Adams*, John Patrick Diggins (ed.). New York: Penguin Group, 2004.

——. "A Defense of the Constitutions of the United States of America," in *The Portable John Adams*, John Patrick Diggins (ed.). New York: Penguin Group, 2004.

Aristotle. *Politics*. In *The Basic Works of Aristotle*, Richard McKeon (ed.). Introduction by C. D. C. Reeve. New York: Random House, 1941.（三浦洋訳『政治学〔上・下〕』光文社、2003年）

——. *Metaphysics*. In *The Basic Works of Aristotle*, Richard McKeon (ed.). Introduction by C. D. C. Reeve. New York: Random House, 1941.（出隆訳『形而上学〔上・下〕』岩波書店、1959-1961年）

Berkeley, George. *Principles of Human Knowledge and Three Dialogues*, Roger Woolhouse (ed.). New York: Penguin, 2004.（宮武昭訳『人知原理論』筑摩書房、2018年）

Darwin, Charles. *On the Origin of Species by Means of Natural Selection or The Preservation of Favoured Races in the Struggle for Life*, William Bynum (ed.). New York: Penguin, 2009.（渡辺政隆訳『種の起源〔上・下〕』光文社、2009年）

Descartes, Rene. "Meditations on First Philosophy," in *Meditations, Objections, and Replies*, Roger Ariew and Donald Cress (eds and trs.). Indianapolis, IN: Hackett Publishing Company, 2006.（山田弘明訳『省察』筑摩書房、2006年）

Dew, Thomas. "Thomas R. Dew Defends Slavery [1852]." Available online at: www.wwnorton.com/college/history/archive/resources/documents/ch15_03.htm (accessed 9 July 2012).

Dewey, John. *Reconstruction in Philosophy*. New York: Henry Holt and Company, 1920.（清水幾太郎、清水礼子訳『哲学の改造』岩波書店、1968年）

——. *The Public and Its Problems*. New York: Henry Holt and Company, 1927.（阿部齊訳『公衆とその諸問題：現代政治の基礎』筑摩書房、2014年）

Douglass, Frederick. "What to the Slave is the Fourth of July?" Available online at: http://teachingamericanhistory.org/library/index.asp?document=162 (accessed 9 July 2012).（「奴隷にとって7月4日とは何か？」、荒このみ編訳『アメリカの黒人演説集：キング・マルコムX・モリスン他』岩波書店、2008年、所収）

Du Bois, W. E. B. *The Souls of Black Folk*. In *Du Bois: Writings*. New York: Penguin Books, 1986.（木島始、鮫島重俊、黄寅秀訳『黒人のたましい』岩波書店、1992年）

Edwards, Jonathan. "The Spider Letter," in *The Works of Jonathan Edwards, Vol. 6: Scientific and Philosophical Writings*, Wallace E. Anderson (ed.). New Haven: Yale University Press, 1980.

——. "A Divine and Supernatural Light," in *A Jonathan Edwards Reader*, John E. Smith, Harry S. Stout, and Kenneth P. (eds). Minkema. New Haven: Yale University Press, 1995.（飯島徹訳『聖なる超自然の光：マタイ16章17節』CLC出版、1992年）

——. "A Treatise Concerning Religious Affections," in *A Jonathan Edwards Reader*, John E. Smith, Harry S. Stout, and Kenneth P. Minkema (eds). New Haven: Yale University Press, 1995.（渡部謙一訳『宗教感情論』http://grape.g.dgdg.jp/TRA000.htm）

——. "Sinners in the Hands of an Angry God," in *A Jonathan Edwards Reader*, John E. Smith, Harry S. Stout, and Kenneth P. Minkema (eds). New Haven: Yale University Press, 1995.（飯島徹訳『怒れる神の御手の中にある罪人：申命記32章35節』CLC出版、1991

年）
——. *Enquiry into Freedom of the Will*. In *A Jonathan Edwards Reader*, John E. Smith, Harry S. Stout, and Kenneth P. Minkema (eds). New Haven: Yale University Press, 1995.（柴田ひさ子訳『自由意志論』新教出版社、2016 年）
Emerson, Ralph Waldo, "Self-Reliance," in Ralph Waldo Emerson, *The Works of Ralph Waldo Emerson in One Volume*. Roslyn, NY: Black's Readers Service, undated.（「自己信頼」、酒本雅之訳『エマソン論文集〔上〕』岩波書店、1972 年、所収）
——. "The American Scholar," in Ralph Waldo Emerson, *The Works of Ralph Waldo Emerson in One Volume*. Roslyn, NY: Black's Readers Service, undated.（「アメリカの学者」、酒本雅之訳『エマソン論文集〔上〕』岩波書店、1972 年、所収）
——. "Divinity School Address," in *Ralph Waldo Emerson, The Portable Emerson*, Carl Bode (ed.). New York: Penguin Books, 1981.（「神学部講演」、酒本雅之訳『エマソン論文集〔上〕』岩波書店、1972 年、所収）
——. "The American Scholar," in Ralph Waldo Emerson, *The Portable Emerson*, Carl Bode (ed.). New York: Penguin Books, 1981.（「アメリカの学者」、酒本雅之訳『エマソン論文集〔上〕』岩波書店、1972 年、所収）
Franklin, Benjamin. *The Autobiography of Benjamin Franklin*. Leonard W. Labaree, Ralph L. Ketcham, Helen C. Boatfield, and Helene H. Fineman (eds). New Haven: Yale University Press, 1964.（松本慎一、西川正身訳『フランクリン自伝』岩波書店、1957 年）
Friedan, Betty. *The Feminine Mystique*. New York: W. W. Norton & Company, Inc., 1963.（三浦冨美子訳『新しい女性の創造』大和書房、2004 年）
Garrison, William Lloyd. "Declaration of Sentiments of the American Anti-Slavery Convention," in *Selections from the Writings of W. L. Garrison*. Boston: R. F. Wallcut, 1852.
Gettier, Edmund L. "Is Justified True Belief Knowledge?" *Analysis, 23* (1963): 121-3.（柴田正良訳「正当化された真なる信念は知識だろうか」、森際康友編『知識という環境』名古屋大学出版会、1996 年、所収）
Gilligan, Carol. *In A Different Voice: Psychological Theory and Women's Development*. Cambridge: Harvard University Press, 1982.（川本隆史、山辺恵理子、米典子訳『もうひとつの声で：心理学の理論とケアの倫理』風行社、2022 年）
Goldman, Emma. "Anarchism: What it Really Stands For," in *Anarchism and Other Essays*. Port Washington, NY: Kennikat Press, 1969. Available free online in *The Emma Goldman Papers* at http://sunsite.berkeley.edu/goldman/ (accessed 9 July 2012).（山下一夫訳『アナーキズム：真に無政府主義は何を基礎としてゐるか』自治聯盟出版部、1932 年）
——. "Patriotism: A Menace to Liberty," in *Anarchism and Other Essays*. Port Washington, NY: Kennikat Press, 1969. Available free online in *The Emma Goldman Papers* at: http://sunsite.berkeley.edu/goldman/ (accessed 9 July 2012).
——. "Woman Suffrage," in *Anarchism and Other Essays*, Port Washington, NY: Kennikat Press, 1969. Available free online in *The Emma Goldman Papers* at: http://sunsite.berkeley.edu/goldman/ (accessed 9 July 2012).
Grimké, Angelina Emily. *Appeal to the Christian Women of the South*. Available online at: http://utc.iath.virginia.edu/abolitn/abesaegat.html (accessed 9 July 2012).
Grimké, Sarah Moore. "Letter VIII: On The Condition of Women in the United States," in Sarah Moore Grimké, *Letters on the Equality of the Sexes, and the Condition of Woman*. Boston: Isaac Knapp, 1838.
——. "Letter I: The Original Equality of Woman," in Sarah Moore Grimké, *Letters on the*

Equality of the Sexes, and the Condition of Woman. Boston: Isaac Knapp, 1838.

——. "Letter IV: Social Intercourse of the Sexes," in Sarah Moore Grimké, *Letters on the Equality of the Sexes, and the Condition of Woman*. Boston: Isaac Knapp, 1838.

Harris, Leonard (ed.). *Philosophy Born of Struggle: Anthology of Afro-American Philosophy from 1917*. Dubuque, IA: Kendall/Hunt Publishing Company, 1983.

Held, Virginia. *The Ethics of Care: Personal, Political, and Global*. New York: Oxford University Press, 2006.

Hesiod. *Theogony*, in *Hesiod and Theognis*, Dorothea Wender (trs.). New York: Penguin Putnam, 1973.（廣川洋一訳『神統記』岩波書店、1984 年）

hooks, bell. *Feminist Theory: From Margin to Center*. Cambridge, MA: South End Press, 1984.（清水久美訳『ブラック・フェミニストの主張：周縁から中心へ』勁草書房、1997 年）

James, William. "The Moral Philosopher and the Moral Life." *International Journal of Ethics, 1* (3) (April 1891).（「道徳哲学者と道徳的生活」、植木豊編訳『プラグマティズム古典集成：パース、ジェイムズ、デューイ』作品社、2014 年、所収）

——. "The Will to Believe," in *Essays in Pragmatism*. New York: Hafner Press, 1948.（「信ずる意志」、植木豊編訳『プラグマティズム古典集成：パース、ジェイムズ、デューイ』作品社、2014 年、所収）

——. "The Dilemma of Determinism," in *Essays in Pragmatism*. New York: Hafner Press, 1948.（「決定論のディレンマ」、福鎌達夫訳『W・ジェイムズ著作集〔2〕信ずる意志』日本教文社、2015 年、所収）

——. "What Pragmatism Means," in *Essays in Pragmatism*. New York: Hafner Press, 1948.（「プラグマティズムの意味」、桝田啓三郎訳『プラグマティズム』岩波書店、1957 年、所収）

——. "What Makes a Life Significant." Available online at: www.des.emory.edu/mfp/jsignificant.html (accessed 9 July 2012).（「生活を意義あらしめるものは何か」、大坪重明訳『W・ジェイムズ著作集〔1〕心理学について：教師と学生に語る』日本教文社、2014 年、所収）

——. "The Moral Equivalent of War." Available online at: www.constitution.org/wj/meow.htm (accessed 9 July 2012).（「戦争の道徳的等価物」、植木豊編訳『G・H・ミード著作集成：プラグマティズム・社会・歴史』作品者、2018 年、所収）

Jefferson, Thomas. "The Unanimous Declaration of the Thirteen United States of America," in *Journals of Congress*. Available online at: http://memory.loc.gov/cgi-bin/ampage?collId=lljc&fileName=005/lljc005.db&recNum=94 (accessed 9 July 2012).

——. "Notes on the State of Virginia," in *The Portable Thomas Jefferson*, Merrill D. Peterson (ed.). New York: Penguin Books, 1975.（中屋健一訳『ヴァジニア覚え書』岩波書店、1972 年）

——. "A Bill for Establishing Religious Freedom," in *The Portable Thomas Jefferson*, Merrill D. Peterson (ed.). New York: Penguin Books, 1975.

——. *The Jefferson Bible: The Life and Morals of Jesus of Nazareth*. Radford, VA: Wilder Publications, 2007.

Kant, Immanuel. "Answer to the Question: What is Enlightenment?", Thomas K. Abbot (tr.). Intr. by Allen W. Wood, in *Basic Writings of Kant*. New York: Modern Library, 2001.（「啓蒙とは何か：『啓蒙とは何か』という問いに答える」、中山元訳『永遠平和のために／啓蒙とは何か　他三編』光文社、2006 年、所収）

King, Martin Luther, Jr. Letter from the Birmingham Jail. Available online at: www.mlkonline.

net/jail.html (accessed 9 July 2012).（「バーミングハムの獄中から答える」、中島和子、古川博巳訳『黒人はなぜ待てないか』みすず書房、1993 年、所収）

Kuhn, Thomas. *The Structure of Scientific Revolutions*. Chicago: University of Chicago Press, 1962.（青木薫訳『科学革命の構造〔新版〕』みすず書房、2023 年）

Locke, John. *An Essay Concerning Human Understanding*, Vols. I and II. Alexander Campbell Fraser (ed.). New York: Dover Publications, 1959.（大槻春彦訳『人間知性論〔1-4〕』岩波書店、1972-1977 年）

Madison, James. “Federalist 10” and “Federalist 51.” in *The Federalist Papers Reader and Historical Documents of Our American Heritage*, Frederick Quinn (ed.). Santa Ana, CA: Seven Locks Press, 1997.（「第十篇　派閥の弊害と連邦制による匡正」、「第五十一篇　抑制均衡の理論」、斎藤眞、中野勝郎訳『ザ・フェデラリスト』岩波書店、1999 年、所収）

Mill, John Stuart. *On Liberty*. Elizabeth Rapaport (ed.). Indianapolis: Hackett, 1978.（関口正司訳『自由論』岩波書店、2020 年）

Nietzsche, Friederich. *On the Genealogy of Morals*. In *Basic Writings of Nietzsche*, Walter Kaufmann (ed. and trs.). New York: Modern Library, 1968.（中山元訳『道徳の系譜学』光文社、2009 年）

——. “Thus Spoke Zarathustra,” in *The Portable Nietzsche*, Walter Kaufmann (tr. and ed.). New York: Penguin Group, 1976.（佐々木中訳『ツァラトゥストラかく語りき』河出書房新社、2015 年）

Nozick, Robert. *Anarchy, State, and Utopia*. New York: Basic Books, 1974.（嶋津格訳『アナーキー・国家・ユートピア：国家の正当性とその限界〔上・下〕』木鐸社、1985-1989 年）

Paine, Thomas. *African Slavery in America*. Available online at: www.constitution.org/tp/afri.htm (accessed 9 July 2012).

——. “Common Sense,” in Thomas Paine, *Common Sense and Other Political Writings*, Nelson F. Adkins (ed.). Indianapolis: The Bobbs-Merrill Company, 1953.（「コモン・センス」、角田安正訳『コモン・センス』光文社、2021 年、所収）

——. “The American Crisis,” in Thomas Paine, *Common Sense and Other Political Writings*, Nelson F. Adkins (ed.). Indianapolis: The Bobbs-Merrill Company, 1953.（「アメリカの危機」、角田安正訳『コモン・センス』光文社、2021 年、所収）

——. “The Rights of Man,” in Thomas Paine, *Common Sense and Other Political Writings*, Nelson F. Adkins (ed.). Indianapolis: The Bobbs-Merrill Company, 1953.（西川正身訳『人間の権利』岩波書店、1971 年）

——. *The Age of Reason, Part I*. Second Edn. Aulburey Castell (ed.). Indianapolis: Library of Liberal Arts, 1957.（渋谷一郎監訳『理性の時代』泰流社、1982 年）

Peirce, Charles Sanders. “What Pragmatism Is,” *The Monist, 15*(2) (April 1905): 161-81 and available online at: www.cspeirce.com/menu/library/bycsp/whatis/whatpragis.htm (accessed 9 July 2012).（「プラグマティズムとは何か」、植木豊編訳『プラグマティズム古典集成：パース、ジェイムズ、デューイ』作品社、2014 年、所収）

——. “The Fixation of Belief,” in Charles Sanders Peirce, *Philosophical Writings of Peirce*, Justus Buchler (ed.). New York: Dover Publications, 1955.（「信念の確定の仕方」、植木豊編訳『プラグマティズム古典集成：パース、ジェイムズ、デューイ』作品社、2014 年、所収）

——. “How to Make Our Ideas Clear,” in Charles Sanders Peirce, *Philosophical Writings of Peirce*, Justus Buchler (ed.). New York: Dover Publications, 1955.（「我々の観念を明晰にする方法」、植木豊編訳『プラグマティズム古典集成：パース、ジェイムズ、デュー

イ』作品社、2014年、所収)
Quine, Willard Van Orman. "Two Dogmas of Empiricism," in *From a Logical Point of View*. Cambridge, MA: Harvard University Press, 1953.(「経験主義のふたつのドグマ」、飯田隆訳『論理的観点から：論理と哲学をめぐる九章』勁草書房、1992年、所収)
Rawls, John. "Justice as Fairness," *The Philosophical Review, 7*(2) (April 1958): 164-94.(「公正としての正義」、田中成明編訳『公正としての正義』木鐸社、1979年、所収)
——. *A Theory of Justice*. Cambridge, MA: Harvard University Press, 1971.(川本隆史、福間聡、神島裕子訳『正義論〔改訂版〕』紀伊國屋書店、2010年)
Rorty, Richard. *Philosophy and the Mirror of Nature*. Princeton, NJ: Princeton University Press, 1979.(野家啓一監訳『哲学と自然の鏡』産業図書、1993年)
——. *Philosophy and Social Hope*. New York: Penguin Books, 1999.(須藤訓任、渡辺啓真訳『リベラル・ユートピアという希望』岩波書店、2002年)
Sandel, Michael J. "The Procedural Republic and the Unencumbered Self," *Political Theory, 12* (1) (February 1984): 81-96.
——. *Democracy's Discontent: American in Search of a Public Philosophy*. Cambridge, MA: Harvard University Press, 1996.(金原恭子、小林正弥監訳『民主政の不満：公共哲学を求めるアメリカ〔上〕』勁草書房、2010年)(小林正弥監訳『民主政の不満：公共哲学を求めるアメリカ〔下〕』勁草書房、2011年)
——. *Public Philosophy*. Cambridge, MA: Harvard University Press, 2006.(鬼澤忍訳『公共哲学：政治における道徳を考える』筑摩書房、2011年)
Santayana, George. "Public Opinion," in *The Essential Santayana: Selected Writings*. Bloomington, IN: Indiana UP, 2009.
Stanlick, Nancy A. and Bruce S. Silver. *Philosophy in America: Volumes I and II*. Upper Saddle River, NJ: Pearson Prentice Hall, 2004.
Stanton, Elizabeth Cady. "The Matriarchate or Mother-Age: An Address of Mrs. Stanton Before the National Council of Women," February 1891. *National Bulletin*, 1891.
——. "The Solitude of Self," in Elizabeth Cady Stanton and Susan B. Anthony: *Correspondence, Writings, and Speeches*, Ellen Carol DuBois (ed.). New York: Schocken Books, 1987.
——. *The Woman's Bible*. Amherst, NY: Prometheus Books, 1999.
Thoreau, Henry David. "Resistance to Civil Government," in *The Writings of Henry D. Thoreau: Reform Papers*, Wendell Glick (ed.). Princeton: Princeton University Press, 1973.(「市民の反抗」、飯田実訳『市民の反抗　他五篇』岩波書店、1997年、所収)
——. *Walden*, Jeffrey S. Cramer (ed.). New York: Penguin Books, 2012.(飯田実訳『森の生活：ウォールデン〔上・下〕』岩波書店、1995年)
West, Cornel. *Prophesy Deliverance! An Afro-American Revolutionary Christianity*. Louisville, KY: Westminster John Knox Press, 1982.
——. *Race Matters*. Boston, MA: Beacon Press, 1993.(山下慶親訳『人種の問題：アメリカ民主主義の危機と再生』新教出版社、2008年)
Wright, Chauncey. *The Philosophical Writings of Chauncey Wright*, Edward H. Madden (ed.). New York: The American Heritage Series, 1958.

用語解説

[あ行]

愛する目（loving eye）：各人は独立した他者であり、強制や支配からは自由であるとする、道徳的・社会的な確信。

愛の哲学（philosophy of love）：マーティン・ルーサー・キング・ジュニアやベル・フックスが抱いた、道徳的・社会的・政治的見解。人の変容は、コミュニティへの参加とエンパワーメントによって起こるとする。

悪の問題（problem of evil）：世界に明らかに存在しているように見える悪と、完全に善なる神の存在〔という考え〕が衝突することでもたらされる、認識上の困難。

アド・ホック（ad hoc）：ある立場を擁護するために、その場しのぎで持ち出される説明。でっち上げられた理由を伴うことがある。

アナーキスト・マルクス主義（anarchist Marxism）：「アナーキズム」を参照。

アナーキズム（anarchism）：あらゆる形態の政府は正当化できず、自由と矛盾するため廃止されるべきであるとする理論。階級のない社会を目指す。

ア・プリオリ（a priori）：経験より論理的に先行する知識や真理。

ア・プリオリな合理主義（a priori rationalism）：パースの概念。信念を固定する方法の一つで、論証抜きに無媒介的かつ確実なものとして知られる真理がある、という観念を特徴とするもの。

ア・ポステリオリ（a posteriori）：経験に由来する知識や真理。

アリストテレス論理学（Aristotelian logic）：三段論法を使用する論理学。推論についての一般的なアプローチとして、厳格な形式を持つ論証によって結論を肯定することを目的としており、多様な結論を許容するという選択肢を欠いている。

アルミニウス主義的な根源的自由論（Arminian radical freedom）：意志についての見解の一つで、意志はなにものにも影響されないとす

るもの。絶対的な自由を主張する。オランダの神学者ヤーコブス・アルミニウスに由来する。

アンチノミー（antinomies/antinomy）：互いに矛盾する二つの概念のペアで、それぞれの概念〔の正しさ〕を支持する同程度によい議論があることで特徴づけられるもの。

異端審問官（Inquisitors）：教会の代表者で、教会の見解から逸脱する、あるいは教会・〔ローマ〕教皇の権威に対する脅威とされた表現を弾圧した者。

移転の正義原理（principle of justice in transfer）：人が財産に対して権利を有するのは、それが他者から移転されたもので、しかもその人物がその財産に対して事前の獲得もしくは移転によって権利を有していたときである、とする原理。

インテリジェント・デザイン（intelligent design（ID））：創造論者の抱く信念。進化論の対極にあり、突然変異を否定する。種の固定性と目的論を支持するもの。

運命論／運命論者（fatalism/fatalist）：人が実際に行っている行為について、それとは異なった仕方で振る舞う能力は、人間には与えられていないとする見解。人の運命は決定されているとする。

エゴイズム（egoism）：道徳的な見解の一つで、自己利益が人間本性の特徴である、あるいはそうであるべきだとするもの。

選ばれた者（the elect）：カルヴァン主義神学において、救済を与えられる運命にある人々のこと。

オーバー・ソウル（Over-Soul）：エマソンにおける個人を指す概念で、ニーチェのいう超人のような存在。神的なもの。

オーバー・マン（Over-Man）：「超人」を参照。

[か行]

懐疑主義（skepticism）：知識についての主張に関する態度で、主張の真実性、信頼性、適用性に関する懐疑を特徴とするもの。

科学革命（scientific revolution）：通常科学が変則的な事象を説明することができず、新しい科学理論が現在の理論に取って代わるときに

起こる事態。

科学哲学（philosophy of science）：科学の方法、原理、応用、意味についての探究。

科学の方法（method of science）：パースが好む探究の方法で、信念は試験、検証、反証の対象になるとするもの。

格差原理（Difference Principle）：富や機会の格差は、社会のすべての成員にとって有益であることによって〔のみ〕正当化されるとする原理。

獲得の正義原理（principle of justice in acquisition）：人が財産に対して権利を有するのは、それが他者の権利を侵害することなく得られたときであるとする原理。

価値の転倒（transvaluation of values）：道徳性とは力であるという信念から、道徳性とは弱さであるという信念への移行を指す、ニーチェの表現。「主人道徳」、「奴隷道徳」を参照。

可謬主義（fallibilism）：人間が知識を獲得・所有することついての態度の一つ。〔知識の〕普遍化を避け、主張は暫定的なものとして受容する。

家父長制（patriarchy）：男性による道徳的・社会的・政治的支配。

家母長制（matriarchate）：女性が道徳的・社会的・政治的な権威を担うこと。「家父長制」と比較せよ。

カラー・ライン（"The Color Line"）：白人（ヨーロッパ系アメリカ人）によって設けられた境界線で、彼らの経済的・政治的な利害関心をアフリカン・アメリカンから分かち、防衛することを目的としたもの。

カルヴァン主義(者)（Calvinism（ists））：原理主義的なキリスト教〔の一派〕。予定説と、人間は救いようのない罪人であるという信念を特徴とする。人々が救われるのは、自ら獲得したわけではない、神から与えられる恩寵によってであるとする。

感覚的知識（sensitive knowledge）：ロックにとって、これは三種類ある知識の三つ目に位置するものであり、直観や論証が備えるような確実性を持たず、したがって真の知識ではないとされるもの。

観念の関係（relations of ideas）：ヒュームの概念で、必然的真理を指すもの。理性の真理。「事実」と対比せよ。

観念論（idealism）：あらゆる実在的な事物は、物質的ではなく非物質的だとする立場。ジョージ・バークリーに由来する。

基本財（primary goods）：権利や事物のうち、人が生存し、善の構想に基づいて各位が抱く目標に向かって努力することができるようになるために必要となるもの。

義務論（deontology）：カントの倫理学的立場。普遍的な道徳原理と人格の尊重を要請する。〔行為の〕帰結には関心を持たない。

キリスト教（Christianity）：宗教の一つで、新約聖書におけるイエス（神的な救世主とされる）の教えを基礎とするもの。救済と永遠の生を約束し、しばしば道徳的教説ともみなされる。

金銭的正義（pecuniary justice）：人の道徳的な負債は、他の人や存在によって支払われうるという考え。

君主制（monarch）：神や世襲の権利によって、政治権力が一人の支配者に与えられること。

ケアの倫理（ethics of care）：フェミニスト理論の一つで、道徳理論や経験において人間の相互依存性を重視するもの。個人の権利に焦点を当てる権利ベースの「正義の倫理」と対比される。

経験論（empiricism）：認識論的体系の一つで、観念は感覚経験のみに由来するとするもの。

形而上学（metaphysics）：存在の本性や実在の特性についての探究。

啓蒙(時代)（Enlightenment）：理性の時代。権威や伝統の代わりに、理性に依拠することを特徴とする。個人を自律的な存在として認識する。

結果状態原理（end-state principles）：（政治）理論のうち、行為、手続き、あるいは政策の結果を決定する部分。

決定論(ハードな)（(hard) determinism）：「運命論」も参照。宇宙で起こるあらゆる出来事には原因があり、出来事間の因果連鎖は変えることができないという信念。

決定論のジレンマ（dilemma of determinism）：ウィリアム・ジェイム

ズのプラグマティズムにおける概念。決定論的な宇宙と、出来事の生起に関する後悔の判断という、二つの事柄の両方を信じることから導かれる、望ましくない帰結のこと。

権威主義（authoritarianism）：権威者や権力者の言葉は、疑問や批判的評価を差し挟むことなく、額面通りに受け取られるべきだ、と主張する人々の抱く信念。

権威の方法（method of authority）：パースが特徴づけた信念を固定する方法の一つ。集団の結束力に依拠することで、コミュニティが有する観念の純粋性を保証し、外部からの影響や観念を避けようとするもの。自らの信念を別の観念から防衛する、閉ざされた社会集団を指す。

現象（phenomena）：カントの概念で、表れの世界を指す。「ヌーメノン」と対比せよ。

原初状態（original position）：社会における公正な秩序のために、正義の原理を導き出すための出発点。

憲法（constitution）：基本的な法律。これに基づいて国家が統治される。

後悔の判断（judgments of regret）：どんな出来事や行為が起こったとしても、そうでなければよかったと考える人の持つ見解。

口承（oral tradition）：文化的知識や世界観を伝達する手段として、書き言葉によってではなく口頭で伝えること。ネイティヴ・アメリカン哲学や初期のアフリカン・アメリカン哲学で主に用いられた。

傲慢な目（Arrogant eye）：道徳的・社会的な確信〔の一種〕。この目の持ち主は、世界とそこに存在するすべての物事は、自らの利害関心に属し、またそれによって正しくコントロールされると考える。

功利主義（utilitarianism）：私たちの道徳的責務は、常に最大多数の最大幸福の創造または産出を目指すためのものだとする理論。

合理主義／合理主義者（rationalism/rationalist）：観念の一部は生得的であるとする教説。一般的には、真なる知識の本性は確実なものだとする見解。

合理的な自己利益（の追求）（rational self-interest）：自分自身の福利〔welfare〕を追求するが、他者に不利益をもたらしてまで自己の利

益に集中することはないという態度。

黒人解放神学（Black Liberation Theology）：アフリカン・アメリカンの窮状をイエスの苦難と比較し、キリスト教を被抑圧者や貧しい人々のための宗教と考える〔神学のアプローチ〕。

黒人問題（"The Negro Problem"）：W. E. B. デュボイスの概念で、アフリカン・アメリカンの経済的、社会的、政治的立場と状況を指し、それが白人によって創られた社会的境界線によってもたらされたとするもの。

心の感覚（sense of the heart）：ジョナサン・エドワーズの神学における、選ばれた者が持つ「第六感」のことで、これにより神の真の本性を知ることができるようになる。「選ばれた者」も参照。

固執の方法（method of tenacity）：パースの概念で、自らの信念を防衛するために自分自身を他の考えや意見から隔離するような人々を指すもの。

悟性（エマソン）（"Understanding" (Emerson)）：外的な合理性と観察〔に基づく事物の理解〕。

誇張的懐疑（hyperbolic doubt）：知識の確固たる基盤を求めるためにデカルトが用いた方法。あらゆる物事を疑うという過程を通じて確実性に至ることを目指す。

五分の三条項（three-fifths clause）：合衆国憲法における規定で、各々のアフリカン・アメリカン奴隷を一人の人間に満たない五分の三人として数え、その方法をもとに各州の議会代表を決定するもの。

コミュニタリアニズム（communitarianism）：社会観の一つで、個人とコミュニティのつながりを強調するもの。「負荷なき自己」も参照。

[さ行]

最小国家（ミナーキズム）（minimal state (minarchism)）：国家の権力と機能は、窃盗、強盗、強姦などの人格や財産の侵害から市民を防衛することだけに限定されるべきだという考え。夜警国家。ノージックの政治理論に由来する。

才能ある十分の一（Talented Tenth）：デュボイスの哲学で用いられる

概念。アフリカン・アメリカン人口の中に10％存在する、学術的・社会的に著名な地位を獲得する層を指す。彼らがアフリカン・アメリカンの能力と価値を証明するとされる。

参政権（suffrage）：政治的文脈における、投票したり政治家に立候補する権利のこと。

三位一体（キリスト教）（Trinity（Christianity））：神は三にして一であるという信念。父、子、聖霊。

自己主権（self-sovereignty）：エリザベス・キャディ・スタントンの立場で、各人の権利と義務は思考と行為における独立性を身につけることであり、そのためには人間の自律性、強さ、教育（教養）を育むことが必要だとする主張。

事実（matters of fact）：ヒュームの概念で、経験によって知られる真理のこと。

実証主義（positivism）：科学の方法についての一つの理解。道徳、科学その他の用語の意味についての立場でもある。

自然化された認識論（naturalized epistemology）：知識の理論は、経験的観察と、人間の知識の特性を心理学的なものとみなして分析することへ向かうべきだとする、クワインの提案。

自然権（natural rights）：普遍的かつ不可侵の権利で、いかなる政府の法律にも依拠しないもの。

自然状態（state of nature）：自然界における仮説的な状況で、いかなる種類の政府、社会、社会組織も存在しない状態を指す。そこでは人々は何らかの仕方で孤立しており、社会化をほとんど、あるいは全く経験しない。

自然の斉一性原理（principle of nature's uniformity）：未来は過去に類似しているとする信念。

慈悲（Benevolence）：利他主義。他者との関係における慈愛。

資本主義（capitalism）：経済学の理論の一つ。労働者は自らの労働力を競争的状況で販売する存在として、また資本家は生産手段（例えば工場）の所有者として理解される。

市民権（civil rights）：ペインにとって、市民権とは個人のレベルでは

有効性を持たず、それゆえ政府によって保護されねばならない自由を指す。自然権の部分集合。

市民的不服従（civil disobedience）：不正な法律に逆らって行動し、そうした法やそれを支える社会の態度を変えようと試みること。

ジム・クロウ法（Jim Crow laws）：差別的かつ不正な法律で、人種的隔離を義務づけ、アフリカン・アメリカンの抑圧をもたらしたもの。

社会契約論（social contract theory）：政府に関する理論で、国家や社会が存在するのは、個人が自らの利益のためになされた同意によるという考えに基づくもの。

社会哲学（social philosophy）：自由、権利、正義といった概念の本性、正当性、意味についての哲学的探究。

習慣（habit（s））：個人あるいは集団の慣習的な行為で、問題解決のために用いられるもの。

宗教的熱狂（主義）（religious enthusiasm）：宗教的真理が知られるのは、神的な光あるいは心の感覚を通じた、非合理的・感情的な仕方による、とする信念。

宗教哲学（philosophy of religion）：次のような事柄を探究する哲学の分野。神の本性と存在、宗教的実践・儀式・意味、宗教的なるものの本性、神の命令、悪の問題、およびそれらに関連する問題。

主人道徳（master morality）：ニーチェの概念で、強さと力という自らの価値を自分自身で創造する超人の道徳体系を表すもの。

純粋な手続き的正義（pure procedural justice）：正義の原理の導出が、それ自体で公正かつ偏りのない手段からなされること。

純粋理性のアンチノミー（antinomies of pure reason）：カントの形而上学における概念。相容れない二つの概念のペアで、両者ともに真であることはありえないが、それぞれに対して同程度によい議論が与えられるもの。

剰余価値（surplus value）：ある商品を生産するのにかかるコストと、その商品の販売価格の差異で、結果として利益をもたらすもの。

女性参政権（woman suffrage）：投票権や政治過程に参加する権利を女性にも確保するための運動。

自律（autonomy）：自由かつ自己制御的な人物が持つ特性。

純粋動産（Chattels personal）：動産のうち、生物・無生物の別を問わず、「本物の」財産（土地）ではないあらゆるものを含む概念。

進化主義（evolutionism）：ダーウィンの進化論を「拡張」したもので、生物学の理論が社会過程にも適用されると主張する。

進化論（theory of evolution）：生物学理論の一つで、時間の経過とともに起こる種の変化や創造を、突然変異や環境への適応によって説明するもの。「創造論」と比較せよ。

神義論（theodicy）：世界には悪など存在しない、あるいは悪が存在するとしても、神が悪を創造するあるいはその存在を許容するのは、その結果として得られるのが、すべての可能世界の中でも最善の世界であるような仕方においてである、とする信念。

人種差別主義（racism）：人種や肌の色に関するステレオタイプから生じる信念や行動。人種差別主義者は、自分とは異なる人種の人々は劣っていると信じる人を指す。実際、人種差別主義者の信念から、人種的なルーツやアイデンティティをもとにして人々を差別する行動や政策がもたらされる。

身体化された知識（embodied knowledge）：実践と習慣において「生きられた」知識で、人の肉体的存在と場所に関わるもの。非合理的な知識。

真理の整合説（coherence theory of truth）：言明が真であるのは、観念の体系に属する言明群が互いに整合的であるときである、とする立場。

真理の対応説（correspondence theory of truth）：観念は事物の実際の有り様を多かれ少なかれ模写するとする、「常識的」な立場。

真理のプラグマティズム説（Pragmatic Theory of Truth）：真理は「生成変化する」ものだとする立場。言明は経験によって真になるとする。

ストア派／ストア主義（Stoic/Stoicism）：人は変えられることができない事柄についてはこだわるべきではないとする哲学的立場。世界と世界における問題に対して、冷静かつ平穏に対処し、状況を受け入

れる。

スペインの異端審問（Spanish Inquisition）：スペインの君主フェルナンドとイサベルが15世紀に出した命令。キリスト教の正当性を維持することを目的として、非キリスト教徒に対し、キリスト教へ改宗するか王国からの退去を命じたもの。異端審問が正式に終了したのは、19世紀初頭だった。

正義の倫理（ethics of justice）：西洋の伝統的な道徳理論の一般的な特徴で、抽象的な権利ベースの原理に焦点を当て、個人の権利に主要な関心を持つもの。

政治哲学（political philosophy）：政府や統治システムの本性、正当性、範囲、および権力についての探究。

正当化された真なる信念（Justified True Belief）：知識の定義。ある言明が真であり、それを支持する議論があり、かつそれを知っている人がその言明が真であるということを信じていることを指す。

生得観念（innate ideas）：心・精神に生まれながらにして備わっている概念。神によって植えつけられたとされることもある。感覚経験を通じて得られた観念と対比される。

絶対主義（absolutism）：倫理的、社会的、認識論的、形而上学的領域における信念体系で、確実性、固定性、最終性を主張することを特徴とするもの。不変の宗教的信念や、全体主義体制との関連を持つ。

全善（omnibenevolence）：神の特性で、無限に善であること。

全体主義（totalitarianism）：絶対的な権力者を有する政体の特性。

選択（option）：代替として取りうる手。

全知（omniscience）：神の特性で、すべてを知っており、無限に賢明であること。

全能（omnipotence）：神の特性で、無限の力を持つこと。

総合的言明（synthetic statement）：偶然的に真な言明で、述語が主語の概念を拡張するもの。

創造論／創造論者（Creationism/Creationist）：神学的な信念の一つで、旧約聖書における天地創造の説明を文字通り受け入れるもの。

疎外（alienation）：マルクスの思想における概念で、資本主義社会にお

いて人間性や人間的価値を否定されたときの人間の状態を指すもの。

[た行]

大覚醒（American Great Awakening）：アメリカのプロテスタント・カルヴァン主義の運動。宗教的形式主義を脱し、より個人的・熱狂的な宗教的感情と実践を志向する。

多数者の専制（tyranny of the majority）：コミュニティから個人に加えられた社会的圧力で、人の思考や行為を制御するためになされるもの。

誕生日の誤謬（Birthday Fallacy）：デザイン論証が犯している推論上の過ち。「あらゆる事物には原因がある」ことを根拠として、「あらゆる事物には単一の同じ原因がある」と主張すること。「誰でもその人の誕生日がある」という事実から、「誰もが全く同じ誕生日を持つ」と考えることと比較せよ。

知覚の表象説／因果説（representative or causal theory of perception）：認識論的な立場の一つで、私たちの知覚や観念は、事物が実際に存在している有り様を模写したもの、あるいはその像であり、事物の有り様が、それについての私たちの知覚の原因であるとするもの。

力への意志（Will to Power）：力と価値の創造に表れた人間の偉大さを指すニーチェの表現。

地動説（heliocentric theory）：科学的な見解の一つで、太陽が宇宙の中心に位置するとするもの。

超人（"Übermensch"）：ニーチェにおける「超人」とは、誇りと力を備え、価値の創造者であるような存在。

直観（intuition）：理解する能力・感情を指すエマソンの概念。一般に、理性あるいは直観的思考は、主張の真理性を確証するとされる。

直観主義（intuitionism）：知識についての立場の一つ。推論なしで無媒介的に知られる知識や真理があるとするもの。

直観的知識（intuitive knowledge）：諸原理についての知性的な把握のこと。例えば同一性（あるものがそれ自体と同一である）、無矛盾律（あるものが、それ自体であると同時にそれ自体ではない、とい

うことは不可能である)、そして「私は存在する」等についての知識に当てはまる。

通常科学(normal science):実験、試験、発展を通じて、科学が通常の仕方で進歩すること。

通約不可能性(incommensurability):理論と理論、あるいは原理と原理の間の不整合性。

定言命法(categorical imperative):(カントの)倫理学的立場である義務論に関連する道徳原理。道徳法則の適用と人格の尊重において普遍性を要請する。

デザイン論証(Design, Argument from/Design Argument):神の存在を証明するために用いられる論証の一つで、自然には目的と規則性があるという考えに依拠し、神こそが宇宙のインテリジェント・デザイナーであるという主張を導くもの。

哲学の再構成(reconstruction in philosophy):伝統的な哲学に対するデューイ的な〔解釈の〕方法。絶対主義、二元論、不必要な哲学的難問を回避することを目指す。

天地創造の説明(accounts of Creation):聖書〔『創世記』〕における創造についての二つの説明。そのうちの一つでは、アダムとイヴが同時に創造されたとされるが、もう一つではイヴが創造されたのはアダムの後だとされている。

天動説(geocentric theory):初期の科学的見解の一つで、地球は宇宙の中心に位置するとするもの。

同化主義(assimilationism):フェミニスト哲学やアフリカン・アメリカン哲学における信念で、二つ以上の異質な集団が、意見の不一致や差異の中において、共通の基盤を見出したり、創造したりすることができるとするもの。

道具主義(instrumentalism):デューイの考えで、概念・観念を問題解決のために用いられる道具として捉えるもの。

洞窟の比喩(Allegory of the Cave):プラトンの対話篇『国家』に登場する、表れと実在の区別を説明する物語。

道徳的悪(moral evil):自然的悪(ハリケーン、洪水、その他の自然災

害や出来事で、痛みや苦しみをもたらすもの）とは対照的に、道徳的悪は、人間の行為によって構成される。人間によって引き起こされた道徳的に非難されるべき行為のことで、殺人、窃盗、嘘、不誠実などが含まれる。

党派（factions）：共通の利害関心によって動機づけられた大小の集団。

徳倫理学、徳理論的（倫理学アプローチ）（virtue-ethics, virtue-theoretic（approaches to ethics））：倫理学理論の一つで、人間の性格（卓越性）の発達に焦点を当て、行為の帰結よりもそれを重視するもの。

突然変異（mutation）：自然における事物の変化。主として生物学の領域で用いられる。

トランセンデンタリズム／トランセンデンタリスト（New England Transcendentalism/Transcendentalists）：アメリカにおける道徳的・社会的・政治的運動で、固有な存在としての個人、そして際立ってアメリカ的な社会が創造されるのは、自己信頼的な個人主義と人間の偉大さの追求によってであるとするもの。

奴隷解放宣言（1863）（Emancipation Proclamation（1863））：エイブラハム・リンカーンが奴隷制度の廃止を意図して出した大統領令。

奴隷制度廃止運動（abolitionism）：19世紀初頭に起こった、奴隷制度の廃止を目指した思想的運動。

奴隷道徳（slave morality）：依存と弱さに特徴づけられる道徳体系を指す、ニーチェの概念。特にユダヤ＝キリスト教とそれに影響を受けた社会に見られるとされる。

［な行］

二元論（dualism）：形而上学においては、身体と心（精神）はどちらも実体ととる立場。一般的には、善／悪、男性／女性、天／地のように、二値的に対立する見解のこと。

二重意識（double consciousness）：アフリカン・アメリカンによる〔自己〕認識のあり方。自らの実存がアフリカ系であることとアメリカ人であることの間で分裂していると知覚すること。

人間本性（human nature）：人間性の本質として、すべての人が持つ基本的な共通点を表現するもの。

認識論（epistemology）：知識の理論。知識の本性、起源、限界、信頼性を関心事とする。

ヌーメノン（noumena）：カントの概念で、ありのままの事物のこと。「現象」と比較せよ。

[は行]

パスカルの賭け（Pascal's Wager）：神を信じることは、信じないことよりも有益であり、消極的な帰結も伴わないとする、ブレーズ・パスカルによる議論。

パターン化された正義原理（patterned principles of justice）：社会の編成方式の一つで、社会の成員のうち「最も恵まれた」人々の間の富や機会の格差は、その社会のすべての成員の利益に対応することによって正当化されるとするもの。

パラダイム（paradigm）：科学における諸規則、諸原理、進歩について、〔所与のものとして〕受容されている理論〔的背景〕。科学理論ないしは世界観。

パラダイム・シフト（paradigm shift）：科学革命の結果、あるパラダイムが別のパラダイムに置き換えられるときに起こる移行。

反連邦主義（Anti-Federalism）：強力な連邦政府の創設に反対する運動。「連邦主義」と比較せよ。

非決定論（indeterminism）：意志についての立場で、世界には「ゆるやかな遊び」があり、それによって行為や出来事の一部は偶然の産物となる、とするもの。

否定の否定（negation of the negation）：共産主義は、人間性を否定する資本主義と私有財産制度を除去するものだということ。人間の尊厳と価値の回復。

非暴力抵抗（non-violent protest/non-violent resistance）：社会的あるいは政治的な戦略の一つで、暴力的ではなく平和的な市民的不服従によって社会変化を起こそうとするもの。

ピューリタニズム（Puritanism）：17 世紀のプロテスタンティズム内部の集団で、純粋性、敬虔、そして「予定」を主要な教義とするもの。神が選定した少数の「選ばれた者」のみが「救済」されるとする。

平等な自由の原理（Equal Liberty Principle）：ロールズの原理で、すべての人が手に入れることができる最も広範な自由の体系についての権利を、あらゆる人が持っているとするもの。

フェミニスト倫理学（feminist ethics）：倫理学・応用倫理学における様々なアプローチを指す言葉。道徳的推論・実践において、女性による理論構築や実践も包摂することを強調する。

フェミニズム／フェミニスト（feminism/feminist）：女性のための平等・公平な社会、政治、経済的権利を定義・確立することを目的とした運動。

負荷ありき自己（encumbered self）：人が何者であるかは、所属する社会によって定義され、社会的地位、信念、民族性、その社会の成員であることによって決定されるという考え。人間は本性的にコミュニティの一部であり、互いに関係を持つことが本質的だとする。「負荷なき自己」も参照。

負荷なき自己（unencumbered self）：人間は本質的には孤立した権利所有者であり、コミュニティにおける他者との相互関係は必然的ではないとする考え。

武徳（martial virtues）：人の性格特性で、力強さ、戦う意欲、不屈の精神などを含むもの。

普遍的因果原理（principle of universal causation）：無媒介的に知られるとされる原理。無から生じるものは何もないのであって、あらゆるものには原因があるはずであるという主張。原因の無限後退を否定する。

プラグマティズム（Pragmatism）：哲学の方法の一つ。〔真理の〕絶対性、固定性、最終性を否定する。人間の探究と経験のすべての領域において、実践的な帰結に焦点を当てる。

「プラグマティズムの格率」（"Pragmatic Maxim"）：探究において観念がどのような実践的効果を持っているかを自らに問うことを要請す

る、パースの命法。

ブラック・ナショナリズム（Black Nationalism）：アフリカン・アメリカンによるラディカルな分離主義。

分解と合成の方法（resolutive-compositive method）：問題（複合的な事物）は、可能な限り最小の構成要素まで分解し、その諸部分を分析することによって全体の内的構造を理解することができる、とする方法論。

分析的／総合的の区別（analytic/synthetic distinction）：分析的言明と総合的言明は全く異なる種類のものであるという、認識論における伝統的な見解。

分析的言明（analytic statement）：必然的に真な言明で、主語と述語が同義的なもの。

分離主義（separatism）：人種や性別について、自らのコミュニティの内部において社会的・政治的な避難所を設けることで、自身の能力と価値を信頼できるようにすべきだとする、社会的・政治的な見解。

変則事象（anomaly）：通常科学を実践する中で発生した観察結果・出来事のうち、予期されたものに「適合しない」（すなわち、矛盾する）もの。

[ま行]

マキシミン戦略（maximin strategy）：社会的・政治的な文脈における立場で、最も低い社会的立場にある人の利得が、最も多い利得を得られるよう最大化されるべきだとする、経済的な考察から導出されるもの。

マルクス主義（Marxism）：カール・マルクスの哲学・経済学理論。労働者こそが資本主義の崩壊とともに社会を支配すべきだと主張する。人間性を価値あるものとする道徳的見解。

矛盾（contradiction）：言明と言明の間の関係で、一方が真であればもう一方は偽であらねばならないような関係。

無神論（atheism）：神は存在しないという信念。

無知のヴェール（veil of ignorance）：原初状態の一部。これにより、原

初的な契約者たちは自らの実存についての偶然的な事実を知らず、結果として、公正な選択手続きがもたらされ、そこから正義の原理が導出される。

明晰・判明性の基準（デカルト）（criterion of clarity and distinctness (Descartes)）：誇張的懐疑の末に得られた、「私はある、私は存在する」〔という命題〕の確実性に由来する基準。この基準のもとでは、いかなる言明も、それが必然的に（論理的に）真でなければ受け入れられない。

目的論（teleology）：目的・目標に基づく行為や理論。

目的論的論証（teleological argument）：神の存在証明のための論証の一つで、この宇宙は天地創造の合理性を表現しており、すべての事物には存在する目的があるので、世界の背後にはインテリジェント・デザイナーがいるはずだ、という考えに基づくもの。

[や行]

夜警国家（night watchman state）：「最小国家」を参照。

唯物論／唯物論者（materialism/materialist）：形而上学における見解の一つで、物質こそが実体であり、実在的だとするもの。

預言的プラグマティズム（Prophetic Pragmatism）：コーネル・ウェストの道徳的・宗教的・社会的・政治的見解で、解放の神学とプラグマティズム的な社会批評を組み合わせ、より正義にかなった社会を目指すもの。

予定説（predestination）：人間は救済されるか罰せられるかのどちらかに運命づけられており、その運命は永遠に決定されているとする立場。救済の手段としての「善行」を否定する。

[ら行]

理神論（Deism）：合理的な宗教〔的信念〕。神は存在するが、それは人格を有しておらず、天地創造を超えたこの世界に関与するものではないとする。

理性（エマソン）（“Reason” (Emerson)）：感情／直観は、感覚経験を超

越することで究極的な実在の知識につながる〔ことを示す、エマソンの概念〕。

理性の時代（Age of Reason）：「啓蒙（時代）」を参照せよ。

理想（ideals）：人々が抱く夢や願望で、個人にとって重要な意義を持つもの。

リバタリアン（libertarian）：意志に関する議論の文脈では、意志は決定されていないとする見解。政治思想においては、個人の持つ諸権利が侵害されることから個人を保護することを目的とした限定的な政府のみが正当化されるとする見解。

リベラル・アイロニー（liberal irony）：ローティが採用する、道徳的・社会的・政治的な条件に関する、政治的にリベラルかつ希望に満ちた態度。

両性長制（amphiarchate）：女性と男性による共同統治。家父長制からの脱却を目指す運動。

両立主義（compatibilism）：人間の自由と、意志の決定論は互いに両立すると考える立場。

倫理学（ethics）：哲学の一分野で、正しさや善、善き生、そして道徳的主張の本性、起源、正当性について扱うもの。

連帯（solidarity）：同胞意識。他者と自分自身の窮状に共感すること。

連邦主義（Federalism）：政府の編成方式の一つで、権力は他に優越する連邦システムにあり、その他の権利はすべて州や領邦に留保されるとするもの。強力な中央政府を支持する。

論証（argument）：言明の集まりで、そのうちの少なくとも一つの言明が結論（論点）、もう一つの言明が前提（結論を支持するための理由として提出されたもの）であるもの。論証には、演繹的（確実性に至る）なもの、帰納的（蓋然性に至る）なもの、そしてアブダクション的（最良の説明への論証）なものがある。

論証的知識（demonstration/Demonstrative Knowledge）：直観的真理から推論の過程を経て得られた結論。論証は、直観的真理と同程度の確実性を有する。

論理学（logic）：正しい推論の方法と原理に関する研究。

現代プラグマティズム叢書　第7巻
アメリカ哲学入門

2023年9月20日　第1版第1刷発行

著　者　ナンシー・スタンリック
訳　者　藤《ふじ》　井《い》　翔《しょう》　太《た》
発行者　井　村　寿　人

発行所　株式会社　勁《けい》　草《そう》　書　房
112-0005 東京都文京区水道2-1-1　振替　00150-2-175253
（編集）電話 03-3815-5277／FAX 03-3814-6968
（営業）電話 03-3814-6861／FAX 03-3814-6854
平文社・松岳社

ISBN978-4-326-19984-6　　Printed in Japan

＊落丁本・乱丁本はお取替いたします。
ご感想・お問い合わせは小社ホームページから
お願いいたします。
https://www.keisoshobo.co.jp